Leonid Luks

# ZWEI „SONDERWEGE“? RUSSISCH-DEUTSCHE PARALLELEN UND KONTRASTE, 1917-2014

Vergleichende Essays

*ibidem*-Verlag
Stuttgart

**Bibliografische Information der Deutschen Nationalbibliothek**
Die Deutsche Nationalbibliothek verzeichnet diese Publikation in der Deutschen Nationalbibliografie; detaillierte bibliografische Daten sind im Internet über http://dnb.d-nb.de abrufbar.

**Bibliographic information published by the Deutsche Nationalbibliothek**
Die Deutsche Nationalbibliothek lists this publication in the Deutsche Nationalbibliografie; detailed bibliographic data are available in the Internet at http://dnb.d-nb.de.

Technische Redaktion: Chiara Savoldelli

Coverabbildungen:

Kreml, Moskau. © copyright 2016 by Chiara Savoldelli.
Brandenburger Tor, Berlin. © copyright 2009 by John Andreas Fuchs.

∞

Gedruckt auf alterungsbeständigem, säurefreien Papier
Printed on acid-free paper

ISSN: 1614-3515

ISBN-13: 978-3-8382-0823-7



Printed in the EU

# Soviet and Post-Soviet Politics and Society (SPPS) Vol. 156

**ISSN 1614-3515**

**General Editor:** Andreas Umland,
*Institute for Euro-Atlantic Cooperation, Kyiv*, umland@stanfordalumni.org

**Commissioning Editor:** Max Jakob Horstmann,
London, mjh@ibidem.eu

# Soviet and Post-Soviet Politics and Society (SPPS)

**ISSN 1614-3515**

Founded in 2004 and refereed since 2007, SPPS makes available affordable English-, German-, and Russian-language studies on the history of the countries of the former Soviet bloc from the late Tsarist period to today. It publishes between 5 and 20 volumes per year and focuses on issues in transitions to and from democracy such as economic crisis, identity formation, civil society development, and constitutional reform in CEE and the NIS. SPPS also aims to highlight so far understudied themes in East European studies such as right-wing radicalism, religious life, higher education, or human rights protection. The authors and titles of all previously published volumes are listed at the end of this book. For a full description of the series and reviews of its books, see www.ibidem-verlag.de/red/spps.

**Editorial correspondence & manuscripts** should be sent to: Dr. Andreas Umland, c/o DAAD, German Embassy, vul. Bohdana Khmelnitskoho 25, UA-01901 Kyiv, Ukraine. e-mail: umland@stanfordalumni.org

**Business correspondence & review copy requests** should be sent to: ***ibidem*** Press, Leuschnerstr. 40, 30457 Hannover, Germany; tel.: +49 511 2622200; fax: +49 511 2622201; spps@ibidem.eu.

**Authors, reviewers, referees, and editors** for (as well as all other persons sympathetic to) SPPS are invited to join its networks at www.facebook.com/group.php?gid=52638198614 www.linkedin.com/groups?about=&gid=103012 www.xing.com/net/spps-ibidem-verlag/

**Recent Volumes**

*148* *Darya Malyutina*
Migrant Friendships in a Super-Diverse City
Russian-Speakers and their Social Relationships in London in the 21st Century
With a foreword by Claire Dwyer
ISBN 978-3-8382-0652-3

*149* *Alexander Sergunin, Valery Konyshev*
Russia in the Arctic
Hard or Soft Power?
ISBN 978-3-8382-0753-7

*150* *John J. Maresca*
Helsinki Revisited
A Key U.S. Negotiator's Memoirs on the Development of the CSCE into the OSCE
With a foreword by Hafiz Pashayev
ISBN 978-3-8382-0852-7

*151* *Jardar Østbø*
The New Third Rome
Readings of a Russian Nationalist Myth
With a foreword by Pål Kolstø
ISBN 978-3-8382-0870-1

*152* *Simon Kordonsky*
Socio-Economic Foundations of the Russian Post-Soviet Regime
The Resource-Based Economy and Estate-Based Social Structure of Contemporary Russia
With a foreword by Svetlana Barsukova
ISBN 978-3-8382-0775-9

*153* *Duncan Leitch*
Assisting Reform in Post-Communist Ukraine 2000–2012
The Illusions of Donors and the Disillusion of Beneficiaries
With a foreword by Kataryna Wolczuk
ISBN 978-3-8382-0844-2

*154* *Abel Polese*
Limits of a Post-Soviet State
How Informality Replaces, Renegotiates, and Reshapes Governance in Contemporary Ukraine
With a foreword by Colin Williams
ISBN 978-3-8382-0845-9

*155* *Mikhail Suslov (ed.)*
Digital Orthodoxy in the Post-Soviet World
The Russian Orthodox Church and Web 2.0
ISBN 978-3-8382-0871-8

# Inhaltsverzeichnis

## III. Die Sehnsucht nach dem Imperium im postsowjetischen Russland und deutsch-russische Parallelen



## IV. Repliken

# Einleitende Bemerkungen zum russischen und zum deutschen „Sonderweg"

Das 20. Jahrhundert, das in Europa mit einem Siegeszug der demokratischen Systeme endete, hatte mit einer außerordentlich tiefen Identitätskrise des Parlamentarismus und Liberalismus, mit einer Revolte gegen pluralistisch verfasste Gesellschaften und die von ihnen vertretenen Werte begonnen. In ihrer Radikalität übertraf diese Revolte alle früheren Auflehnungen dieser Art. Deutschland und Russland bildeten das Zentrum dieses Aufstandes gegen die Werte, die man mit dem Westen assoziiert.

Warum erwiesen sich Deutschland und Russland als besonders anfällig für radikal antidemokratische und utopistische Versuchungen, wenn auch mit einem jeweils anderen Kennzeichen? Dies hatte vielleicht mit der in den beiden Staaten besonders tief verankerten Sehnsucht nach der Überwindung der inneren Spaltung zu tun – in Deutschland der nationalen, in Russland der sozialen.

Die Aufbruchsstimmung, die Deutschland zur Zeit der Einigungskriege, vor allem aber während des Deutsch-Französischen Krieges von 1870/71 erlebte, stellte eine Art Revolution dar – anstelle der „gescheiterten" Revolution von 1848/49, die nicht imstande gewesen war, die nationale Frage zu lösen.

Die deutsche Einheit wurde von vielen als eine Art Vollendung der nationalen Geschichte empfunden. Einige fragten sich sogar, warum ausgerechnet ihre Generation es verdient hätte, Zeuge derart epochaler Ereignisse zu sein. In diesem Sinne äußerte sich z.B. der Historiker Heinrich von Sybell: „Wodurch hat man die Gnade Gottes verdient, so große und mächtige Dinge erleben zu dürfen? Und wie wird man nachher leben?", schrieb er am 27. Januar 1871 in einem Brief an seinen Kollegen Hermann Baumgartner: „Was zwanzig Jahre der Inhalt alles Wünschens und Strebens gewesen, das ist nun in so unendlich herrlicher Weise erfüllt! Woher soll man in meinen Lebensjahren noch einen neuen Inhalt für das weitere Leben nehmen?“[1]

Die Geschichte kennt aber im Gegensatz zur These Francis Fukuyamas kein Ende. Sie geht weiter. Der Impetus von 1870/71 erlosch schnell. Die Nation blieb innerlich gespalten und durch konfessionelle, territoriale und soziale Spannungen erschüttert, bis die Ideen des Sommers 1914 die Nation, die nun „keine Parteien mehr kannte“, ähnlich wie 1870/71 scheinbar zu einem Monolith zusammenschweißte. Die Kriegsbegeisterung des Sommers 1914 stellte natürlich ein gesamteuropäisches Phänomen dar, aber nur in Deutschland wurde sie zu einer neuen Etappe im „nation-building“-Prozess. Für die Verfechter der „organischen“ Einheit der Nation ging jedoch dieser Prozess nicht weit genug. Dass die „im Felde unbesiegte“ Armee diesen Krieg letztendlich verloren hatte, führten viele auf das Zerbröckeln der Heimatfront zurück. Nun nahm der Kampf um die organische Einheit der Nation, um das Ausmerzen aller Fremdkörper, die diesem Prozess im Wege standen, bizarre Züge an und verlor jeden Bezug zur Realität. Nur in dieser Atmosphäre[2] konnten die bereits im 19. Jahrhundert entstandenen „Erlösungskonzepte“ der Rassenantisemiten, die die Juden als die eigentlichen Verursacher aller Leiden der Deutschen definierten, geschichtswirksam werden. Die Machtergreifung Hitlers, die untrennbar mit der Ausschaltung der Juden aus dem öffentlichen Leben verbunden war, wurde von vielen Deutschen als eine Art Fortsetzung des 1864–1871 begonnenen und 1914 erneuerten Einigungsprozesses erlebt, als eine Revolution. Dieser Einigungstaumel wird besonders anschaulich in der Hitler-Biographie von Joachim C. Fest beschrieben.[3]

Was Russland anbetrifft, so erlebte es eine vergleichbare Euphorie nicht 1914, sondern 1917. Das Kriegserlebnis wurde in Russland, wenn man von einer dünnen Schicht Gebildeter absieht, nicht

---

1 Zit. Nach Gall, Lothar: *Bismarck. Der weiße Revolutionär*. Frankfurt/Main 1980, S. 467.

2 Siehe dazu u.a. Rauschning, Hermann: *The Conservative Revolution*. New York 1941, S. 262 f.

3 Fest, Joachim C.: *Hitler. Eine Biographie*. Frankfurt/Main 1979, S. 513–570.

mit Heilserwartungen verknüpft, dies tat erst die Revolution von 1917.

Die Verklärung der Revolution hatte in Russland eine lange Vorgeschichte. Verkörpert wurde diese Verklärung in erster Linie durch die russische Intelligencija – ein Phänomen, das im Westen, wie Theodor Schieder mit Recht betont, keine Entsprechung besaß.[4] Das Denken der Intelligencija trug manichäische Züge. Das Böse versinnbildlichte für sie die zarische Autokratie, das Gute – das einfache russische Volk, und sie ging davon aus, worauf der russische Philosoph Semen Frank hinweist, dass die mechanische Beseitigung des Bösen automatisch zum Triumph des Guten führen werde.[5] Das kompromisslose soziale Engagement der Intelligencija habe dazu geführt, dass sie den tieferen metaphysischen Sinnfragen keine Bedeutung beimaß, weil die Beschäftigung mit ihnen angeblich vom Kampf für die Befreiung des Volkes ablenke, fügt Nikolaj Berdjaev hinzu. Der platte Materialismus und Atheismus habe das einzige geistige Gepäck der Intelligencija dargestellt.[6]

Erst die „idealistische Wende", die zu Beginn des 20. Jahrhunderts Teile der russischen Intelligencija erfasste, führte zu ihrer allmählichen Abwendung von der Verklärung der Revolution. Dieser Paradigmenwechsel kam aber zu spät. Denn die chiliastischen Träume der Intelligencija, ihr Glaube an die heilende Kraft der Revolution, hatten bereits die einfachen Volksschichten angesteckt, die bis dahin noch in den vormodernen, vorpetrinischen Weltbildern verwurzelt gewesen waren. Den Staat verkörperte für sie generationenlang der rechtgläubige Zar. Als Soldaten kämpften sie für den Glauben, den Zaren und das Vaterland. Der russische Historiker Fedotov weist in diesem Zusammenhang darauf hin, dass es kein Zufall war, dass der Begriff Vaterland in dieser Dreiheit an letzter

4 Schieder, Theodor: Das Problem der Revolution im 19. Jahrhundert, in: Ders.: *Staat und Gesellschaft im Wandel unserer Zeit. Studien zur Geschichte des 19. und 20. Jahrhunderts.* München 1970, S. 11–57, hier S. 42 ff.

5 Frank, Semen: Ėtika nigilizma, in: *Vechi. Sbornik statej o russkoj intelligencii.* Moskau 1909, S. 175–210.

6 Berdjaev, Nikolaj: Filosofskaja istina i intelligentskaja pravda, in: *Vechi,* S. 1–22.

Stelle stand.[7] Die Idee eines modernen Nationalstaates, der unabhängig von religiösen Konnotationen als die Krönung der Schöpfung galt, hatte sich bis zum Beginn des 20. Jahrhunderts in Russland nur bei einem Teil der Bildungsschicht durchgesetzt. Die russischen Unterschichten erlebten um die Jahrhundertwende zwar auch einen Modernisierungsprozess, der zur Lockerung ihrer Bindung an die Kirche und an den Zaren führte; den Anschluss an die moderne Idee eines Nationalstaates fanden sie aber nicht. Sie befanden sich in einem Schwebezustand zwischen Gestern und Morgen, und dieses weltanschauliche Vakuum wurde in einem immer stärkeren Ausmaß durch die Idee der Revolution gefüllt. Der Glaube an die Revolution stellte nun einen Ersatz für den damals weitgehend ausgehöhlten Glauben an den rechtgläubigen Zaren dar. So gewann die revolutionäre Intelligencija ihren jahrzehntelangen Konkurrenzkampf mit der Autokratie um die „Seele" des Volkes.

Die Intelligencija habe nun das Volk „aufgeklärt", dessen traditionelle Vorstellungen seien erschüttert, schreibt 1908 der russische Philosoph Sergej Bulgakov. Dieser „Sieg" der Intelligencija werde aber für Russland verhängnisvolle Folgen haben, so Bulgakov.[8]

Dabei muss man hinzufügen, dass sich die modernen Revolutionslehren, mit deren Hilfe die Intelligencija das Volk „aufzuklären" suchte, mit den traditionellen Gerechtigkeitsidealen der russischen Unterschichten vermischten, die einen ausgesprochen egalitaristischen Charakter trugen. „Von allen Formen der Gerechtigkeit steht die Gleichheit für die Russen an erster Stelle", sagt Georgij Fedotov.[9]

Nach dem Zusammenbruch der Zarenmonarchie im Jahre 1917 erreichte der egalitaristische Rausch, der die russischen Volksschichten erfasste, bereits die Dimension einer Elementargewalt und richtete sich gegen das hierarchische Prinzip als solches, das für jedes Staatswesen ein grundlegendes Aufbauprinzip darstellt. Alle

7 Fedotov, Georgij: Revoljucija idet, in: *Sovremennye Zapiski*, Nr. 39, 1929, S. 306–359.

8 Bulgakov, Sergej: *Dva grada*. Band 1–2. Moskau 1911, hier Band 2, S. 159–163.

9 Fedotov, Georgij: Narod i vlast', in: *Vestnik RSChD* Nr. 94, 1969, S. 79–95, hier S. 89.

politischen Parteien Russlands versuchten diese Gleichheitseuphorie, die den gesamten zivilisatorischen „Überbau" des Landes hinwegzufegen drohte, einzudämmen – bis auf die Bolschewiki. Lenin schürte noch diese Sehnsucht nach der Befreiung von allen Hierarchien, nach der Entstehung eines „organischen", einheitlichen sozialen Körpers und nach der Zerstörung des „bürgerlichen Staates". Denn er wusste, dass nur auf dessen Trümmern der von ihm erträumte „Parteistaat neuen Typs" erbaut werden könne. Um dieses Ziel zu erreichen, war er sogar bereit, sich mit den „unaufgeklärten" Massen zu verbünden. Der Sowjetologe Bertram Wolfe schreibt dazu:

> It was Lenin, irreconcilable enemy of the spontaneous and elemental *stikhia*, who understood most clearly that in this gray mass, with its fear of punishment for indiscipline, its desire to avoid transfer to the front, its disorderly use of its weapons, its new-found glorification, its unrest, uncertainty, inexperience, and vulnerability to plausible demagogic slogans, was the dynamite to blow up the infirm foundations of the Provisional Government.[10]

Und der Philosoph und Akteur der damaligen Ereignisse Fedor Stepun fügt hinzu: Lenin habe 1917 verstanden, dass ein Führer sich in gewissen Situationen dem Willen der Massen beugen müsse, um zu siegen. Obwohl er ein Mensch von ungewöhnlicher Willenskraft gewesen sei, sei er gehorsam in die von den Massen gewählte Richtung gegangen.[11]

Dieses Bündnis Lenins mit den anarchisierten Massen war allerdings nur vorübergehender Natur. Sofort nach dem Sieg der bolschewistischen Revolution strebte die von Lenin gegründete „Partei neuen Typs" danach, ihre „Verbündeten" zu entpolitisieren und in bloße Rädchen eines totalitären Mechanismus zu verwandeln. Da der Freiheitsrausch des Jahres 1917 noch sehr lange nachwirkte, stießen die Bolschewiki bei ihrem Versuch, die störrische russische

---

10 Wolfe, Bertram: Marxism and the Russian Revolution, in: *An ideology in power. Reflections on the Russian Revolution.* New York 1969, S. 23.

11 Stepun, Fedor: *Sočinenija.* Moskau 2000, S. 342.

Wirklichkeit an die marxistische Utopie anzupassen, auf erhebliche Widerstände. Die Antwort der Partei hieß: Terror, der, mit kurzen Unterbrechungen, bis 1953 (bis zum Tode Stalins) zu einer der wichtigsten Grundlagen des neuen Regimes werden sollte.

Der bedingungslose Glaube an die Revolution bzw. der Rassenantisemitismus und das sozialdarwinistische Pochen auf das Recht des Stärkeren stellten selbstverständlich kein typisch russisches oder deutsches Phänomen dar. Allerdings vermochten die radikalen russischen Verkünder der revolutionären und die deutschen Verfechter der rassisch-völkischen Idee, aus welchen Gründen auch immer, einen totalen Sieg in ihren jeweiligen Ländern zu erringen. Alle politischen Alternativmodelle wie auch ihre Befürworter wurden ausgeschaltet. Die Voraussetzungen für die Errichtung eines Willkürregimes, das per definitionem keine Schranken respektiert und sich fortwährend radikalisiert, waren damit geschaffen.

Das nationalsozialistische Regime erreichte den Gipfel seiner Radikalität kurz vor seinem Zusammenbruch. Als Verehrer von Richard Wagner versuchte Hitler den Untergang des Dritten Reiches als eine Art Götterdämmerung zu inszenieren. Da er sein Erscheinen in der deutschen Geschichte für deren Erfüllung hielt, erstrebte er mit seinem Ableben auch das Ende der deutschen Geschichte. Am 19. März 1945 führte er im Gespräch mit dem Rüstungsminister Speer aus:

> Wenn der Krieg verloren geht, wird auch das [deutsche] Volk verloren sein. Es ist nicht notwendig, auf die Grundlagen, die das deutsche Volk zu seinem primitiven Weiterleben braucht, Rücksicht zu nehmen. Im Gegenteil, [es ist] besser, selbst diese Dinge zu zerstören. Denn das Volk hat sich als das schwächere erwiesen und dem stärkeren Ostvolk gehört ausschließlich die Zukunft. Was nach diesem Kampf [übrigbleibt] sind ohnehin die Minderwertigen, denn die Guten [sind] gefallen. [12]

12 Zit. nach Thamer, Hans-Ulrich: *Verführung und Gewalt. Deutschland 1933–1945.* Berlin 1986, S. 760.

So stand am Ende des deutschen Sonderweges, der Auflehnung gegen die mit dem Westen assoziierten Ideen, eine beispiellose Selbstzerstörung.

Die verheerenden Erfahrungen der NS-Zeit und des Zweiten Weltkrieges führten zu einer grundlegenden Veränderung der politischen Kultur, und zwar nicht nur in Deutschland, sondern auch in der gesamten westlichen Hälfte des europäischen Kontinents. Man hat hier schließlich eingesehen, dass die Vergötterung des sogenannten „gesunden" nationalen Egoismus, die für das 19. Jahrhundert typisch gewesen war, verhängnisvolle Folgen haben kann. Diese Erkenntnis lag den europäischen Integrationsprozessen zugrunde.

Was Deutschland anbetrifft, so zog die 1949 errichtete „zweite" deutsche Demokratie aus dem Scheitern der „ersten" die Lehre, dass die „offene Gesellschaft" sich gegen ihre radikalen Feinde effizient verteidigen müsse. Und so wurde das Konzept der „wehrhaften Demokratie" entwickelt, auf dem die Bundesrepublik basiert. [13]

Es ist paradox, dass ausgerechnet nach der größten Katastrophe der deutschen Geschichte, die stabilste Demokratie in der Geschichte des Landes entstehen konnte. Beide Vorgänge waren allerdings eng miteinander verknüpft. So konnte nach 1945, angesichts der totalen Niederlage des Dritten Reiches, keine Legende von der „im Felde unbesiegten Nation" entstehen, die die politische Kultur von Weimar derart stark vergiftet hatte. Auch die Dolchstoßlegende erlebte nach 1945 keine Neuauflage, denn oppositionelle Gruppierungen, denen man 1918 Verrat an der Heimatfront vorgeworfen hatte, waren im Dritten Reich bereits während der Gleichschaltung von 1933 völlig zerstört worden. So hatte die NS-Führung bis zum letzten Atemzug des Regimes die totale Kontrolle über das Land. Den Gegnern des Nationalsozialismus ist es nicht gelungen, breitere Bevölkerungsgruppen zu erfassen. Der Bochumer Historiker Hans Mommsen spricht sogar vom „Widerstand ohne Volk". Und schließ-

---

13 Siehe dazu u. a. Winkler, Heinrich August: *Der lange Weg nach Westen*. Zweiter Band. *Deutsche Geschichte vom „Dritten Reich" bis zur Wiedervereinigung*. München 2002, S. 132 f.

lich hat auch die Kriegsschuldfrage nach 1945 keine vergleichbaren Kontroversen wie nach dem Ersten Weltkrieg hervorgerufen. Heinrich August Winkler schreibt dazu: „Zu offenkundig war, dass der Mann an der Spitze des Reiches den Zweiten Weltkrieg entfesselt hatte und die Hauptverantwortung für seine Ergebnisse trug. Kriegsunschulds- und Dolchstoßlegenden hatten nach 1945, anders als nach 1918, keine Aussicht, den Beifall der Massen zu finden".[14]

So konnte sich die Bundesrepublik, anders als die Weimarer Republik, ohne den Ballast der Mythen entfalten, die seinerzeit die Zerstörung der „ersten" deutschen Demokratie mitverursacht hatten.

Aber auch die Politik der westlichen Siegermächte trug erheblich zur Stabilität der „zweiten" deutschen Demokratie bei. Denn statt Reparationen vom besiegten Deutschland zu verlangen, versuchten sie durch die CARE-Pakete die Hungersnot im Lande zu lindern und mit Hilfe des Marshall-Planes die zerrüttete deutsche Wirtschaft zu sanieren.

Freilich kam hier der immer schärfer werdende Kalte Krieg den Westdeutschen zugute, denn die Einbindung des wirtschaftlichen, politischen und später auch militärischen Potentials Westdeutschlands in den von den USA dominierten demokratischen Block stellte die unabdingbare Voraussetzung für die Bewahrung des Kräftegleichgewichts im Ost-West-Konflikt dar. Daher auch die recht milde Behandlung der Besiegten durch die westlichen Sieger.

Und welche Lehren zog man in Russland aus der 1917 begonnenen Katastrophe, die, mit einer kurzen Unterbrechung in der Blüte-Zeit der NÖP-Periode, bis zum Tode Stalins andauerte?

Kaum eine andere Utopie hat sich selbst derart grausam desavouiert wie der bolschewistische Traum von der „lichten Zukunft", vom Anbruch eines Reiches der Freiheit und der absoluten Gerechtigkeit, ohne Ausbeutung und Klassenunterschiede.

Nach dem Tode Stalins stellte sich indes heraus, dass das stalinistische System eng mit der Person seines Urhebers verknüpft war

---

14 Ebenda.

und dass es wenig Chancen hatte, den Despoten zu überleben. Bereits einige Tage nach dem Tode Stalins begannen seine engsten Gefährten, die vom Diktator jahrelang terrorisierten „willigen Vollstrecker", mit der allmählichen Demontage des von Stalin errichteten Systems. Auf dem ZK-Plenum vom Juli 1953 führte der Ministerpräsident Georgij Malenkov aus:

> Sie müssen wissen Genossen, dass der Personenkult Stalins pathologische Formen und Ausmaße angenommen hatte. Die höchsten Parteigremien ließen keine Kritik mehr zu. Wir dürfen es vor Ihnen nicht verbergen, dass dieser hässliche Personenkult zu apodiktischen Entscheidungen führte, die der Partei und dem Lande großen Schaden zugefügt haben.[15]

Die Auseinandersetzung Nikita Chruščevs mit dem Willkürsystem seines Vorgängers auf dem 20. Parteitag der KPdSU im Februar 1956 markierte die endgültige Abkehr der sowjetischen Führung vom Massenterror, der nach den klassischen Definitionen der Totalitarismusforscher zu den zentralen Wesensmerkmalen der totalitären Regime gehört. Der Sowjetologe Isaac Deutscher schrieb unmittelbar nach dem 20. Parteitag: Hier sei nicht nur Stalin als Mensch, sondern auch der Stalinismus mit seinen Herrschaftsmethoden angegriffen worden. Daher sei eine Rückkehr zu dieser Art von Machtausübung im Grunde nicht mehr möglich.[16]

Der 20. Parteitag löste einen eigendynamischen Prozess aus, der trotz aller Restaurationsversuche der sowjetischen Führung nicht mehr aufzuhalten war. Bei diesem Prozess handelte es sich um die allmähliche Abkehr des Landes vom revolutionären, klassenkämpferischen Sonderweg, den es 1917 beschritten hatte. Ein Teil der politischen Klasse Russlands begann sich von der seit 1917 vorherrschenden Klassenkampfmoral zu distanzieren und sich offen für solch universale Werte wie Menschen- und Grundrechte einzuset-

15 Zit. nach *Pravda* 3.1.1991, S. 5.

16 Deutscher, Isaac: Khrushchev on Stalin, in: Ders.: *Ironies of History. Essays on Contemporary Communism*. London 1967, S. 3-17; Ders.: The Meaning of de-Stalinization, ebenda, S. 18-26.

zen. Es handelte sich dabei um die in den 1960er Jahren entstandene Bürgerrechtsbewegung. Zwar vermochten die Bürgerrechtler breitere Bevölkerungsschichten nicht zu beeinflussen, sie blieben sogar innerhalb der Bildungsschicht weitgehend isoliert. Dessen ungeachtet gelang es ihnen aber, die politische Kultur im Lande grundlegend zu verändern. In einem unfreien Land hätten sich die Bürgerrechtler wie freie Menschen verhalten, so einer der führenden Vertreter der Bürgerrechtsbewegung, Andrej Amal'rik. Sie hätten in der Sowjetunion den bis dahin anrüchigen Begriff „Opposition" enttabuisiert und eine pluralistische Komponente in die politische Kultur der UdSSR eingeführt.[17] Der Zweikampf der kleinen Schar der sowjetischen Bürgerrechtler mit dem autokratischen Staat erinnert auf den ersten Blick an die Auseinandersetzung der revolutionären russischen Intelligencija mit der russischen Autokratie im 19. und zu Beginn des 20. Jahrhunderts. Indes distanzierten sich viele Bürgerrechtler bewusst von ihren angeblichen Vorgängern, vor allem von deren Ideologie. So lehnten sie die für die Intelligencija typische Verklärung der Revolution ab, sie waren nicht bereit, Gewalt für das Erreichen von „hehren Zielen" anzuwenden. Anders als die revolutionäre Intelligencija im Zarenreich strebten sie nicht nach einer Errichtung des Paradieses auf Erden, sondern nach der Durchsetzung der in der zivilisierten Welt geltenden allgemein menschlichen Werte. Zwar vermochten sie ihre Ziele nicht direkt zu verwirklichen, alle ihre organisatorischen Strukturen wurden bereits Ende der 1970er/Anfang der 1980er Jahre zerschlagen. Als ihr nachträglicher Sieg lässt sich allerdings die Tatsache bezeichnen, dass das Gorbačevsche „Neue Denken" sich in manchen Punkten, bewusst oder unbewusst, an die von den Bürgerrechtlern entwickelten Denkmodelle anlehnte. Und dadurch löste der Generalsekretär der KPdSU eine der größten Umwälzungen in der Geschichte des 20. Jahrhunderts aus. Denn die „Klassenkampfmoral", die das Herzstück der kommunistischen Ideologie darstellt, ließ sich mit dem von Gorbačev nun propagierten „absoluten Vor-

17 Amal'rik, Andrej: *Aufzeichnungen eines Revolutionärs.* Berlin 1983, S. 44-52.

rang der allgemein menschlichen Werte"[18] nicht vereinbaren. Die bis dahin geltende kommunistische Wertehierarchie wurde gesprengt und mit ihr auch das gesamte politische Gebäude, das auf ihr basierte. Es begann die allmähliche „Rückkehr Russlands nach Europa", der mit vielen Rückschlägen behaftete, dornige Weg des Landes zu einer „offenen Gesellschaft".

Viele Kommunisten reagierten empört auf diese ideologische Wende. Der Vorsitzende der im Juni 1990 gegründeten russischen KP, Ivan Polozkov, sagte in diesem Zusammenhang: Durch die Vertuschung der Klassengegensätze sei die Partei ihres wichtigsten methodologischen Instrumentariums beraubt worden. Die breiten Massen der Kommunisten seien dadurch entwaffnet worden.

Als aber die Kommunisten im August 1991 eine niederschmetternde Niederlage erlitten hatten, kam ihnen der Verzicht der Sieger auf das Leninsche Denken in der Kategorie „wer wen?" durchaus zugute. Dies rettete sie vor einer allgemein befürchteten „antikommunistischen Revanche".

Dass der Auflösungsprozess des kommunistischen Regimes sich in kontrollierten Bahnen vollzog, dass Russland im August 1991 eine „sich selbst beschränkende Revolution" und keine Revolution nach klassischem Muster wie 1917 erlebte, ist sicher auf die Veränderungen in der politischen Kultur des Landes, die sich seit dem Tode Stalins vollzogen hatten, zurückzuführen. Der Tribut, den Russland zunächst für die bolschewistische und dann für die stalinistische Revolution zu entrichten hatte, war so hoch, dass beide

18 Gorbačev, Michail: *Perestroika. Die zweite russische Revolution. Eine neue Politik für Europa und die Welt.* München 1987, S. 185; Zur Perestrojka siehe u. a. auch Ders.: *Erinnerungen.* Berlin 1995; Jakovlev, Aleksandr: *Predislovie. Obval. Posleslovie.* Moskau 1992; Ders.: *Die Abgründe meines Jahrhunderts. Autobiographie.* Leipzig 2003, S. 432-605; Ševardnadze, Ėduard: *Moj vybor. V zaščitu demokratii i svobody.* Moskau 1991; Afanas'ev, Jurij (Hrsg.): *Es gibt keine Alternative zu Perestroika.* Nördlingen 1988; Černjaev, Anatolij: *Šest' let s Gorbačevym.* Moskau 1993; *V Politbjuro CK KPSS ... Po zapisjam Anatolija Černjaeva, Vadima Medvedeva, Georgija Šachnazarova (1985-1991).* Moskau 2006; Lewin, Moshe: *Gorbatschows neue Politik. Die reformierte Realität und die Wirklichkeit der Reformen.* Frankfurt/Main 1988; Daniels, Robert V.: *The End of the Communist Revolution.* London-New York 1993; Brown, Archie: *The Gorbachev Factor.* Oxford 1996.

Seiten des Konflikts vom August 1991 eine totale Konfrontation zu vermeiden suchten. Auch die Tatsache, dass die Sieger vom August 1991 nicht danach strebten, einen totalen Sieg zu erringen, zeugt von einer grundlegenden Veränderung der politischen Kultur. Da die siegreichen Gruppierungen, anders als seinerzeit die Bolschewiki, nicht versuchten, ihre Widersacher gänzlich von der politischen Bühne zu verjagen, waren sie zu einem Kompromiss mit ihnen gezwungen.

Die später ermordete demokratische Politikerin Galina Starovojtova hielt es für einen unverzeihlichen Fehler der Demokraten, dass sie ihren Sieg vom August 1991 nicht ausreichend genutzt hätten: Gerade damals habe eine einmalige Gelegenheit bestanden, den geschockten Machtapparat abzulösen bzw. radikal zu erneuern. Das sei aber nicht geschehen und so hätten die alten Strukturen eine Atempause erhalten, um sich erneut zu konsolidieren. Hätten die Kommunisten gesiegt, fährt die Politikerin fort, so wären sie gegenüber ihren demokratischen Opponenten wohl nicht so großzügig gewesen.

Starovojtova vertrat indes eine Minderheitenposition im demokratischen Lager. Die Mehrheit wollte die Ereignisse vom August 1991 nicht als eine Revolution verstehen, da sie mit diesem Begriff Erscheinungen wie Massenterror und Diktatur verband.

Die Milde der russischen Demokraten gegenüber den Besiegten vom August 1991 erinnert an die Einstellung der Weimarer Demokraten zu den Vertretern des im November 1918 bezwungenen alten Regimes. Die letzteren haben sich sehr schnell vom Schock der Novemberniederlage erholt und kehrten auf die politische Bühne zurück. So waren die Voraussetzungen für die Demontage des 1918/19 errichteten demokratischen Systems gegeben. Auch in Russland findet zurzeit eine Art Revanche der im August 1991 partiell entmachteten Gruppierungen statt. Die im Jahre 2000 errichtete „gelenkte Demokratie" Vladimir Putins versinnbildlicht den allmählichen Übergang des Landes von einer offenen zu einer autoritären Gesellschaft.

Nach diesen einleitenden Bemerkungen nun einige Worte zum Charakter und zum Aufbau dieses Bandes. Sein erster Abschnitt ist den ungefestigten Demokratien in Russland (1917) und in Deutschland (1918–1933) und den Gründen für ihr Scheitern gewidmet. Die Texte des zweiten Abschnitts werden sich mit den totalitären Regimen befassen, die auf den Trümmern der „ersten" russischen und der „ersten" deutschen Demokratie errichtet worden waren. Der dritte Abschnitt wird auf die imperialen Sehnsüchte im postsowjetischen Russland und auf die damit verbundenen deutsch-russischen Parallelen eingehen. Die Texte des vierten Abschnitts behandeln einige Kontroversen zu den für das Buch relevanten Themen.

Der vorliegende Band enthält Texte, die den Charakter von Essays und Skizzen haben und keinen Anspruch auf eine erschöpfende Beantwortung der eingangs gestellten Fragen erheben. Da dieses Buch aus einer Reihe eigenständiger Texte besteht, die in der Regel bereits an anderen Stellen veröffentlicht wurden, enthält es zuweilen Wiederholungen, die kaum zu vermeiden waren.

Russische Namen und Begriffe werden in diesem Buch transliteriert. Zur Transliteration des russischen Alphabets siehe *Duden*, Band 1, Mannheim u. a. 1986, S. 86.

# I. Demokratie oder Ideokratie?

## Anmerkungen zum Scheitern der „ersten" russischen und der „ersten" deutschen Demokratie und zur Allmacht des „schlechten Gewissens"

Die russische Februarrevolution, die vor 99 Jahren versucht hatte, das erste demokratische Staatswesen auf russischem Boden zu errichten, hat – insbesondere in Russland – nur wenige Verteidiger. Aleksandr Solženicyn spricht in seinem Buch „Zweihundert Jahre gemeinsam", in dem er die russisch-jüdischen Beziehungen analysiert, von einer verhängnisvollen Rolle des wohl mächtigsten Organs der Revolution – des Exekutivkomitees des Petrograder Sowjets (ZIK), das angeblich danach strebte, die Revolution in immer radikalere Bahnen zu lenken. Diesen für Russland schädlichen Radikalismus des ZIK erklärt Solženicyn durch die vorwiegend nichtrussische Zusammensetzung dieses Gremiums, dem die Interessen Russlands angeblich gleichgültig gewesen wären.

Die wahren Sachverhalte werden durch diese Behauptung im Grunde auf den Kopf gestellt. Denn gerade dieses angeblich „unrussische" ZIK bemühte sich in den ersten Monaten der Februarrevolution unentwegt um die Eindämmung der radikal-revolutionären Strömung, die damals die von Solženicyn derart verklärten russischen Volksschichten erfasst hatte. Um gemeinsam mit den bürgerlich-liberalen Kräften diese anarchische Woge zu kanalisieren, traten gemäßigte Führer des Sowjets Anfang Mai 1917 sogar in die „bürgerliche" Provisorische Regierung ein. Und gerade deshalb verlor der Sowjet bei den Massen an Popularität. Den Appellen der gemäßigten Sozialisten, die die Massen zum maßvollen Handeln aufriefen, wurde immer weniger Gehör geschenkt: „Es besteht bei den Massen eine Art instinktiver Furcht, dass die Revolution zu früh ende", sagt in diesem Zusammenhang der erste Außenminister der Provisorischen Regierung Pavel Miljukov: „Sie haben das Gefühl, die Revolution würde fehlschlagen, wenn der Sieg von den gemäßigten Elementen allein davongetragen werde".[1]

Nicht zuletzt deshalb erzielten solche Parolen Lenins wie „Raubt das Geraubte!" oder „Beendet sofort den imperialistischen Krieg!" bei den russischen Bauern und Soldaten eine viel größere Resonanz als Warnungen der gemäßigten Führung des Sowjets vor allzu radikalen Forderungen und Verhaltensweisen.

Die Offenheit Lenins gegenüber allen Stürmen der Revolution sei den dunklen Sehnsüchten der russischen Massen entgegengekommen, schreibt der Philosoph Fedor Stepun.[2]

Zu den schärfsten Kritikern der Februarrevolution gehörten viele ihrer früheren Protagonisten, die ihre ursprünglich positive Einstellung zu den damaligen Ereignissen später grundlegend änderten. Zu ihnen zählte auch einer der Führer der Partei der Konstitutionellen Demokraten, der einflussreiche Publizist Petr Struve.

Auch Struve bezichtigt die Verfechter der Februarrevolution, ähnlich wie später Solženicyn, einer übermäßigen Radikalität. Er sieht im Grunde keinen qualitativen Unterschied zwischen der demokratischen Phase der russischen Revolution (Februar- Oktober 1917) und der nach dem bolschewistischen Staatsstreich begonnenen totalitären Phase: „Die Revolution von 1917 und der nachfolgenden Jahre stellt geistig, moralisch-kulturell und politisch letztendlich einen einheitlichen Prozess dar [...] Die ganze Revolution als Volksbewegung entspringt dem bolschewistischen Geist".[3]

Diese Vermischung der demokratischen und der totalitären Aspekte der russischen Umwälzung von 1917 ist indes kaum begründet. Die Februarrevolution stellte den Höhepunkt des im Dezember 1825 (Dekabristenaufstand) begonnenen Kampfes der russischen

1 Miljukov, Pavel: *Rußlands Zusammenbruch*, 2 Bde. Stuttgart 1925–26, hier Bd. 1, S. 25.

2 Stepun, Fedor: *Byvšee i nesbyvšeesja*, 2 Bde. New York 1956, hier Bd. 2, S. 104.

3 Struve, Prošloe, nastojaščee, buduščee, in: Ders.: *Izbrannye sočinenija*. Moskau 1999, S. 319–330, hier S. 320–323.

Gesellschaft gegen die staatliche Bevormundung dar. Sie vollendete den 1905 begonnenen Prozess der Verwandlung Russlands in ein pluralistisches, auf Gewaltenteilung und Anerkennung von Grundrechten basierendes Gemeinwesen. Sie beseitigte alle ständischen Privilegien, garantierte die völlige Religions- und Meinungsfreiheit, beseitigte die ungleiche Behandlung der Geschlechter und führte, früher als viele westliche Staaten, das Frauenwahlrecht ein. Dass dieses Fest der Freiheit im Oktober 1917 sein grausames Ende fand, war mit vielen Fehlern und ungenutzten Möglichkeiten der unerfahrenen russischen Demokratie, mit der beispiellosen Heimtücke ihrer bolschewistischen Feinde und mit der Kurzsichtigkeit der deutschen Militärführung verbunden, die durch ihre Unterstützung der bolschewistischen „Klassengegner" den Zweifrontenkrieg beenden wollte. Aber dieses Ende der „ersten" russischen Demokratie war keineswegs vorprogrammiert, auch andere Lösungsmöglichkeiten der damaligen Krise wären denkbar gewesen.

All das steht allerdings auf einem anderen Blatt. Viel wichtiger ist in diesem Zusammenhang die Tatsache, dass die bolschewistische Phase der russischen Revolution, anders als Struve behauptet, auf qualitativ völlig entgegengesetzten Prinzipien als die Februarrevolution basierte. Die kurze Zeit bestehende freieste Gesellschaftsordnung der russischen Geschichte wurde durch die unfreieste abgelöst.[4]

---

4 Die überzogene Kritik Struves an der Februarrevolution ist sicherlich durch das bei ihm vorhandene und nicht überwundene Trauma ihres Scheiterns verursacht. Der russische Philosoph und enge Freund Struves, Semen Frank, berichtet in seiner Struve-Biographie, welche hohen Erwartungen Struve mit dieser Revolution zunächst verbunden hatte: „Russland wird jetzt in Siebenmeilenstiefeln nach vorne marschieren", sagte er damals (Frank, Semen: *Biografija P.B. Struve*. New York 1956, S. 111 f.). Struve hatte sich auch aktiv an der Arbeit der Provisorischen Regierung beteiligt und wurde zu einem der engsten Mitarbeiter des Außenministers Pavel Miljukov. Als Miljukov allerdings Ende April 1917 wegen seiner kriegsbejahenden Erklärung zurücktreten musste, gab auch Struve seinen Posten auf und beobachtete von da an mit Sorge den zunehmenden Verfall der demokratischen Strukturen im Lande. Man kann vermuten, dass sein ungerechtes und überzogenes Urteil über den Charakter der Februarrevolution eine Folge der übertriebenen Hoffnungen war, die er mit ihr seinerzeit verknüpft hatte.

Der Versuch vieler Kritiker der Februarrevolution, ihr Scheitern durch die angeblich übermäßige Radikalität ihrer Führer zu erklären, ist also wenig begründet. Man kann gegen die Gruppierungen, die das im Februar 1917 entstandene System maßgeblich prägten, eher den entgegengesetzten Vorwurf erheben. Sie waren nicht entschlossen genug im Kampf gegen die gefährlichsten Gegner der „ersten" russischen Demokratie, die zum allgemeinen Erstaunen der Zeitzeugen nicht von rechts, sondern von links kamen. Nur wenige Vertreter des gemäßigten sozialistischen Lagers, das zunächst das Rückgrat der „ersten" russischen Demokratie bildete, erkannten rechtzeitig das Wesen der linksextremen bzw. bolschewistischen Gefahr.

Zu diesen wenigen gehörte einer der Führer der russischen Sozialdemokraten (der Menschewiki), Iraklij Cereteli, der die Meinung vertrat, dass die größte Gefahr, die die russische Revolution nun bedrohe, nicht von rechts komme, wie die Mehrheit im Sowjet annehme, sondern von links: „Die Konterrevolution kann nur durch ein einziges Tor einfallen, das der Bolschewiki".[5]

Diese Worte klangen in den Ohren der gemäßigten Sozialisten beinahe blasphemisch. Sie betrachteten die Bolschewiki als einen integralen Bestandteil der „revolutionär-demokratischen" Front. Demzufolge galt ihnen eine eventuelle Entwaffnung der Bolschewiki als Schwächung des eigenen Lagers, als Verrat an der Sache der Revolution. Einer der Führer des linken Flügels der Menschewiki, Julij Martov, sagte, sollten die Führer des Sowjets Gewalt gegen die Bolschewiki anwenden, würden sie sich in „Prätorianer der Bourgeoisie" verwandeln.

Die Bolschewiki profitierten vom „schlechten sozialen Gewissen" der demokratisch gesinnten Sozialisten (Menschewiki und Sozialrevolutionäre). Diese Gruppierungen vertraten die Meinung, die sofortige Verwirklichung der sozialistischen Experimente, für die die Bolschewiki plädierten, werde das Land, das sich mitten im Krieg

5 Pipes, Richard: *Geschichte der Russischen Revolution*. Berlin 1992, Band 2, S. 141.

befand, in eine Katastrophe führen. Diese Haltung bezeichneten die Bolschewiki als Verrat an den hehren revolutionären Idealen und berührten damit einen wunden Punkt der gemäßigten Sozialisten. Denn der bedingungslose Dienst an der Revolution stellte seit Generationen das unantastbare Credo der russischen Intelligenzija dar: „Die offene Vertretung einer politisch gemäßigten Haltung erforderte so viel Zivilcourage, wie sie nur wenige besaßen", schreibt der russische Philosoph Semen Frank:

> Der ′Gemäßigte′ war der Spießbürger, furchtsam, bar jedes Heroismus [...]. Die Gemäßigten selbst hatten in dieser Hinsicht kein gutes Gewissen, sie fühlten sich nicht ganz frei von diesen Mängeln. In den meisten Fällen betrachteten sie die Revolutionäre wie kirchlich eingestellte Laien die Heiligen und Asketen betrachten – nämlich als unerreichbares Muster an Vollkommenheit, denn je linker, desto besser, höher, heiliger.[6]

Auch die gemäßigten Sozialisten des Jahres 1917 stellten insofern keine Ausnahme dar. Ihr „schlechtes soziales Gewissen" hinderte sie daran, die Bolschewiki, die nun die im Februar gewonnene Freiheit tödlich bedrohten, konsequent zu bekämpfen.

Cereteli setzte sich mit dieser Position schonungslos auseinander. In seinen Erinnerungen schrieb er, die nichtbolschewistische Mehrheit des Sowjets habe keine Macht gewollt, um nicht gezwungen zu sein, gegen die Bolschewiki nicht nur mit Worten, sondern auch mit Taten vorzugehen.[7]

Sogar der Versuch der Bolschewiki, während der sogenannten Juli-Ereignisse (3.–5. Juli 1917) die bestehende Ordnung mit Gewalt zu stürzen, führte nicht zu ihrem Ausschluss aus dem Lager der „revolutionären Demokratie". Sie wurden von ihren sozialistischen Gegnern weiterhin als integraler Bestandteil der sozialistischen Solidargemeinschaft angesehen. Nicht zuletzt deshalb lehnten die Vertreter der Sowjetmehrheit ein allzu hartes Vorgehen gegen die

---

6 Frank, Semen: *Krušenie kumirov*. Berlin 1924, S. 16.

7 Cereteli, Iraklij: *Vospominanija o fevral'skoj revoljucii*. Paris 1963, S. 214, 409–412.

Bolschewiki ab. Da die Provisorische Regierung weitgehend auf die Unterstützung des Sowjets angewiesen war, mussten ihre bürgerlichen Minister den Bedenken ihrer sozialistischen Koalitionspartner Rechnung tragen.

Diese Milde des demokratischen Staates gegenüber seinen extremen Gegnern wurde von den Bolschewiki als Schwäche interpretiert. Später sagte Lenin, die Bolschewiki hätten im Juli 1917 eine Reihe von Fehlern gemacht. Ihre Gegner hätten dies im Kampf gegen sie durchaus ausnutzen können: „Zum Glück besaßen unsere Feinde damals weder die Konsequenz noch die Entschlossenheit zu solchem Vorgehen".[8]

Die Bolschewiki profitierten von der Tatsache, dass die gemäßigten Sozialisten panische Angst vor einer „Gegenrevolution" hatten und die Bolschewiki als potentielle Verbündete gegen die Gefahr von rechts betrachteten. Erforderte aber die Bekämpfung dieser Gefahr wirklich die Mobilisierung aller linken Kräfte, auch solch militanter Antidemokraten wie der Bolschewiki? Das klägliche Scheitern des Putschversuchs von General Kornilov (Ende August 1917) zeigte, dass die Armee zum Kampf gegen die eigene Bevölkerung nicht mehr geeignet war.[9] So brauchte die russische Demokratie keineswegs die Hilfe der Linksextremisten, um der Gefahr von rechts erfolgreich zu begegnen. Dennoch war die Angst der gemäßigten Sozialisten vor der Gegenrevolution derart überdimensional, dass sie ihre eigenen Kräfte maßlos unterschätzten. Nicht zuletzt deshalb gaben sie den Bolschewiki, die infolge des gescheiterten Juli-Putsches entwaffnet worden waren, erneut die Waffen in die Hand. Dies war wohl die verhängnisvollste Folge der Kornilov-Affäre.

---

8 Pipes, *Die Russische Revolution*, Band 2, S. 177.

9 Zum Kornilov-Putsch siehe u. a. ebenda, S. 208–217; Altrichter, Helmut: *Rußland 1917. Ein Land auf der Suche nach sich selbst.* Paderborn 1997, S. 208; Kulešov, S. u. a.: *Naše otečestvo.* Moskau 1991, Band 1-2, hier Band 1, S. 374 ff.; Geller, Michail/Nekrič, Aleksandr: *Utopija u vlasti. Istorija Sovetskogo Sojuza s 1917 goda do našich dnej.* London 1982, Band 1-2, hier Band 1, S. 33 f; Volkogonov, Dmitrij: *Lenin. Političeskij portret v dvuch knigach.* Moskau 1994, Band 1, S. 242 ff.; Service, Robert: *Lenin. Eine Biographie.* München 2000, S. 242 ff.; Hellmann, Manfred (Hrsg.): *Die russische Revolution 1917.* München 1964, S. 270–278.

Nach der Kornilov-Affäre verloren die Provisorische Regierung und die mit ihr verbündeten gemäßigten Sozialisten weitgehend die politische Initiative. Wie gelähmt beobachteten sie das entschlossene und zielstrebige Vorgehen der Bolschewiki, die nun meisterhaft zeigten, wie man die demokratischen Freiheiten dazu ausnutzt, die Demokratie zu beseitigen.[10] Das infolge der Februarrevolution errichtete System der Doppelherrschaft (die bürgerliche Provisorische Regierung und die Sowjets) offenbarte nun sein eigentliches Wesen – es bestand in der Zerstörung des Gewaltmonopols des Staates, in der Schaffung zweier unterschiedlicher Militär- und Verwaltungsstrukturen, die sich gegenseitig lähmten. Diese Lähmung kam eindeutig den Bolschewiki zugute. Nur deshalb konnten sie praktisch im Alleingang, gegen den Willen der wichtigsten politischen Gruppierungen im Lande, die Alleinherrschaft in Russland erobern.[11]

Viele Kritiker der „ersten" russischen Demokratie werfen ihren Führern vor, sie hätten auf die Stimmung der immer radikaler werdenden Massen nicht adäquat reagiert und solche zentralen Forderungen der Unterschichten wie die sofortige Enteignung der Gutsbesitzer, die sofortige Beendigung des Krieges oder die Errichtung der sogenannten Arbeiterkontrolle in den Betrieben nicht entsprechend gewürdigt. Und in der Tat stellte die zögerliche Einstellung

10 Der britische Botschafter in Petrograd George Buchanan notierte im September 1917: „Die Bolschewiki allein, die eine kompakte Minorität bilden, haben ein bestimmtes politisches Programm. Sie sind tätiger und besser organisiert als jede andere Gruppe [...]. Wenn sich die Regierung nicht stark genug erweist, die Bolschewiki [...] mit Gewalt niederzuringen, bleibt nur mehr die Möglichkeit einer bolschewistischen Regierung" (Buchanan, George: *My Mission to Russia and other Diplomatic Memories.* Band 1-2. London 1923, hier Band 2, S. 188 f.).

11 Im Oktober 1917 lag die Macht in Russland praktisch auf der Straße, wie dies Lenin formulierte (Lenin, V.I.: *Polnoe sobranie sočinenij.* Moskau 1958–1965, Bde. 1-55, hier Band 34, S. 239 ff., 281 ff. und 340 f.); siehe dazu auch Trotzki, Lev: *Geschichte der russischen Revolution.* Berlin 1960, S. 624–721; Suchanov, Nikolaj: *Zapiski o revoljucii.* Moskau 1991 f., 3 Bde., hier Band 3; Ferro, Marc: *A Social History of the Russian Revolution.* London 1985, S. 224–267; Fitzpatrick, Sheila: *The Russian Revolution 1917–1932.* Oxford 1985, S. 54–60; Service, Robert: *The Bolshevik Party in Revolution. A Study in Organisational Change 1917–1923.* London 1979, S. 37–62; Ders., *Lenin*, S. 404 ff.; Altrichter, *Rußland*, S. 215–230; Hellmann, *Die russische Revolution*, S. 305 ff.

der demokratisch gesinnten Kräfte zu diesen Fragen eine der Ursachen für das Scheitern des im Februar 1917 begonnenen Erneuerungsprozesses im Lande dar – allerdings keine zentrale. Denn in erster Linie scheiterte die nach dem Sturz der Romanov-Dynastie errichtete Ordnung an ihrer mangelnden Legitimität in den Augen der Bevölkerungsmehrheit. Die Sieger vom Februar 1917 betrachteten das damalige System bewusst als ein Provisorium, dem die Verfassunggebende Versammlung ein Ende setzen sollte. Die wichtigste Aufgabe der aus den allgemeinen und gleichen Wahlen – den ersten in der russischen Geschichte – hervorgegangenen Konstituante war die Bestimmung und die entsprechende Legitimierung der neuen Herrschaftsordnung des demokratischen Russland. Dass diese Wahlen immer wieder verschoben wurden und erst nach dem bolschewistischen Staatsstreich vom Oktober 1917 stattfinden sollten, stellte, wie Iraklij Cereteli mit Recht hervorhebt, wohl das wichtigste Versäumnis der „ersten" russischen Demokratie dar.[12]

Die am 9. November 1918 entstandene „erste" deutsche Demokratie war insoweit wesentlich konsequenter als ihre russische Vorgängerin. Das organisatorische Durcheinander, das nach dem Zusammenbruch des Kaiserreiches entstanden war, wurde bereits nach zwei Monaten überwunden. Die Nationalversammlung, die schon im Januar 1919 gewählt wurde, verwandelte das infolge der Novemberrevolution entstandene Provisorium, in dem bürgerliche Einrichtungen mit den basisdemokratischen Räten konkurrierten, in eine parlamentarische Republik klassischen Zuschnitts. Das Gewaltmonopol des Staates wurde wiederhergestellt.

Allerdings waren auch die Verfechter der „ersten" deutschen Demokratie, ähnlich wie ihre russischen Gesinnungsgenossen, durch ihr „schlechtes Gewissen" am entschlossenen Handeln gegen ihre gefährlichsten Widersacher gehindert. Anders als bei den gemäßigten russischen Sozialisten war das „schlechte Gewissen" der deutschen Demokraten nicht sozialer, sondern nationaler Natur. Die wichtigste Stütze der im November 1918 errichteten deutschen

12 Cereteli, *Vospominanija*, S. 403.

Republik stellten die Sozialdemokraten dar, die bis dahin jahrzehntelang von ihren konservativen bzw. rechten Gegnern als „vaterlandslose Gesellen" verunglimpft worden waren. Um dieses propagandistische Klischee zu entkräften, bekundete die SPD-Führung wiederholt ihre patriotische Haltung. So begrüßte Friedrich Ebert im Namen der sozialdemokratischen Regierung die von der Westfront zurückkehrenden Soldaten mit den später so oft missbrauchten Worten, „im Felde unbesiegt" zu sein[13] – was beträchtlich zur Mythenbildung bezüglich des tatsächlichen Ausgangs des Weltkrieges beitrug.

Anders als ihre russischen Gesinnungsgenossen waren sich die deutschen Sozialdemokraten der Gefahr, die die Linksdemagogen für die neue Demokratie darstellten, durchaus bewusst. Um jeden Preis versuchten sie, die „russischen Zustände" im Lande zu verhindern, und gingen entschlossen gegen den ehemaligen linksradikalen Flügel ihrer eigenen Partei vor. Dabei ließen sie aber außer Acht, dass eine Revolution nach bolschewistischem Muster Deutschland zu keiner Zeit bedrohte.

Fast alle Mitglieder des am 10. November 1918 gebildeten Rates der Volksbeauftragter, der mit beinahe diktatorischen Vollmachten im Lande regierte – abgesehen vom Vertreter des linken Flügels der USPD, Emil Barth – waren für die Beibehaltung der parlamentarischen Herrschaftsordnung in Deutschland und gegen das Rätesystem. Aber das war nicht nur ihre private Meinung oder die Meinung der Führer der SPD und der USPD. Dies zeigte sich deutlich bei den Wahlen zum Rätekongress, der Mitte Dezember 1918 in Berlin stattfinden sollte. So erhielten die Parteien und Gruppierungen, die eine Revolution nach bolschewistischem Muster ablehnten, etwa 80% der Stimmen. Von etwa 500 Delegierten des Kongresses bekannten sich 300 zur SPD. Die Mehrheit der deutschen Arbeiter sprach sich also eher für die Reform als für eine grundlegende revolutionäre Änderung der bestehenden Verhältnisse aus. Der Antrag eines der

---

13 Ebert sagte wörtlich: „Kein Feind hat Euch überwunden" (zitiert nach: Miller, Susanne: *Die Bürde der Macht. Die deutsche Sozialdemokratie 1918-1920*. Düsseldorf 1978.

linken Kongressdelegierten – Ernst Däumig –, den Räten die höchste gesetzgeberische und vollziehende Gewalt zuzugestehen, wurde mit 344 Stimmen gegen 98 abgelehnt.[14]

Der sozialdemokratische Historiker Konrad Heiden sagte später: Das Scheitern der deutschen Revolution sei keineswegs die Folge des Versagens ihrer Führer gewesen, sondern vielmehr die Folge des Wunsches der Mehrheit der deutschen Arbeiter nach Ruhe und Stabilität.

Was die Revolution nach russischem Vorbild in Deutschland zusätzlich behinderte, war der hohe Grad der Industrialisierung des Landes. Der Politologe Richard Löwenthal sprach von einem „Antichaos-Reflex" industrieller Gesellschaften.[15]

Noch vehementer als die deutsche Industriearbeiterschaft lehnten die Revolution nach russischem Vorbild andere Schichten der deutschen Bevölkerung ab – sowohl die Bauern als auch der Mittelstand; also die Schichten, die sich in Russland entweder zur Revolution bekannten (Bauernschaft) oder kaum vorhanden waren (Mittelstand). Zwar wurden erhebliche Teile des deutschen Mittelstandes ruiniert, mit den Proletariern und ihren Wertvorstellungen wollten sie sich aber auf keinen Fall solidarisieren. Der israelische Historiker Jakob Talmon schreibt über die ideologischen Präferenzen der ruinierten mittelständischen Schichten Deutschlands, deren sozialer Status sich unwesentlich von dem des Proletariats unterschied: Sie hätten lieber zur auserwählten Nation als zur benachteiligten Klasse gehört.

---

14 Winkler, Heinrich August: *Der lange Weg nach Westen. Erster Band. Deutsche Geschichte vom Ende des Alten Reiches bis zum Untergang der Weimarer Republik*. München 2002, S. 385 f.; Miller, *Die Bürde der Macht*, S. 128; Kolb, Eberhard: *Die Arbeiterräte in der deutschen Innenpolitik 1918-1919*. Düsseldorf 1962, S.199; Bernstein, Eduard: *Die deutsche Revolution. Geschichte der Entstehung und ersten Arbeitsperiode der deutschen Republik*. Berlin 1921, S.94; siehe dazu auch Blasius, Dirk: *Weimars Ende. Bürgerkrieg und Politik 1930–1933*. Göttingen 2006, S. 17 f.

15 Löwenthal, Richard: Die deutsche Sozialdemokratie in Weimar und heute, in: Ders.: *Gesellschaftswandel und Kulturkrise. Zukunftsprobleme der westlichen Demokratien*. Frankfurt/Main 1979, S. 197-211, hier S. 201 f.

Den Sieg der Revolution nach russischem Muster erschwerte in Deutschland auch die Tatsache, dass ihre Anhänger, anders als in Russland, nicht von der Friedenssehnsucht der Bevölkerung profitieren konnten – denn zwei Tage nach dem Ausbruch der Novemberrevolution wurde der Waffenstillstand von Compiègne unterzeichnet.

So waren die Erfolgsaussichten einer proletarischen Revolution in Deutschland unmittelbar nach Kriegsende minimal. Trotzdem war die Angst vor einer solchen Revolution im Lande, auch bei der SPD, außergewöhnlich stark verbreitet. Der Weltkrieg, der allmählich zu einem Massenvernichtungsunternehmen geworden war, rief bei den führenden deutschen Parteien keineswegs solche panische Reaktionen hervor, wie die Aktivität kleiner linker Gruppierungen, die Ende 1918 und Anfang 1919 die bestehende Ordnung stürzen wollten.

Den ersten Höhepunkt dieser chaotischen linksradikalen Auflehnungsversuche stellte der am 5. Januar begonnene Aufstand in Berlin dar. [16] Gustav Noske, der den Auftrag erhalten hatte, diesen Aufstand zu unterdrücken, verwendete dabei nicht nur reguläre Truppen, die um Berlin stationiert waren, sondern auch die rechtsradikalen Freikorps, die sich damals gerade formierten. Der Einsatz der Freikorps – der extremen Gegner der Demokratie – zur Verteidigung der Republik sei ein unverzeihlicher Fehler der Regierung gewesen, so der Chronist der Weimarer Republik Arthur Rosenberg Mitte der 1930er Jahre.[17] Er hielt die panische Angst der SPD vor unkoordinierten Aktivitäten linksradikaler Grüppchen für maßlos übertrieben. Nicht anders bewerten die damalige Situation auch einige Autoren von heute. Der Berliner Historiker Heinrich August Winkler schreibt (1990): „Richtig ist, dass [den Sozialdemokraten] die Vermeidung von wirtschaftlichem und politischem Chaos über

---

16 Miller, *Die Bürde der Macht*, S. 225 ff.; Bernstein, *Die deutsche Revolution*, S. 142 ff.

17 Rosenberg, Arthur: *Geschichte der Weimarer Republik*. Frankfurt/Main 1962, S. 58 f.

alles ging, dass sie die Gefahren von links überschätzten und diejenigen von rechts unterschätzten".[18]

Der Berliner Aufstand wurde in der Tat bereits nach einigen Tagen unterdrückt. Aber die sozialdemokratische Regierung verlor nun die Kontrolle über die Soldateska, die nun auf eigene Faust Rachejustiz zu üben begann. Zu den Opfern dieser Rachejustiz gehörten bekanntlich auch Karl Liebknecht und Rosa Luxemburg, die am 16. Januar 1919 ermordet wurden.

Die heftige Reaktion der Sozialdemokraten auf die Aktivitäten des ehemaligen linken Flügels ihrer eigenen Partei wurde nicht nur durch die übertriebene Angst vor der Anarchie verursacht, sondern auch dadurch, dass die sozialdemokratische Führung, wie bereits gesagt, ihre patriotische Gesinnung unter Beweis stellen wollte, sie wollte ihren konservativen Kontrahenten und Kritikern zeigen, dass die Geschicke des Vaterlandes ihr keineswegs gleichgültig seien.

Die allzu intensive Beschäftigung der SPD-Führung mit der linken Gefahr führte dazu, dass sie die Positionen des konservativen Establishments im Machtapparat und in der Wirtschaft kaum antastete, was zur wichtigsten Voraussetzung für die später erfolgte rechte Revanche werden sollte.

So trug das „schlechte nationale Gewissen" der wichtigsten Verfechter der ersten deutschen Demokratie nicht unwesentlich zu ihrem Scheitern bei.

Nun aber zurück zum Schicksal der „ersten" russischen Demokratie.

Das Scheitern der „ersten" russischen Demokratie wird oft auf die Eigenart der russischen Mentalität oder auf den geschichtlichen „Sonderweg" Russlands zurückgeführt, der sich vom Weg des Westens grundlegend unterscheidet. So zeichnete sich die russische Geschichte in den meisten Epochen durch die Allmacht des Staates und eine Ohnmacht der Gesellschaft aus. Die Autonomie der Stände

---

18 Winkler, Heinrich August: Die Revolution von 1918/19 und das Problem der Kontinuität in der deutschen Geschichte, in: *Historische Zeitschrift* 1990, 250, S. 303–319, hier S. 307; siehe dazu auch Rosenberg, Arthur: *Geschichte der Weimarer Republik*, hrsg. v. K. Kersten. Frankfurt/Main 1961.

oder der Städte, die im Westen ein Gegengewicht zur Machtzentrale darstellte, hat sich in Russland kaum entwickelt. Der russische Historiker Pavel Miljukov sagt in diesem Zusammenhang: Im Westen hätten die Stände den Staat, in Russland hingegen der Staat die Stände erschaffen.

Lässt sich also der Zusammenbruch der „ersten" russischen Demokratie darauf zurückführen, dass die Gesellschaft, die sich nach dem Sturz der Romanov-Dynastie von dem zarischen Obrigkeitsstaat befreite, nicht imstande war, sich selbst zu organisieren, und an ihrer politischen Unerfahrenheit zugrunde ging? All das spielte bei den Ereignissen von 1917 sicher eine wichtige Rolle, allerdings keine ausschließliche. Denn das Scheitern des nach der Februarrevolution errichteten Systems hatte auch Ursachen allgemeinerer Art, die weit über das spezifisch Russische hinausgingen. So fand im damaligen Russland die erste Konfrontation eines demokratischen Gemeinwesens mit einer totalitären Partei statt, die skrupellos alle Freiheiten der Demokratie ausnutzte, um diese zu zerstören. Man darf nicht vergessen, dass etwa 15 Jahre später die Weimarer Demokratie an ähnlichen Herausforderungen scheitern sollte, und zwar mitten im Frieden und nicht im vierten Kriegsjahr, wie dies in Russland der Fall war.

Aleksandr Kerenskij, der letzte Ministerpräsident der von den Bolschewiki gestürzten Provisorischen Regierung, berichtet über ein Gespräch, das er 1923 mit einem der führenden deutschen Sozialdemokraten, Rudolf Hilferding, führte. Hilferding konnte nicht verstehen, warum die russischen Demokraten derart hilflos auf den bolschewistischen Staatsstreich reagiert hatten: „Wie konnten Sie die Macht verlieren, wenn Sie sie völlig in der Hand hatten? Das wäre [in Deutschland] nicht möglich!", meinte der deutsche Politiker und fügte hinzu: „Ihr Volk ist nicht fähig, in Freiheit zu leben". Elf Jahre später, so Kerenskij, sei Hilferding ebenfalls auf der Flucht gewesen, um sich dem Zugriff eines anderen totalitären Regimes zu entziehen: „Damals musste er aus [...] dem Munde eines französischen Sozialisten dasselbe über die Deutschen sagen hören".[19]

So hat das Scheitern der „ersten" russischen Demokratie die tiefe Krise der demokratischen Systeme in ganz Europa bloß vorweggenommen.

Fedor Stepun, der aus nächster Nähe den Zusammenbruch der „ersten" russischen Demokratie beobachtet hatte, befand sich seit 1922 in Deutschland und wurde dort zu Beginn der 1930er Jahre zum Zeugen des Zusammenbruchs der ersten deutschen Demokratie. Was ihn in diesem Zusammenhang erschütterte, war nicht der „Wille zur Macht" der radikalen Gegner der Weimarer Republik, sondern die Hilflosigkeit der Demokraten, nicht zuletzt der Sozialdemokraten, die ja das Rückgrat des im November 1918 errichteten deutschen Systems darstellten: „Sie [die SPD] fiel ebenso ruhmlos wie die Zarenmonarchie im Februar 1917", schrieb 1933 Fedor Stepun in seinem Artikel „Deutschland erwachte", der in der russischen Exilzeitschrift *Novyj Grad* erschien:

> Die SPD war glänzend organisiert und diszipliniert, verfügte über [eine aufgeklärte] Massenanhängerschaft und über Regierungserfahrung. Dessen ungeachtet ergab sie sich auf Gnade und Ungnade den Siegern ohne jeglichen Widerstand.[20]

Dieses Debakel der SPD führt Stepun darauf zurück, dass ihr „der Kampfeswille und der Glaube an den eigenen Sieg fehlten". Nicht anders hätten sich die Dinge auch mit den anderen demokratischen Gruppierungen Deutschlands, nicht zuletzt mit dem katholischen Zentrum, verhalten, fügt Stepun hinzu.[21]

---

19 *Die Kerenski-Memoiren. Russland und der Wendepunkt der Geschichte*. Wien-Hamburg 1966, S. 540.

20 Stepun, F.: Germanija prosnulas', in: *Novyj Grad* 7, 1933 – abgedruckt in: Stepun, F.: *Sočinenija*, Moskau 2000, S. 481–495, hier S. 482. Stepun geht hier allerdings mit den deutschen Sozialdemokraten allzu scharf ins Gericht. Die Tatsache, dass die SPD als die einzige im Reichstag vertretene Partei am 23. März 1933 gegen das Ermächtigungsgesetz stimmte, wird von ihm außer Acht gelassen.

21 Ebenda.

Der Mitherausgeber des *Novyj Grad*, Georgij Fedotov, hielt es für äußerst besorgniserregend, dass der Absturz Deutschlands in einen totalitären Abgrund die noch übriggebliebenen europäischen Demokratien nicht wachrüttelte. Sein Artikel, der in der gleichen Ausgabe des *Novyj Grad* erschien, in der auch Stepuns Beitrag „Deutschland erwachte" veröffentlicht wurde, trug den sehr bezeichnenden Titel „Die Demokratie schläft": „Dies ist bereits die dritte Warnung", so Fedotov: „Zunächst brach Russland zusammen, dann Italien, jetzt Deutschland. Die Hälfte Europas fiel nun in den Abgrund". Die Flut komme aber immer näher und drohe auch den noch verschont gebliebenen Westen des Kontinents in den Abgrund zu ziehen. Auch dort diagnostizierte Fedotov nur Willensschwäche, Identitätskrise und Resignation: „Nirgendwo sieht man neue Ideen, starke Parteien, große Führer [...], keine Pläne konstruktiver Reformen". [22]

Fedotovs Appelle an die Demokraten, sich effizienter gegen die totalitären Verächter der Demokratie zu verteidigen, wurden, wie bekannt, nicht gehört. Der Siegeszug der rechtsextremen Regime ging unaufhaltsam weiter, und etwa 1940 beherrschten sie, wenn man von dem sich einsam wehrenden Großbritannien und einigen kleinen neutralen „Inseln" absieht, beinahe den gesamten westlichen Teil des europäischen Kontinents. Erst nach den verheerenden Erfahrungen des Zweiten Weltkrieges fand das von Fedotov vermisste „Erwachen" der Demokratien statt.

Was Deutschland anbetrifft, so zog die 1949 errichtete „zweite" deutsche Demokratie aus dem Scheitern der „ersten" die Lehre, dass die Stabilität einer „offenen Gesellschaft" vor allem davon abhänge, ob sie imstande sei, sich gegen ihre radikalen Feinde zu wehren. Der Sozialdemokrat Carlo Schmid, der zu den führenden Mitgliedern des Parlamentarischen Rates gehörte, der seit September 1948 über die neue Staatsordnung Deutschlands beriet, forderte „Mut zur Intoleranz denen gegenüber ,... die die Demokratie gebrauchen wollen,

22 Fedotov, G.: Demokratija spit, in: *Novyj Grad* 7, 1933 – abgedruckt in: Fedotov, G.: *Tjažba o Rossii (stat'i 1933–1936)*. Paris 1982, S. 103–115, hier S. 103, 112 f.

um sie umzubringen".[23] Und der CSU-Abgeordnete Josef Schwalber kritisierte seinerseits die Weimarer Verfassung dafür, „dass sie sogar den Feinden des Staates die gleichen Rechte, wenn nicht mehr Rechte einräumte als den Freunden der Verfassung. Sie war so freiheitlich, dass sie den Gegnern der Freiheit und Demokratie Plattform bot, um auf legalem Wege beide zu vernichten". [24]

Zur gleichen Schlussfolgerung wie die Väter des deutschen Grundgesetzes gelangte Fedor Stepun bereits im Jahre 1934. Unter dem Eindruck des Untergangs der Weimarer Republik, die nicht imstande war, die Prinzipien der wehrhaften Demokratie zu verinnerlichen, entwarf er folgendes Demokratiemodell für das künftige postkommunistische Russland. Wünschenswert für Russland wäre eine Demokratie, die

> einen Kampf gegen die Demokratie mit demokratischen Mitteln nicht zulässt. [Dies soll] eine Demokratie nur für die Demokraten sein. Sie hat das Recht, gegen die Doppelzüngigkeit ihrer Feinde alle erdenklichen Formen der wirksamen Selbstverteidigung anzuwenden. Man darf nicht vergessen, dass die Demokratie nicht nur die Meinungsfreiheit, sondern auch die Macht der Freiheit verteidigen muss. Wenn [die Freiheit] nicht mit Worten verteidigt werden kann, muss man sie mit dem Schwert verteidigen.[25]

---

23 Winkler, Heinrich August: *Der lange Weg nach Westen*. Band 2. München 2002, S. 132 f.
24 Ebenda.
25 Stepun, *Sočinenija*, S. 501.

# „Eurasier" und die „Konservative Revolution" Zur antiwestlichen Versuchung in Russland und in Deutschland

Der Erste Weltkrieg endete mit dem Zusammenbruch der autoritär regierten Imperien und mit dem vollständigen Sieg der westlichen Demokratien. Diesem Sieg folgte jedoch eine Auflehnung gegen den Westen und die von ihm vertretenen Werte, deren Radikalität im Grunde alle früheren Revolten dieser Art übertraf. Dabei fällt auf, dass an der Spitze dieser Rebellion viele namhafte Intellektuelle standen. Bereits 1927 prägte der französische Publizist Julien Benda den Begriff „Verrat der Intellektuellen".[1] Mit besonderer Schärfe polemisierten gegen den Westen Vertreter der deutschen und der russischen Eliten, die damit an die Tradition der Auseinandersetzung mit dem westlichen Entwicklungsweg anknüpften, die in beiden Ländern tief verwurzelt war. Diese Intellektuellen wandten sich nicht nur gegen den Westen, sondern auch gegen die eigenen Regierungen, die ihrer Ansicht nach den fremden Werten huldigten.

## *Die Bolschewiki und der Westen*

Es verwundert nicht, dass den deutschen Verächtern des Westens der Weimarer Parlamentarismus als eine Art westliches Besatzungsregime vorkam. Indes galt auch der Bolschewismus den militanten russischen Kritikern des Abendlandes als ein aus dem Westen importiertes Phänomen, als eine Neuauflage des petrinischen Vorhabens, Russland zu europäisieren. Und in der Tat neigten die Bolschewiki keineswegs dazu, den Westen als solchen abzulehnen; sie waren auch nicht vom bevorstehenden „Untergang des Abendlandes" überzeugt. Nur die europäische Bourgeoisie war ihrer Ansicht nach krank, nicht aber der Westen insgesamt. Durch ihre Untergangsstimmung, so glaubten die Bolschewiki, bestätigten die

1 Benda, Julien: *La trahison des clercs.* Paris 1927.

europäischen herrschenden Klassen nur die kommunistische Voraussage von dem baldigen Zusammenbruch des kapitalistischen Systems. Ende 1922 sagte Trockij:

> Die Philosophie Spenglers vom Untergang Europas ist jetzt im Westen sehr populär. Es ist eine in ihrer Art richtige Vorahnung der bürgerlichen Klassen. Sie nehmen keine Notiz vom Proletariat, das an die Stelle der Bourgeoisie treten und die Macht übernehmen wird; deshalb sprechen sie vom Untergang Europas.[2]

Schon zu Beginn des 20. Jahrhunderts hatte Lenin die These vom Untergang des Westens als Unfug abgetan. Solche Ansichten förderte der Sieg Japans über das Zarenreich im Jahre 1905. Der Mythos von der Unbesiegbarkeit Europas wurde dadurch zerstört. Lenin begrüßte den japanischen Sieg: erstens, weil die Niederlage des Zarenregimes den revolutionären Prozess in Russland beschleunigte; zweitens, weil die russische Niederlage eine Niederlage der bestehenden Weltordnung war. Russland gehörte zu den europäischen Großmächten, die die Welt unter sich aufgeteilt hatten. Nun hatte das erwachende Asien diesem Herrschaftsmonopol der europäischen Bourgeoisie einen Schlag beigebracht. Diese Erschütterung der weltpolitischen Ordnung war Lenin höchst willkommen.[3] Das bedeutete aber nicht, dass er an einen eigenen asiatischen Weg glaubte, der sich von demjenigen Europas unterscheide. Kurz vor dem Ausbruch des Ersten Weltkrieges schrieb er über den asiatischen Befreiungskampf, der sich nach dem russisch-japanischen Krieg intensivierte:

---

2 Trockij, Lev: *Pjat' let Kominterna.* Moskau 1924, S. 549. Karl Radek fügte im August 1923 hinzu: „Kein Buch ist in Deutschland so populär wie Spenglers ‚Untergang des Abendlandes'. Was äußert sich darin? Es äußerst sich darin das Gefühl, daß die Bourgeoisie sich auf einer niedergehenden Stufe befindet. Dieser Zerfall schafft den Boden, auf dem wir diese intellektuellen Schichten für unseren Kampf gewinnen werden" (Radek, Karl: Die internationale Lage, das Abflauen der kapitalistischen Offensive und die Aufgaben der Kommunistischen Internationale, *in*: *Die Kommunistische Internationale*, Nr. 27,15. 8.1923, S. 3-41, hier S. 36).

3 Lenin, Vladimir I.: *Polnoe sobranie sočinenij,* Band 1-55.5. Aufl. Moskau 1958-1965, hier Band 8, S. 170 ff.

> Heißt das vielleicht, daß der materialistische Westen verfault ist und das Licht nur aus dem mystischen, religiösen Osten leuchtet? Nein, gerade umgekehrt. Das heißt, daß der Osten endgültig den Weg des Westens betreten hat, daß neue hunderte und aberhunderte Millionen Menschen jetzt am Kampfe für die Ideale teilnehmen, zu denen sich der Westen durchgekämpft hat. Verfault ist die Bourgeoisie des Westens, vor der schon ihr Totengräber steht – das Proletariat.[4]

Insofern lassen sich die Bolschewiki nur bedingt als Gegner des Westens betrachten. Im traditionellen russischen Streit zwischen Westlern und Slawophilen nahmen sie eher einen radikal westlerischen Standpunkt ein. Sie glaubten nicht an den russischen Sonderweg. Russlands Eigenart bestand in ihren Augen lediglich in seiner Rückständigkeit. Ähnlich wie andere russische Westler von Peter dem Großen bis Sergej Witte träumten sie lediglich davon, die hochentwickelten Staaten des Westens einzuholen.

### *Die Kritik der Eurasier an Europa*

Da die Bolschewiki nach der Oktoberrevolution alle ihre ideologischen Gegner ausschalteten und die Partei als unfehlbar ansahen, war es in Russland selbst nicht mehr möglich, die von ihnen verkündeten Dogmen zu kritisieren. Die Fortsetzung der Debatte zwischen den Verfechtern und den Gegnern des russischen Sonderwegs war von nun an lediglich im Exil möglich. Und hier ergriffen die radikalen Kritiker des Westens eindeutig die Initiative.

Zwar knüpften sie in manchen Punkten an das traditionelle Credo der russischen Slawophilen an, dennoch enthielt ihre Kritik auch qualitativ neue Momente. Die revolutionäre Umwälzung von 1917-20 musste zwangsläufig manche traditionellen Denkmodelle sprengen. Dieses qualitativ Neue spiegelte sich bereits in der 1920 erschienenen Schrift des Sprachwissenschaftlers Nikolaj Trubeckoj *Europa und die Menschheit* wider.[5] Trubeckojs Argumentation unterschied sich grundlegend von derjenigen seiner slawophilen bzw. panslawistischen Vorgänger. Nicht der Gegensatz zwischen den

---

4 Lenin, *Polnoe sobranie sočinenij*, Band 21, S. 402.

5 Fürst Trubetzkoy, N.S.: *Europa und die Menschheit.* München 1922.

Slawen und den Westeuropäern, sondern derjenige zwischen Europa und dem Rest der Menschheit stellte für ihn den Grundkonflikt der Epoche dar. Die Europäer hielten sich für die Krönung der Schöpfung; und diese ihre beispiellose Egozentrik werde von ihnen nicht einmal reflektiert, so Trubeckoj. Europäisch werde mit universal gleichgesetzt. Die grenzenlose Selbstüberzeugtheit der Europäer verunsichere alle anderen Völker der Welt, die ihre eigenen Werte nun zu missachten begännen, da diese sich von den europäischen unterschieden. Russland wird von Trubeckoj nicht als eine europäische Großmacht, sondern als Bestandteil der von den Europäern geistig und materiell unterjochten übrigen Welt angesehen. Es solle sich an einem weltweiten Aufstand der Nichteuropäer gegen die Dominanz des alten Kontinents beteiligen. Dabei habe sich diese Revolte nicht nur nach außen, sondern auch und vor allem nach innen zu richten. Die Nichteuropäer müssten nämlich das vom Westen übernommene Vorurteil von der Minderwertigkeit ihrer eigenen Kultur überwinden und die Egozentrik, die hinter diesem angeblichen Universalismus der Europäer stecke, entlarven.[6]

Trubeckoj fand sehr schnell Gesinnungsgenossen, die ebenso wie er von einem unversöhnlichen Gegensatz zwischen Ost und West ausgingen. Gemeinsam gaben sie 1921 eine Schrift heraus, die den programmatischen Titel *Ischod k Vostoku* [Auszug nach Osten] trug. So wurde die Eurasierbewegung geboren.[7]

Die Hoffnungen der Slawophilen in Bezug auf das Slawentum hätten sich nicht erfüllt, schreiben die Herausgeber des Bandes.[8] So richten die Eurasier ihren Blick nach Osten, auf die Völker, die das Russische Reich bewohnen. Kein europäischer Staat lasse sich mit Russland vergleichen, so die Autoren der Schrift, denn es handele

---

6 Ebd.

7 *Ischod k vostoku. Predčuvstvija i sveršenija. Utverždenie evrazijcev.* Sofia 1921. Siehe dazu auch Böss, Otto: *Die Lehre der Eurasier. Ein Beitrag zur russischen Ideengeschichte des 20. Jahrhunderts.* Wiesbaden 1961; Riasanovsky, Nicholas V.: The Emergence of Eurasianism, in: *California Slavic Studies* 4 (1967), S. 39-72; Luks, Leonid: Die Ideologie der Eurasier im zeitgeschichtlichen Zusammenbang, *in: Jahrbücher für Geschichte Osteuropas* 34 (1986), S. 374-395.

8 *Ischod*, S. VII.

sich bei Russland nicht um ein Land im herkömmlichen Sinne, sondern um einen eigenständigen Kontinent Eurasien: „Die Russen und die Völker der russländischen Welt sind weder Europäer noch Asiaten. Wir schämen uns nicht, uns als *Eurasier* zu bezeichnen."[9]

Die Formen Europas sind nach Ansicht der Eurasier auf Russland nicht anwendbar. Sie seien viel zu eng. Der russische Panslawismus, so Trubeckoj, habe lediglich eine Karikatur des Pangermanismus dargestellt, er sei nicht lebensfähig gewesen.[10]

Auf dem eurasischen Kontinent ist nach Ansicht der Eurasier eine multikulturelle Symbiose entstanden, die im Grunde beispiellos sei. Dabei heben die Eurasier hervor, mit welcher Leichtigkeit die Russen viele Elemente der östlichen Kulturen assimilierten. Nichts Vergleichbares sei im Verhältnis zwischen Russland und dem Westen geschehen. Die westlichen Werte ließen sich mit den russischen nicht vereinbaren, sie seien niemals verinnerlicht worden. Das Scheitern der petrinischen Reform sei der beste Beweis dafür. Kein fremder Eroberer wäre in der Lage gewesen, die nationale russische Kultur in einem solchen Ausmaß zu zerstören, wie Peter I. dies tat, schreibt Trubeckoj. Die Revolution von 1917 stellte nach Ansicht der Eurasier in erster Linie eine Auflehnung des Volkes gegen das Werk Peters des Großen dar, eine Folge der Spaltung der Nation, die dieser Zar vollzogen habe.[11]

An der Entwicklung der eurasischen Theorie beteiligten sich Ethnographen, Geographen, Sprachwissenschaftler, Historiker, Rechtswissenschaftler und andere. Insoweit unterschied sich die Lehre der Eurasier von der Mehrheit der Ideologien, die in Europa zwischen den beiden Weltkriegen entstanden. Hier waren nicht Autodidakten und politische Doktrinäre, sondern Menschen mit

---

9 Ebd.

10 Trubeckoj, Nikolaj: Ob istinnom i ložnom nacionalizme, in: *Ischod*, S. 71-85, hier S. 84.

11 I. R. (i. e. N. S. Trubeckoj): *Nasledie Čingischana. Vzgljad na russkuju istoriju ne s Zapada a s Vostoka.* Berlin 1925, S. 35-3.9; Alexeiew, N. (Alekseev): Das russische Westlertum, in: *Der russische Gedanke* 1 (1929/1930), S. 149-162; Florovskij, Georgij: O patriotizme pravednom i grechovnom, in: *Na putjach. Utverždenie evrazijcev. Kniga vtoraja*, Moskau, Berlin 1922, S. 230-293.

wissenschaftlicher Prägung am Werk, die die Kunst der scharfsinnigen Analyse beherrschten. Deshalb war das von ihnen errichtete Gebäude nicht leicht zu erschüttern, obwohl ihre Thesen die Mehrheit der russischen Emigranten außerordentlich provozierten.

Dazu zählte z. B. die völlig neue Bewertung der Tatarenherrschaft in Russland. Bis dahin galt das Tatarenjoch als das tragischste Kapitel der russischen Geschichte. Die Eurasier hingegen verklärten diese Periode. Nicht das Kiever Russland, sondern das Imperium Dschingis Khans hielten sie für den direkten Vorläufer des russischen Reiches. Das Kiever Russland habe nur ein Zwanzigstel des heutigen russischen Territoriums umfasst, das Mongolenreich hingegen habe territorial dem heutigen Russland ungefähr entsprochen. Dschingis Khan sei der erste Vertreter der grandiosen Idee von der Einheit Eurasiens gewesen. Im sechzehnten Jahrhundert habe das Großfürstentum Moskau von den Tataren die Idee der Einheit Eurasiens übernommen.[12]

Die Umwälzungen des zwanzigsten Jahrhunderts hätten dazu geführt, dass nun in Eurasien eine Alternative zu der bisher weltbeherrschenden europäischen Kultur entstehe, meinen die Eurasier: „Bricht die Göttin der Kultur, die ihr Zelt vor mehreren Jahrhunderten im Westen aufgeschlagen hatte, jetzt nach Osten auf?“, fragt der Eurasier Petr Savickij: „Wandert sie nun zu den Hungernden, Frierenden und Leidenden?“[13]

Fühlt man sich hier nicht an die Worte Dostoevskijs vom Jahre 1881 erinnert, als er die Russen aufgerufen hatte, sich vom undankbaren Westen abzuwenden und den Blick nach Asien zu richten? Keineswegs. Denn Dostoevskij stellte den europäischen Charakter der russischen Kultur nicht in Frage. Er hielt die Russen, aufgrund ihrer Fähigkeit, sich in alle Verästelungen der westlichen Kultur einzufühlen, sogar für die besseren Europäer. Da aber der arrogante Westen diesen Anspruch nicht akzeptieren wollte, sollten die Russen ihren zivilisatorischen Impetus in Richtung Asien richten: „In

12 I. R. (Trubeckoj): *Nasledie*, S. 3 ff., 18-23.
13 Savickij, Petr: Povorot k vostoku, in: *Ischod*, S. 1-3, hier S. 3.

Europa waren wir [...] Sklaven, in Asien werden wir als Herren auftreten, in Europa waren wir Tataren, in Asien sind wir Europäer“.[14]

Mit den Gedankengängen der Eurasier haben diese Worte wenig gemeinsam. Wenn man nach den geistigen Vorläufern der Eurasier sucht, so ähnelt ihre Position eher derjenigen Konstantin Leont'evs, der ebenso wie die Eurasier Russland vom Westen mit einer undurchdringlichen Mauer abgrenzen wollte. Schon Leont'ev hatte auf das turanische Element im russischen Nationalcharakter hingewiesen: „Nur in Russland, in der östlichsten slawischen Nation, die Asien am nächsten liegt, kann eine eigenartige, von Europa unabhängige Kultur entstehen“.[15]

Indessen gibt es auch grundlegende Unterschiede zwischen der eurasischen Idee und dem Konzept Leont'evs. Denn im Gegensatz zu den Eurasiern lehnte Leont'ev nicht die westliche Kultur als solche ab, sondern in erster Linie ihre Verbürgerlichung und Demokratisierung, die infolge der Französischen Revolution einsetzten.[16] Das alte, feudal-aristokratische Europa wurde von Leont'ev durchaus positiv bewertet.

So sind direkte Vorläufer der Eurasier in der russischen Ideengeschichte nicht so leicht ausfindig zu machen. Mit ihrem radikalen Bruch mit allen Erscheinungsformen der europäischen Kultur, mit ihrer Verklärung des tatarischen Erbes in der russischen Staatstradition, mit ihrem Aufruf zur weltumfassenden Revolte gegen die europäische Dominanz (hier berühren sie sich mit den Bolschewiki) betraten sie im Grunde neue Wege. Ihr schrilles Vokabular und ihre bizarre Gedankenwelt entsprachen dem revolutionären Charakter der Epoche, in der sie agierten.

---

14 Dostoevskij, Fedor M.: *Dnevnik pisatelja za 1877 g.* Paris o. J., S. 609.

15 Leont'ev, Konstantin: *Vostok, Rossija i Slavjanstvo.* Sankt- Peterburg 1885-1886, Band l, S. 285.

16 Ebd., Band 1-2.

*Die „konservative Revolution" der deutschen Intellektuellen*

Mit ähnlich schrillen Tönen und bizarren Ideen warteten damals auch viele Vertreter der intellektuellen Elite Deutschlands auf. Auch sie träumten von der Zerstörung der westlichen Hegemonie, von der Zertrümmerung der bis dahin geltenden zivilisatorischen Normen. Nicht der Aufstand der Massen, sondern die Rebellion der intellektuellen Eliten habe dem europäischen Humanismus die größten Schläge zugefügt, sagte 1939 in diesem Zusammenhang der russische Historiker und Publizist Georgij Fedotov.[17] Einen besonders anschaulichen Beweis für diese These lieferte das Verhalten der sogenannten „Konservativen Revolution" in der Weimarer Republik.

Bei den Verfechtern der „Konservativen Revolution" handelte es sich, ähnlich wie bei den Eurasiern, nicht selten um intellektuell versierte und brillant formulierende Autoren. Anders als die nationalsozialistischen Demagogen höhlten sie nicht nur das politische, sondern auch das geistige Fundament der ersten deutschen Demokratie aus.[18] Zwar hatten die Konservativen Revolutionäre mit ihrer radikalen Absage an den Westen, ähnlich wie die Eurasier, bestimmte geistige Vorläufer (Lagarde, Langbehn und andere), als eine eigene politische Strömung haben sie sich jedoch erst infolge der Ereig-

---

17 Fedotov, Georgij: K smerti ili k slave. in: *Novyi Grad* 14 (1939), S. 102.

18 Zur Geschichte der Konservativen Revolution siehe u. a. Rauschning, Hermann: *The Conservative Revolution.* New York 1941; Mohler, Armin: *Die Konservative Revolution in Deutschland. Grundriß ihrer Weltanschauung.* Stuttgart 1950; Sontheimer, Kurt: Der Tatkreis, in: *Vierteljahrshefte für Zeitgeschichte* 6 (1958), S. 229-260; Ders.: *Antidemokratisches Denken in der Weimarer Republik.* München 1968; Schüddekopf, Otto-Ernst: *Linke Leute von rechts. Die nationalrevolutionären Minderheiten und der Kommunismus in der Weimarer Republik.* Stuttgart 1960; Kühn, Helmut: Das geistige Gesicht der Weimarer Zeit, in: *Zeitschrift für Politik* 8 (1961), S. 1-10; von Klemperer, Klemens: *Konservative Bewegungen. Zwischen Kaiserreich und Nationalsozialismus.* München 1962; Stern, Fritz: *Kulturpessimismus als politische Gefahr.* Bern 1963; Stern, J.P.: *Hitler. Der Führer und sein Volk.* München 1978; Dupeux, Louis: *Nationalbolschewismus in Deutschland 1919-1933.* München 1985; Münkler, Herfried: Weimarer Republik, Faschismus und Nationalsozialismus, in: Fetscher, Iring / Münkler, Herfried (Hrsg.): *Pipers Handbuch der politischen Ideen*, Band 5. München 1987, S. 283-318; Lübbe, Hermann: Oswald Spenglers „Preußentum und Sozialismus" und Ernst Jüngers „Arbeiter". Auch ein Sozialismus-Rückblick, in: *Zeitschrift für Politik* 40 (1993), S. 138-157; Breuer, Stefan: *Anatomie der Konservativen Revolution.* Darmstadt 1993.

nisse von 1918/19 herauskristallisiert. Ohne „Kriegserlebnis“, ohne Versailles und ohne Weimar wäre eine solche ideologische Erscheinung kaum denkbar gewesen. Schon der Begriff „Konservative Revolution“, der sich aus scheinbar unvereinbaren Elementen zusammensetzte, spiegelte das Paradoxe und Bizarre dieses Phänomens wider. In ihrer Zerstörungswut ähnelten die Konservativen Revolutionäre durchaus den Bolschewiki. Der Politologe Hans Buchheim schreibt in diesem Zusammenhang:

> Der nationale Stolz, der die Niederlage nicht anerkennen [...] wollte, gegen den Kriegsgegner jedoch vorerst nichts auszurichten vermochte, wendete sich deshalb gegen den eigenen Staat, als sei dessen Beseitigung die Vorbedingung [...] zum Wiederaufstieg.[19]

Anders als die Bolschewiki wollten jedoch viele Verfechter der Konservativen Revolution das Vorhandene nicht im Namen der „lichten Zukunft“, sondern im Namen der alten, mittelalterlichen Reichsidee zerstören. Unverkennbar liegen hier Parallelen zu den Eurasiern. Das radikal Neue stelle im Grunde die Erneuerung des ganz Alten dar, sagte in diesem Zusammenhang Trubeckoj. Jede radikale Erneuerung knüpfe an die ganz alte und nicht an die unmittelbare Vergangenheit an. Trubeckoj bezog sich hier auf die Tatsache, dass die Eurasier das petrinische Russland im Namen des alten „heiligen Russland“ ablehnten. Die Konservativen Revolutionäre lehnten ihrerseits radikal den Wilhelminismus ab, verklärten aber dafür das mittelalterliche Reich.[20]

Die Härten des Versailler Vertrages, der sich übrigens in seinem Charakter nicht allzu stark von dem deutschen Siegfrieden in Brest-Litovsk unterschied, hielten die Verfechter der Konservativen Revolution für einen ausreichenden Grund, um die bestehende europäische Ordnung „in die Luft zu jagen“. Das Gefühl der gekränkten nationalen Eitelkeit wurde zu einem allbeherrschenden Motiv in ihrem

---

19 Buchheim, Hans: *Das Dritte Reich. Grundlagen und politische Entwicklung.* München 1958, S. 54.

20 Siehe u. a. Moeller van den Bruck, Arthur: *Das dritte Reich.* Hamburg 1931; Ders.: *Der politische Mensch,* hrsg. von H. Schwarz. Breslau 1933, S. 32-43, 69 ff., 102 f., 121 f.

Denken und Handeln und ließ sich durch keine Rücksichten auf das gemeinsame europäische bzw. christliche Erbe zähmen. „Wir sind ein Volk in Bedrängnis", schrieb 1923 einer der Vordenker der Konservativen Revolution Arthur Moeller van den Bruck: „Und der schmale Raum, auf den man uns zurückgedrängt hat, ist die unendliche Gefahr, die von uns ausgeht. Wollen wir nicht aus dieser Gefahr unsere Politik machen?"[21]

Die antiwestlichen und die antiliberalen Ressentiments waren bei den deutschen Kritikern des Westens im Grunde noch stärker ausgeprägt als bei den Eurasiern. Dies hatte sicher damit zu tun, dass die deutschen Intellektuellen mit dieser Kritik in erster Linie den innenpolitischen Gegner – das seit 1918/19 im Lande herrschende System – treffen wollten. Die Eurasier hingegen betrachteten ihren innenpolitischen Kontrahenten – den Bolschewismus – trotz aller Skepsis als eine Art Alternative zum westlichen System. Zwar lehnten sie bestimmte Aspekte des sowjetischen Regimes ab – den Terror, vor allem aber seine Kulturpolitik. Die sogenannte proletarische Kultur, die von den Bolschewiki propagiert werde, sei in Wirklichkeit nur eine primitive Nachahmung der westlichen Kultur, behaupteten die Eurasier.[22] Zugleich hoben sie aber das Verdienst der Bolschewiki hervor, das 1917 zerfallene russische Reich weitgehend wiederhergestellt zu haben. Und auch die Solidarisierung des sowjetischen Regimes mit den kolonialen Völkern im Kampfe gegen die westlichen Metropolen wurde von den Eurasiern positiv registriert.[23]

In der Einstellung der Konservativen Revolutionäre zum eigenen Staat kann man hingegen keine versöhnlichen Töne entdecken. Der aus dem Westen importierte Liberalismus wird zum tödlichen Feind der Deutschen wie auch der gesamten Menschheit deklariert. Für Moeller van den Bruck ist der Liberalismus eine „moralische Er-

---

21 Moeller van den Bruck, *Das dritte Reich,* S. 71 f.

22 Siehe dazu Luks, Die Ideologie der Eurasier, S. 388.

23 Siehe u. a. Trubeckoj, Nikolaj: My i drugie, in: *Evrazijskij vremennik. Kniga četvertaja*. Berlin 1925, S. 66-81; hier S. 77.

krankung der Völker“, die Freiheit, keine Gesinnung zu haben und dies als Gesinnung auszugeben.[24]

Die für die Konservativen Revolutionäre so typische moralisierende Attitüde wird hier besonders deutlich. Autoren, die aufgrund des in Versailles begangenen Unrechts bereit sind, die ganze europäische Ordnung in die Luft zu sprengen, die für die „Humanitätsduselei“ nur Spott übrig haben, werfen im gleichen Atemzug dem Liberalismus seine moralische Gleichgütigkeit vor.

Kein Wunder, dass dieser moralisierende Immoralismus, der den eigenen geplanten Taten die sofortige Absolution erteilte, den Gegner aber als einen unheilbaren Frevler darstellte, auf viele so anziehend wirkte.

Die Ausdehnung des liberalen Systems auf Deutschland stellte für die deutschen Antiwestler das Ergebnis einer raffinierten Intrige des Westens dar. Der Westen sei gegen das liberale Gift immun, er nehme die liberalen Grundsätze gar nicht ernst, meint Moeller van den Brück. In Deutschland werde hingegen der Liberalismus ernst genommen, daher führten seine zersetzenden Prinzipien das Land ins Verderben. Da die Westmächte nicht imstande gewesen seien, die Deutschen auf dem Schlachtfeld zu bezwingen, hätten sie dies mit Hilfe der revolutionären und der liberal-pazifistischen Propaganda versucht. Und die Deutschen hätten sich vergiften lassen.[25]

Dass es die Oberste Heeresleitung war, die 1917 Lenin die Durchreise nach Russland ermöglicht hatte und den Export der Revolution als legitimes Kampfmittel ansah, wurde in keiner Weise in Betracht gezogen. Von der eigenen Schuld und vom eigenen Versagen musste unbedingt abgelenkt werden. Um so schriller und lauter waren die Anklagen gegen den vermeintlichen Feind. Für Hermann Rauschning, einen ehemaligen Vertreter der Konservativen Revolution, befanden sich beträchtliche Teile der deutschen Gesellschaft aufgrund der Mythen und Legenden, die der Niederlage von 1918 folgten, in einer Art Delirium. Auch die edelsten Pläne und Handlungen könnten die Nationen, die sich in einer solchen Gemütslage be-

24 Moeller van den Bruck, *Das dritte Reich*, S. 69 ff.
25 Moeller van den Bruck, *Das dritte Reich* , S. 69 ff.

fänden, nicht davon abhalten, ihren Marsch in den Abgrund fortzusetzen.[26]

Das Selbstmitleid der Verfechter der Konservativen Revolution war ebenso grenzenlos wie ihr Größenwahn. Es stellte sich nun heraus, dass das einzige Mittel, das die Leiden der Deutschen lindern konnte, die Weltherrschaft war. So erklärte Moeller van den Bruck:

> Die Beherrschung der Erde [ist] die gegebene Möglichkeit [...], dem Volke eines überbevölkerten Landes das Leben zu ermöglichen. Über alle Gegensätze hinaus [...] stößt der Drang der Menschen in unserem überbevölkerten Lande in der gleichen Richtung vor, deren Ziel der Raum ist, den wir brauchen.[27]

Auch die Eurasier sprachen von einer geopolitischen Neuordnung der Welt. Mit den uferlosen Plänen der Weimarer Rechten hatte indes ihr Programm nichts gemeinsam. Nicht die Beherrschung der Erde, sondern die Suche nach einer einigenden Klammer für das russische Vielvölkerreich interessierte sie. Sie wussten, dass der proletarische Internationalismus, mit dessen Hilfe die Bolschewiki das 1917 zerfallene Reich erneut zusammenfügten, Russland auf Dauer nicht zementieren könne (heute sehen wir, wie berechtigt ihre damaligen Zweifel waren).

Nationale Emotionen seien bei Arbeitern in der Regel wesentlich stärker ausgeprägt als die Klassensolidarität, meinte Trubeckoj 1927. Russland müsse deshalb, wenn es ein einheitlicher Staat bleiben solle, einen neuen Träger der Einheit finden, und dies könne nur die eurasische Idee sein, die das Gemeinsame zwischen allen Völkern Russlands hervorhebe.[28] Den Eurasiern schwebte sogar die Ablösung der Bolschewiki durch die eurasische Bewegung vor. Sie waren stolz, dass ihre Ideen eine gewisse Resonanz nicht nur im

---

26 Rauschning, *The Conservative Revolution*, passim.

27 Moeller van den Bruck, *Das dritte Reich*, S. 63, 71 f.

28 Trubeckoj, Nikolaj: Obščeevrazijskij nacionalizm, in: *Evrazijskaja chronika* 9 (1927), S. 24-30.

Exil, sondern auch in Russland selbst fanden.[29] Der Eurasier Čcheidze hoffte sogar (1929), es könne vielleicht gelingen, die bolschewistische Partei allmählich in eine eurasische zu verwandeln. Mit dieser Hoffnung stand er innerhalb der Eurasierbewegung keineswegs allein.[30]

*Gemeinsamkeiten der Zivilisationskritik*

Die Eurasier waren ausgesprochene Isolationisten. Sie wollten nicht den Westen erlösen, sondern, ähnlich wie früher Konstantin Leont'ev, Russland vor den ihrer Ansicht nach verderblichen westlichen Einflüssen schützen. In Deutschland hingegen träumten die Kritiker des Westens von einem neuen Waffengang gegen die Siegermächte. Der Krieg stellte ihrer Ansicht nach das Element dar, in dem sich die Deutschen besonders wohl fühlten.[31] Im bürgerlichen Gewand mache der Deutsche eine unglückliche Figur, meinte Ernst Jünger. Der Grund dafür liege darin, dass dem Deutschen jedes Verhältnis zur individuellen Freiheit und damit zur bürgerlichen Gesellschaft fehle.[32] Es gebe nur eine Masse, die nicht lächerlich wirke – das Heer.[33] Und Oswald Spengler predigte: „Staatsgeschichte ist die Geschichte von Kriegen. Ideen, wenn sie zur Entscheidung drängen [...], wollen mit Waffen, nicht mit Worten ausgefochten werden."[34]

Der englische Historiker Lewis Namier bezeichnete den Krieg sogar als eine Form der deutschen Revolution.[35] Die Heilserwartungen, die manche Verfechter der Konservativen Revolution mit dem „Kriegserlebnis" verknüpften, scheinen diese These zu bestätigen.

29 Pis'mo iz Rossii, in: *Evrazijskaja chronika* 6 (1926), S. 3-5; Strel'cov, L.: Pis'mo iz Rossii (XV Partkonferencija i Evrazijcy*)*, in: *Evrazijskaja chronika* 7 (1927), S. 3-5; Širjaev, B.: Nadnacional'noe gosudarstvo na territorii Evrazii, ebd., S. 6-12; Evrazijstvo (formulirovka 1927 g*.)*, in: *Evrazijskaja chronika* 9 (1927), S. 3-14.

30 Siehe bei Luks, Die Ideologie der Eurasier, S. 389.

31 Vgl. Anm. 18.

32 Jünger, Ernst: *Der Arbeiter. Herrschaft und Gestalt.* Stuttgart 1982, S. 13 f.

33 Ders.: *Der Kampf als inneres Erlebnis*, Berlin 1926. S. 56.

34 Spengler, Oswald: *Preußentum und Sozialismus*. München 1920, S. 52

35 Namier, Lewis: The Course of German History, in: Ders.: *Facing East.* London 1947, S. 25-40.

Der amerikanische Historiker Henry A. Turner vertritt dagegen die Auffassung, der Erste Weltkrieg habe das alte europäische Tapferkeitsideal in Frage gestellt. Die anonyme, methodische Vernichtung von Menschen mit modernen Waffen habe eine Ablehnung traditioneller kriegerischer Ideale hervorgerufen. Jeder Glaube an individuelles Heldentum sei nun in den Augen von Millionen absurd geworden.[36] Der deutsch-amerikanische Historiker Wolfgang Sauer spricht ebenfalls von den äußerst starken pazifistischen Bestrebungen in Europa nach dem Ende des Ersten Weltkrieges, die angeblich den Begriff des Soldatentums als solchen gefährdeten.[37]

Die Erfolge der kriegsbejahenden rechtsextremistischen Ideologie im Europa der Zwischenkriegszeit, vor allem in Deutschland und in Italien, weisen jedoch darauf hin, dass diese Thesen unzutreffend sind. Die Faszination, die die gewaltige Entfaltung der Kriegs- und Vernichtungstechnik hervorrief, war wesentlich stärker als der Zweifel an dem Sinn des Krieges. Dieses seltsame Phänomen beschäftigte bereits 1928 den deutschen Publizisten Moritz Julius Bonn. Die Idealisierung des Krieges, so Bonn, sei ein völliger Anachronismus. Der moderne Krieg sei kein intuitives Erlebnis der Heroenzeit mehr, sondern ein Massenvernichtungsunternehmen. Und trotzdem werde dieser Krieg verherrlicht.[38]

Die parlamentarische Demokratie galt ihren deutschen Verächtern als „unritterlich". Die Novemberrevolution von 1918 habe bei der Landesverteidigung versagt, schreibt Ernst Jünger. Daher sei sie in einen Gegensatz zu den Frontsoldaten geraten. Sie habe auf solche Begriffe wie „Männlichkeit, Ehre, Mut" verzichtet.[39] Oswald Spengler spricht seinerseits von der „unbeschreiblichen Häßlichkeit der Novembertage": „Kein mächtiger Augenblick, nichts Begeistern-

---

36 Turner, Henry A.: *Faschismus und Kapitalismus in Deutschland.* Göttingen 1972, S. 168 f.

37 Sauer, Wolfgang: National Socialism: Totalitarianism or Fascism?, in: *The American Historical Review* 1967, S. 404-424, hier S. 411.

38 Siehe bei Landauer und Honegger (Hrsg.): *Internationaler Faschismus.* Karlsruhe 1928, S. 131 f.

39 Siehe bei Bastian, Klaus-Friedrich: *Das Politische bei Ernst Jünger.* Diss. Heidelberg 1963, S. 66.

des; kein großer Mann, kein bleibendes Wort, kein kühner Frevel [...]."[40]

Zugleich knüpften die Verfechter der Konservativen Revolution bei ihrer Kritik an parlamentarischer Demokratie und Liberalismus an den alten konservativen Topos an und bezeichneten den Liberalismus als lebensfeindliche Kraft. Er zersetze organische Bindungen eines Gemeinwesens und fördere niedere, egoistische Instinkte jedes einzelnen. Nicht der Dienst an der Allgemeinheit stehe in der atomisierten liberalen Gesellschaft im Vordergrund, sondern der Kampf um die Durchsetzung der eigenen Interessen.[41]

Diese Anklagen sind der eurasischen Kritik am Westen zum Verwechseln ähnlich. Der Kampf ums Recht sei der rote Faden der europäischen Kultur, sagt der Eurasier N. Alekseev. Zunächst hätten die Stände um ihre Rechte gekämpft, seit der Renaissance die Individuen. Pflichten gegenüber der Gemeinschaft würden in Europa von verschiedenen Interessengruppierungen nur nach erbitterten Kämpfen akzeptiert.[42] Diesem innerlich zerrissenen Westen versuchten die Eurasier ein altrussisches Harmonieideal gegenüberzustellen, das der Orthodoxie entsprang. Im Zentrum der orthodoxen Welt stehe nicht der egoistische Kampf der Individuen, der ständige Konflikt, sondern die Idee der Solidarität der Menschen untereinander. Dieses Harmonieideal habe der altrussischen Gesellschaft eine beispiellose Homogenität verliehen.[43]

Auch die Konservativen Revolutionäre sprachen von einer Alternative zum liberalen Gesellschaftsmodell – dies war die durch das Kriegserlebnis von 1914 geläuterte deutsche Gesellschaft. In der

---

40 Spengler, *Preußentum und Sozialismus*, S. 11.

41 Siehe u. a. Moeller van den Bruck, *Das dritte Reich*; Schmitt, Carl: *Der Hüter der Verfassung*. Tübingen 1931; Ders.: *Legalität und Legitimität*. München und Leipzig 1932; Ders: *Der Begriff des Politischen*. 4. erw. Aufl., Berlin 1963.

42 Alekseev, N.N.: Objazannost' i pravo, in: *Evrazijskaja chronika* 10 (1928), S. 19-26.

43 Šachmatov, Mstislav: Podvig viasti (Opyt po istorii gosudarstvennych idealov Rossii), in: *Evrazijskij vremennik* 3 (1923), S. 55-80; Ders.:Gosudarstvo pravdy (Opyt po istorii gosudarstvennych idealov v Rossii), in: *Evrazijskij vremennik* 4 (1925), S. 268-304; Suvčinskij, Petr: Strasti i opasnosti, in: *Rossija i latinstvo. Sbornik statej*. Berlin 1923, S. 27 ff.

Aufbruchsstimmung vom Sommer 1914 schienen die Deutschen alle politischen, konfessionellen, sozialen und regionalen Spannungen überwunden zu haben. Die ansonsten zerrissene Nation kannte plötzlich „keine Parteien mehr“. Die Weimarer Republik, die die Ideale von 1914 angeblich verriet, betrachteten die Konservativen Revolutionäre bloß als ein Provisorium. Es sollte durch das „Dritte Reich“ – das Endreich – abgelöst werden, in dem, ähnlich wie 1914, die Gegensätze zwischen Rechts und Links, zwischen Katholisch und Protestantisch, zwischen Nord und Süd keine Rolle mehr spielen sollten.[44]

Für Carl Schmitt war das liberale Weimarer Provisorium im Grunde kein Staat mehr. Hier bemächtigten sich einzelne Segmente der Gesellschaft (Parteien, Interessenverbände usw.) der Staatsgewalt und missbrauchten sie ausschließlich für ihre jeweiligen Interessen. Der Staat als die Verkörperung der Allgemeinheit werde praktisch abgeschafft. Leidenschaftlich setzte sich Carl Schmitt für die Errichtung eines Präsidialregimes mit dem „Hüter der Verfassung“ – dem Reichspräsidenten – an der Spitze ein. Dieser Beamtenstaat sollte sich dem zersetzenden Einfluss der Gesellschaft entziehen, um erneut Politik im ursprünglichen Sinne betreiben zu können.[45]

Der Traum Carl Schmitts ging 1930 in Erfüllung. Das angeblich überparteiliche Präsidialregime wurde nun in Deutschland errichtet. Es entzog sich weitgehend der gesellschaftlichen Kontrolle, um dann anschließend den Staat seinen Todfeinden auszuliefern.

Als eine unheilbare Schwäche des liberalen Staates, des sogenannten Gesetzgebungsstaates, betrachteten sowohl die Konservativen Revolutionäre als auch die Eurasier seine angebliche Unfähigkeit, Entscheidungen zu treffen, den sogenannten „Ernstfall“ zu bewältigen. Im Gesetzgebungsstaat herrschten nicht Menschen oder Obrigkeiten, sondern Gesetze, beklagt sich Carl Schmitt. Der ursprüngliche Begriff der Herrschaft werde hier aufgelöst und durch

---

44 Moeller van den Bruck, *Das dritte Reich*; siehe dazu auch Mohler, *Konservative Revolution*.

45 Schmitt, *Der Hüter der Verfassung*.

abstrakte Normen ersetzt.[46] Der Schüler Schmitts, Ernst Forsthoff, fügte hinzu: „Ehre, Würde, Treue [...] entziehen sich der normativen Sicherung und Institutionalisierung [...]. Der reine Rechtsstaat [...] ist der Prototyp einer Gemeinschaft ohne Ehre und Würde.[47]

So verbreitete sich in den Reihen der Konservativen Revolutionäre die Sehnsucht nach einem wirklichen Herrscher, nach einem Cäsar. Der charismatische Führer, dessen Auftreten einige große europäische Denker bereits im neunzehnten und zu Beginn des zwanzigsten Jahrhunderts mit Sorge, andere mit großen Erwartungen vorausgesagt hatten[48], sollte die Herrschaft der unpersönlichen Institutionen durch die Herrschaft des Willens ersetzen.

*Suche nach dem Führer versus „Ideokratie"*

Die cäsaristische Idee hatte in der westeuropäischen Geschichte eine lange Tradition. Bereits Machiavelli träumte von einem Führer, der durch seine Leistungen und Heldentaten Italien von den verkrusteten, traditionellen Einrichtungen befreien und das Land einigen würde.[49] Das Vorbild für den „Cäsar“ Machiavellis lieferten die Kondottieri der Renaissancezeit. Sie kamen aus dem Nichts, verdankten alles nur sich selbst und erreichten aufgrund außergewöhnlicher persönlicher Eigenschaften Ruhm und Macht. Sie beseitigten alte Dynastien und Institutionen und führten umwälzende Änderungen in ihren Staaten durch. Auch Napoleon verkörperte später, wenn auch auf einer höheren Ebene, das gleiche Prinzip.

Die Krise des parlamentarischen Systems, die nach 1918 mit einer besonderen Schärfe in Italien und in Deutschland auftrat, verstärkte in diesen beiden Ländern die Sehnsucht nach einem charismatischen Helden, der den ursprünglich persönlichen Charakter der Politik restaurieren sollte. Es sollten nunmehr wieder Helden und

---

46 Ders., *Legalität und Legitimität*.

47 Forsthoff, Ernst: *Der totale Staat.* Hamburg 1933, S. 13.

48 Vgl. dazu u. a. Nietzsche, Friedrich: *Gesammelte Werke*, Musarion Ausgabe. München 1926, Band XIX, S. 273; Weber, Max: *Gesammelte politische Schriften*, 2. Aufl., hrsg. Von J. Winckelmann. Tübingen 1958, S. 21.

49 Machiavelli, Niccolò: *Der Fürst.* Hrsg. von R. Zorn. Stuttgart 1955.

nicht Doktrinen, Klassen oder blutleere Institutionen herrschen.[50] Der ehemalige Vertreter der Konservativen Revolution, Ernst Niekisch, schrieb nachträglich (1936):

> [Die deutschen bürgerlichen Massen] waren der Herrschaft des unpersönlichen Gesetzes überdrüssig und verachteten die Freiheit, die diese gewährt; sie wollten einem Menschen dienen, einer persönlichen Autorität, einem Diktator. [...] Sie zogen die schwankende Laune und sprunghafte Willkür eines persönlichen .Führers' der strengen Berechenbarkeit einer unantastbaren gesetzmäßigen Ordnung vor.[51]

In ihrer Suche nach Alternativen für das liberale System unterschieden sich die Eurasier jedoch erheblich von den Konservativen Revolutionären. Die Sehnsucht nach einem „Cäsar" war ihnen völlig fremd. Die neue Herrschaftsordnung sollte nicht in erster Linie von Personen, sondern von Ideen geprägt werden. In Europa sei nun ein ideologisches Zeitalter angebrochen, betonten die Eurasier, Nur durch große, alle Lebensbereiche durchdringende Ideen könne man die gegenwärtige Krise bewältigen. Diese Ideen sollten zur Grundlage neuer Herrschaftsformen werden, die die Eurasier als „Ideokratien" bezeichneten.[52]

Damit knüpften die Eurasier an eine in der russischen Geschichte tief verwurzelte Tradition an. Schließlich handelte es sich bei der zarischen Selbstherrschaft ebenso wie bei der bolschewistischen Diktatur um ideokratische Systeme. Voraussetzungen für die Entstehung von cäsaristischen Sehnsüchten fehlen hingegen in der russischen Tradition. Eine Autonomie unpersönlicher, sozialer und politischer Institutionen und eine Autonomie unpersönlicher Rechtsnormen waren in Russland sowohl vor als auch nach der Revolution nur in einem begrenzten Ausmaß vorhanden. Aus die-

---

50 Vgl. dazu Luks, Leonid: *Entstehung der kommunistischen Faschismustheorie. Die Auseinandersetzung der Komintern mit Faschismus und Nationalsozialismus 1921-1935.* Stuttgart 1985, S. 203-206.

51 Niekisch, Ernst: *Das Reich der niederen Dämonen.* Hamburg 1953, S. 87.

52 Trubeckoj, Nikolaj: O gosudarstvennom stroe i forme pravlenija, in: *Evrazijskaja chronika* 8 (1927), S. 3-9; *Evrazijstvo. Opyt sistematičeskogo izloženija.* Paris 1926, S. 52-55.

sem Grund war auch der Ruf nach einem „Cäsar“, der den liberalen Staat ohne „Substanz“ und ohne „Würde“ zu beseitigen hätte, in Russland unbekannt. „Cäsaristische“ Gestalten traten in der russischen Geschichte praktisch nicht auf. [53]

### *„Konservative Revolution“ und Eurasiertum – trügerische Erfolge, faktische Marginalität*

Trotz einer gewissen Verwurzelung in der russischen Tradition hatten die Eurasier als geistige Formation mit ihren sowjetischen Zeitgenossen nur wenig gemeinsam. So war ihre Sehnsucht nach dem alten „heiligen“ Russland, nach den verlorenen Wurzeln, der Mehrheit der damaligen sowjetischen Intelligencija völlig fremd. In den zwanziger Jahren herrschte in Russland Zukunftsoptimismus. Die atheistische und materialistische Propaganda der Bolschewiki, die mit der Verfolgung der Kirche verbunden war, erzielte bei den breiten Massen Russlands einen beträchtlichen Erfolg. Die Popularisierung der „Wunder“ der Wissenschaft und der Technik sollte den Glauben an die religiösen Wunder ersetzen. Und in der Tat nahm der Wissenschaftsglaube im bolschewistischen Russland einen beinahe religiösen Charakter an. Russland erlebe jetzt eine Periode naiver Aufklärung, schrieb 1930 Georgij Fedotov. Der Materialismus erhalte dort den Charakter eines neuen Glaubens.[54]

Kulturpessimistische Elemente der eurasischen Ideologie spiegelten im Grunde westeuropäische und nicht innerrussische Prozesse wider. Auch mit ihrer Kritik am Parlamentarismus und am Egoismus der Parteien und der Interessenverbände stützten sich die Eurasier in erster Linie auf westeuropäische und nicht auf russische Erfahrungen. Die Krise des Parlamentarismus mit ihren Begleiterscheinungen konnte in Russland gar nicht auftreten, weil der Parlamentarismus westlichen Musters hier nie zur vollen Entfaltung gelangt war.

---

53 Siehe Luks, *Faschismustheorie*, S. 204.

54 Fedotov, Georgij: Novaja Rossija, in: *Sovremennye zapiski* XL VI (1930), S. 276-311; hier S. 297

Trotz ihrer verzweifelten Versuche, sich in die nachrevolutionäre Entwicklung Russlands einzufühlen und sich mit ihr zu identifizieren, standen die Eurasier also in ihrer Geisteshaltung den Westeuropäern wesentlich näher als ihren Landsleuten in der Sowjetunion. Schließlich waren sie, ob sie es wollten oder nicht, Vertreter gerade derjenigen europäisierten Oberschicht, deren Beseitigung durch die Revolution sie im Wesentlichen begrüßten.[55]

Ganz anders als die Eurasier spiegelten die Konservativen Revolutionäre mit ihrer Haltung den geistigen Zustand eines großen Teils ihrer Gesellschaft wider. Mit ihrer Sehnsucht nach dem „Dritten Reich", mit ihrer radikalen Ablehnung der Moderne und der aufklärerisch-liberalen Tradition schwammen sie mit dem Strom der Zeit. Sie waren ein Symptom der Modernisierungskrise, die bereits um die Jahrhundertwende den Westen erfasste, die allerdings in solchen „verspäteten" Nationen wie Deutschland und Italien in einer besonders radikalen Form auftrat.

Die Weltwirtschaftskrise von 1929 versetzte dem liberalen Denkmodell einen zusätzlichen Stoß. Der Glaube an die Selbstregulierungsfähigkeit des liberalen Systems ging verloren. Das freie Spiel der Kräfte und das Prinzip der Konkurrenz waren nicht imstande, ein wirtschaftliches Debakel beispielloser Art zu verhindern. Aber nicht nur das liberale, sondern auch das marxistische Denkmodell erlebte damals eine Krise, die an die spätere Krise von 1989 erinnert. Die Idee der sozialen Gerechtigkeit und die der Verteidigung der Unterdrückten verlören nun eindeutig ihre Anziehungskraft, schrieb 1931 Fedotov. Demgegenüber wachse überall in Europa der extreme nationale Egoismus, das Streben nach maximaler Entfaltung der eigenen Nation auf Kosten anderer Völker.[56]

Es stellte sich nun heraus, dass der Liberalismus und der Marxismus eine Art Schicksalsgemeinschaft bildeten, dass die Kluft zwischen ihnen nicht so tief war wie zunächst angenommen. Was verband den unduldsamen, auf das Wahrheitsmonopol pochenden

---

55 Luks, Die Ideologie der Eurasier.

56 Fedotov, Georgij: Social'nyj vopros i svoboda, in: *Sovremennye zapiski* XL VII (1931), S. 421-438; Ders.: Sumerki otečestva, in: *Novyi Grad* 1 (1931).

Marxismus mit dem relativistisch-pluralistischen Liberalismus? Dies war und ist in erster Linie der Glaube an die Vernunft, an die Fähigkeit des Menschen, sowohl die Natur als auch die sozialwirtschaftlichen Prozesse zu beherrschen. Beide Lehren triumphieren in den Perioden, in denen der Fortschritts- und Wissenschaftsglaube vorherrscht. Dort, wo dieser Glaube schwindet, schlägt die Stunde der Kulturpessimisten, der Verfechter des Irrationalismus, die Stunde der „Konservativen Revolution“. 1927 definierte Hugo von Hofmannsthal die Konservative Revolution als Revolte gegen das unerträglich unromantische neunzehnte Jahrhundert, als Suche nach Bindungen, die die Suche nach Freiheit nun ablöse. Diesen Suchenden begegne man nicht in Haufen, sondern einzeln, fügt Hofmannstahl hinzu, sie seien die Nation der Einzelnen.[57]

Die elitäre Attitüde der Konservativen Revolution spiegelt sich in diesen Worten besonders deutlich wider. Auf die sogenannten Massen, auch auf die Massenparteien, schaute sie herab. Sie hielt diese Parteien für einen Bestandteil des Weimarer Systems, das sie verabscheute. Viele Vertreter der Konservativen Revolution haben sich über den Beschluss Hitlers mokiert, mit Hilfe von Wahlzetteln eine „legale Revolution“ in Deutschland durchzuführen. So hielt Ernst Jünger das Umsatteln Hitlers auf das parlamentarische Pferd für eine Eselei.[58] Wer legal kämpfe, rühre nicht an den Grundlagen des Systems, fügte Ernst Niekisch (1932) hinzu. Wenn man der Machtprobe ausweiche wie Hitler, sei man schon besiegt.[59]

Andere Gruppierungen der Konservativen Revolution – in erster Linie der „Tat“-Kreis um die gleichnamige Zeitschrift von Hans Zehrer – wollten sich der NSDAP geistig bemächtigen, um deren Anhängerschaft für eigene Ziele einzuspannen. Im Juli 1932 veröffentlichte der deutsch-russische Sozialdemokrat Alexander Schifrin einen Artikel über den *Tat*-Kreis, in dem viele Thesen der heutigen Forschung zur Konservativen Revolution vorweggenommen wurden.

57 von Hofmannstahl, Hugo: Das Schrifttum als geistiger Raum der Nation, in: Ders.: *Gesammelte Werke. Prosa.* Band 4, Frankfurt a. M. 1955, S. 390-413.

58 Siehe bei Bastian, *Das Politische bei Ernst Jünger*, S. 59.

59 Niekisch, Ernst: *Hitler – ein deutsches Verhängnis.* Berlin 1932.

Der *Tat*-Kreis, so Schifrin, wolle sich der nationalsozialistischen Bewegung bedienen, um einen „deutschen Sozialismus" zu verwirklichen. Aber auch der Nationalsozialismus profitiere von dieser Komplizenschaft und erhalte zusätzliche geistige Unterstützung und zusätzliche Möglichkeiten, die öffentliche Meinung mit seiner Ideologie zu vergiften. Naivität könne bei Leuten wie Zehrer nicht als mildernder Umstand gelten, meint Schifrin, „denn diese Leute wollen betrogen werden, sie wollen in der Reaktion Sozialismus entdecken".[60]

Schifrin hat sich hier allerdings geirrt. Dem Verhalten der Konservativen Revolutionäre lag zweifellos eine ungewöhnliche politische Naivität zugrunde. Sie verstanden sich als kaltblütige Politiker, die dem Nationalsozialismus nur gestatteten, die Vorarbeit für eine „wirkliche" nationale Revolution zu leisten. Der Sturz der Weimarer Republik war nach ihrem Plan der wichtigste Teil dieser Vorarbeit. Danach wollten sie selbst die Führung der nationalen Revolution übernehmen. Nach dem 30. Januar 1933 hat sie aber niemand mehr gebraucht. Statt die Früchte der „Arbeit" der anderen zu ernten, leisteten sie in Wirklichkeit nur die Vorarbeit zum totalen Sieg der NSDAP.[61] So war die Existenz der Konservativen Revolution mit der Existenz der von ihr so ungeliebten Weimarer Demokratie untrennbar verbunden. Die Zerstörung des Weimarer Staates – der größte „Erfolg" der Konservativen Revolution – zerstörte das eigentliche Fundament, auf dem sie agieren konnte.

Den Eurasiern waren nicht einmal solche „Erfolge" gegönnt. Im Gegensatz zu den Weimarer Demokraten duldeten die Bolschewiki keine ideologischen Konkurrenten. Sie fühlten sich als Sieger der Geschichte, schienen unbezwingbar, und diese ihre Selbstsicherheit ließ auch viele Eurasier nicht unbeeindruckt. Ihre Einstellung zum Bolschewismus wurde immer unkritischer. 1929 hat sich die Eurasier-Bewegung gespalten. In Paris konstituierte sich ein prosowjeti-

---

60 Schifrin, Alexander: Adelfaschismus und Edelfaschismus, in: *Die Gesellschaft* 7 (1932), S. 97-108.

61 Siehe dazu u. a. Kuhn, Helmut: Das geistige Gesicht der Weimarer Zeit, in: *Zeitschrift für Politik* 8 (1961), S. 1-10.

scher Flügel der Eurasier unter Sergej Ėfron (dem Ehemann der Dichterin Marina Cvetaeva) und Dmitrij Svjatopolk-Mirskij, der sich um die Zeitung *Evrazija* gruppierte. Später stellte sich heraus, dass Ėfron Agent der sowjetischen Sicherheitsorgane war. In den dreißiger Jahren kehrten Ėfron und Svjatopolk-Mirskij in die Sowjetunion zurück, wo sie dem Stalinschen Terror zum Opfer fielen.[62]

### *Parallelen ohne Berührungen*

Die verblüffenden Parallelen im Denken der Eurasier und der Konservativen Revolutionäre führen zwangsläufig zur Frage, ob die beiden Strömungen im direkten Kontakt miteinander standen, ob sie sich gegenseitig beeinflussten. Dies war aber nur höchst selten der Fall. 1931 beklagt sich Petr Savickij über die unerwartet dürftige Resonanz der deutschen Öffentlichkeit auf die Publikationen der Eurasier. In solchen Ländern wie Polen, Tschechoslowakei oder Jugoslawien verhielten sich die Dinge ganz anders.[63]

War dieses schwache deutsche Echo auf die eurasischen Schriften vielleicht durch die sprachliche Barriere bedingt? Wohl kaum. Das antiwestliche Manifest des Mitbegründers der Eurasierbewegung Trubeckoj *Europa und die Menschheit* aus dem Jahre 1920 wurde bereits 1922 ins Deutsche übersetzt. Ausführlich über die Eurasier schrieb 1927 in seiner Monographie *Russland jenseits der Grenzen* Hans von Rimscha.[64] So war der von Savickij konstatierte Mangel an Erfolg der Eurasier in Deutschland sicher nicht durch die sprachliche Barriere verursacht. Er hatte zweifellos damit zu tun, dass „Russland jenseits der Grenzen" die Konservativen Revolutionäre weit weniger interessierte als der sowjetische Staat. Sie waren vom bolschewistischen Experiment, ähnlich übrigens wie die Eurasier selbst, fasziniert und wollten „von der Sowjetunion lernen, um gegen den Westen siegen zu lernen".

---

62 Siehe dazu Struve, Gleb: *Russkaja Literatura v izgnanii.* New York 1956, S. 73-77; Ders.: Kn. D. P. Svjatopolk-Mirskij o. P. B. Struve, in: *Vestnik Russkogo Christianskogo Dviženija* 130 (1979), S. 232-236.

63 Savickij, Petr: *V bor'be za evrazijstvo,* o.O. 1931.

64 von Rimscha, Hans: *Rußland jenseits der Grenzen 1921-1926. Ein Beitrag zur russischen Nachkriegsgeschichte.* Jena 1927, S. 182-193.

Und wie verhielt es sich mit der Reaktion der Eurasier auf das Gedankengut der Konservativen Revolution? Auch diese Reaktion fiel relativ bescheiden aus. Zwar befassten sich die Eurasier intensiv mit den Schriften Oswald Spenglers und anderer rechter Intellektueller der Weimarer Republik. Mit dem Phänomen „Konservative Revolution“ als solchem setzten sie sich aber sehr selten auseinander. Zu den wenigen Ausnahmen gehörte der Artikel A. Antipovs „Die neuen Wege Deutschlands“ im eurasischen Sammelband *Die neue Epoche* (1933).[65] Antipov analysiert hier die Programme solch führender Gruppierungen der Konservativen Revolution wie des *Tat*-Kreises von Hans Zehrer und der Gruppe um Ernst Niekisch und dessen Zeitschrift *Widerstand.* Dem Autor fallen immer wieder Parallelen zum Denken der Eurasier auf. So seien diese „jungdeutschen“ Gruppierungen ähnlich wie die Eurasier Gegner des liberalen Wirtschaftssystems und plädierten für einen starken, interventionistischen Staat und für eine wirtschaftliche Autarkie. Sie glaubten an die Macht der Ideen und strebten die Errichtung eines ideokratischen Systems an. Mit Sorge betrachtete Antipov allerdings die geopolitischen Pläne der Konservativen Revolutionäre, ihren Glauben an die Mission Deutschlands, den mittel- und osteuropäischen Raum neu zu ordnen. Diese Neuordnung Europas durch das „junge Deutschland“ werde dieses unvermeidlich zu einer Konfrontation mit Russland führen, sagte der Autor.

Antipov gehörte zu den wenigen Akteuren der damaligen Ereignisse, die die erstaunlichen Ähnlichkeiten zwischen den Gedankengängen der Eurasier und denjenigen der Konservativen Revolutionäre wahrnahmen – dies ungeachtet der Tatsache, dass beide Strömungen sich völlig unabhängig voneinander entwickelt hatten. Gemeinsam war ihnen in erster Linie die Ablehnung des Westens und die Suche nach einer Alternative zum westlichen Entwicklungsmodell. Und dieser gemeinsame Nenner erwies sich als ausreichend,

---

65 Antipov, A.: Novye puti Germanii, in: *Novaja ėpocha. Ideokratija, Politika. Ėkonomika. Obzory.* Red. V. Pejl'. Narva 1933, S. 35-43.

um sie in weltanschauliche, wenn auch nicht politische Nähe zueinander zu bringen.[66]

*Konjunkturen und Perspektiven*

Die Spaltung von 1929 hat die Eurasier-Bewegung nachhaltig geschwächt. In der zweiten Hälfte der dreißiger Jahre löste sie sich weitgehend auf. Sie verschwand also beinahe zur gleichen Zeit wie die Konservative Revolution von der Bildfläche. Aber anders als die Verfechter der Konservativen Revolution schienen die Eurasier keine ideologischen Spuren hinterlassen zu haben. Das 1933 gegründete Dritte Reich mit einem charismatischen Führer an der Spitze stellte immerhin, wenn auch in einer pervertierten Form, die Verwirklichung mancher Träume der Konservativen Revolutionäre dar. Das von den Eurasiern erträumte eurasische Reich ist aber niemals entstanden. Die Lehre der Eurasier schien ein skurriles und endgültig abgeschlossenes Kapitel der Ideengeschichte des russischen Exils zu sein.

Indes herrschen in der Welt der Ideen eigentümliche Gesetze, die immer wieder Überraschungen bereithalten. Die in den dreißiger Jahren scheinbar endgültig in der Versenkung verschwundenen eurasischen Ideen sollten fünfzig Jahre später eine völlig unerwartete Renaissance erleben. Das Debakel ihres ideologischen Kontrahenten – des Bolschewismus – verhalf ihnen Ende der achtziger, Anfang der neunziger Jahre zu einer erneuten Popularität. Man sucht in Russland jetzt, nach dem Zusammenbruch des sogenannten „proletarischen Internationalismus“, nach einer neuen einigenden Klammer für alle Völker und Religionsgemeinschaften des eurasischen Subkontinents. Es entbrannte nun ein neuer Streit über den russischen Entwicklungsweg. Die neuen russischen „Westler“ betrachten Russland, ähnlich wie ihre Vorgänger im neunzehnten Jahrhundert, bloß als ein rückständiges europäisches Land. Die Besonderheit Russlands besteht für sie vor allem in seiner „Rückständigkeit“. Die

---

66 Zu „eurasischen“ Komponenten im Denken einiger Vertreter der Konservativen Revolution siehe Hecker, Hans: *„Die Tat“ und ihr Osteuropa-Bild 1909-1939.* Köln 1974, S. 96, 105 f.; Schüddekopf, *Linke Leute von rechts*, S. 188 f.

westlichen Entwicklungswege stellen für sie eine „Norm" dar, an die sich Russland früher oder später anpassen müsse.

Dieser Standpunkt wird von den national gesinnten Gruppierungen als weltfremd und utopisch angesehen. Russland werde sich niemals in einen „normalen" europäischen Staat verwandeln. Seine Strukturen und Traditionen seien derart spezifisch, dass eine mechanische Übernahme der im Westen entwickelten Modelle zwangsläufig scheitern müsse. Der ehemalige Berater Boris El'cins, Sergej Stankevič, einer der schärfsten Kritiker der „Neowestler" – oder „Atlantiker", wie sie heute gelegentlich bezeichnet werden -, weist darauf hin, dass Russland mehr als zur Hälfte in Asien liege, dass es vom Westen nun durch einen Gürtel von neuentstandenen unabhängigen Staaten abgetrennt worden sei. Dieser Ostverschiebung müsse Moskau auch Rechnung tragen. Bei seinem Kampf um die Aufnahme in den Klub der westlichen Industrienationen dürfe es seine asiatische Komponente keineswegs vernachlässigen.[67]

Die von Stankevič vertretene Position wird oft als eine Neubelebung der eurasischen Ideologie angesehen. In einer viel aggressiveren Form wird diese Ideologie von den russischen Neoimperialisten um Aleksandr Prochanov vertreten, die mit Hilfe der eurasischen Idee das alte sowjetische Reich restaurieren möchten. Sein Presseorgan *Den'* (Tag), das er nach dem Verbot vom Oktober 1993 in *Zavtra* (Morgen) umbenannte, bezeichnet Prochanov sogar als ein eurasisches Organ. Der eurasische Gedanke wird auch von einigen anderen Zeitungen und Zeitschriften lanciert (siehe dazu den Aufsatz „Der ‚dritte Weg' der ‚neo-eurasischen' Zeitschrift *Ėlementy* – zurück ins Dritte Reich?" in diesem Band).

Dennoch besteht die Schwäche des eurasischen Konzepts darin, dass es bisher keine Breitenwirkung zu erzielen vermochte. Sein Einfluss bleibt auf einige elitäre Kreise beschränkt, ähnlich übrigens

67 Stankevič, Sergej: Deržava v poiskach sebja. Zametki o rossijskoj vnešnej politike, in: *Nezavisimaja gazeta* 28. 3. 1992; Ders.: Rossija, 1992-j. Predel dopustimogo, in: *Komsomol'skaja pravda* 26.5.1992; siehe dazu auch Ignatow, Assen: Der „Eurasismus" und die Suche nach einer neuen russischen Kulturidentität. Die Neubelebung des „Evrazijstvo"-Mythos, in: *Berichte des Bundesinstituts für ostwissenschaftliche und internationale Studien* 15 / 1992.

wie dies in den zwanziger und in den dreißiger Jahren der Fall gewesen war. Für die russischen Nationalisten ist die eurasische Idee viel zu abstrakt, das Gleiche betrifft die Mehrheit der Intellektuellen aus den islamischen Republiken der ehemaligen UdSSR. So scheint das erneute Scheitern des eurasischen Programms, ungeachtet seiner Originalität, unausweichlich zu sein.

Veröffentlicht in: Gerd Koenen und Lew Kopelew, Hrsg.: Deutschland und die Russische Revolution 1917-1924, München 1998, S. 219-239 (geringfügig revidierte Fassung).

# II. Totalitäre Versuchungen – Bolschewismus, Faschismus, Nationalsozialismus

## Die totalitäre Doppelrevolution des 20. Jahrhunderts (1917/1933) und ihre ideologischen Wurzeln – eine Skizze[1]

Das „kurze" 20. Jahrhundert gehört zu den am besten dokumentierten Epochen der Geschichte. Trotzdem gibt es viel mehr Rätsel auf als manche Perioden der Antike und des Mittelalters, deren spärliche dokumentarische Überreste wir nur mühsam rekonstruieren können. Zu den größten Rätseln in diesem Zusammenhang gehört die Frage nach den Ursachen für den beispiellosen Zivilisationsbruch, der sich in der ersten Hälfte des soeben zu Ende gegangenen Jahrhunderts ereignete und der alte Kulturnationen erfasste, die so voller Stolz auf ihre großen Dichter und Denker, auf ihre genialen Schriftsteller und Künstler waren. Wie konnte es zu Auschwitz und Archipel Gulag kommen? Diese Frage erschüttert bis heute das europäische Selbstverständnis.

Zwar werden der nationalsozialistische Judenmord und der bolschewistische Soziozid gelegentlich als „asiatische" Taten bezeichnet (Ernst Nolte). Diese Definition ist allerdings irreführend. Denn die totalitären Regime, die in Asien errichtet wurden, ahmten in der Regel europäische Vorbilder nach. Die Geburtsstätte des modernen Totalitarismus befindet sich eindeutig in Europa, wobei Russland

1 Erweiterte Fassung eines Beitrags, der in meiner Aufsatzsammlung *Zeithistorische Streitfragen. Essays und Repliken.* Münster 2012, S. 153-181 veröffentlicht wurde. Vgl. dazu auch meinen Aufsatz „Das Jahrhundert der Verwirklichung totalitärer Utopien und der Lager", in: Blecking, Diethelm / Peiffer, Lorenz (Hrsg.): *Sportler im „Jahrhundert der Lager". Profiteure, Widerständler und Opfer.* Göttingen 2012, S. 12-26.

und Deutschland das Zentrum der Auflehnung gegen das überlieferte europäische Menschenbild bildeten, das seit Jahrhunderten durch die Vorstellungen des Alten und des Neuen Testaments geprägt worden waren.

Viele Analytiker der totalitären Regime betrachten diese politischen Phänomene als radikalste Ausprägungen des Nihilismus und sehen gerade in deren nihilistischen Zerstörungswut die größte Gefahr für die europäische Zivilisation. Hermann Rauschning, der nach einem vorübergehenden Flirt mit der NSDAP zu einem der vehementesten Kritiker Hitlers wurde, definierte im Jahre 1938 die nationalsozialistische Umwälzung als „Die Revolution des Nihilismus".

Rauschning irrte sich. Der fanatische Glaube und der missionarische Eifer der totalitären Ideologien wirkten sich auf die von ihnen beherrschten Gesellschaften viel katastrophaler aus als der zynische Unglaube mancher Nihilisten.

Bei der Betrachtung der Genese der totalitären Doppelrevolution des 20. Jahrhunderts darf man nicht vergessen, dass sie sich nach einem etwa 150jährigen Siegeszug der aufklärerisch-emanzipatorischen Prozesse in Europa ereignete. Zwar kam es zu gelegentlichen Unterbrechungen dieses Siegeszuges, jedoch nur für kurze Zeit. Beinahe nach jeder Unterbrechung beschleunigte sich der Vormarsch der Europäer in Richtung Rechtsgleichheit und Befreiung von paternalistischer Bevormundung jeder Art. Umso rätselhafter wirkt die Tatsache, dass dieser unbändige Freiheitsdrang der Europäer so abrupt eingedämmt werden konnte, dass unzählige von ihnen in gezähmte, unterwürfige Untertanen der neueingerichteten Despotien, in bloße Schräubchen gigantischer totalitärer Mechanismen verwandelt werden konnten. Nicht zuletzt deshalb verleiht der 1964 verstorbene russische Schriftsteller Vasilij Grossman in seinem großen Roman *Leben und Schicksal* dem 20. Jahrhundert – dem Jahrhundert der Lager, der Weltkriege, der Extreme und vielem mehr – auch eine andere prägnante Bezeichnung: das „Jahrhundert der Unterwürfigkeit". Und in der Tat, der Siegeszug der totalitären Regime, welche die erste Hälfte des 20. Jahrhunderts prägten, wäre ohne die Bereitschaft unzähliger Europäer, sich mit den totalitären Diktaturen abzufinden, kaum denkbar gewesen. Grossman schreibt: „[Gigantische] Menschenmassen waren unterwürfige Zeugen der Vernichtung von Unschuldigen. Doch nicht nur Zeugen. Wenn es befohlen wurde, gaben sie Stimme für die Vernichtung, bekundeten sie mit Stimmengetöse die Billigung der Massenmorde. In dieser grenzenlosen Unterwürfigkeit der Menschen offenbarte sich etwas ganz Unerwartetes".[2]

Wie erklärt Grossman diese anthropologische Revolution, die Tatsache, dass die „von den totalitären Gesellschaftssystemen verherrlichte Gewalt sich als fähig [erwies], auf ganzen Kontinenten den menschlichen Geist zu lähmen"?

Diesen Triumph des Totalitarismus führt der Schriftsteller nicht zuletzt auf die moralisierende Attitüde zurück, die den totalitären Ideologien eigen ist, darauf, dass die von totalitären Regimen „begangenen Verbrechen als höchste Form des Humanismus [dargestellt wurden], dass sie Menschen in erhaltenswerte Reine und nichterhaltenswerte Unreine [schieden]".[3]

Dieser Zivilisationsbruch, der sich im Herzen Europas abspielte, hatte sich scheinbar über Nacht – in der kurzen Zeitspanne zwischen 1917 und 1945 bzw. 1953 (dem Todesjahr Stalins) – vollzogen. Dieses „Plötzliche" täuscht jedoch, denn Zäsuren bahnen sich in der Regel allmählich an. Auch das „Jahrhundert der Unterwürfigkeit" bzw. der Lager hatte seine lange Vorgeschichte. Ihm ging eine Auflehnung gegen das überlieferte europäische Menschenbild voraus.

Diese Auflehnung hatte den Charakter einer Doppelrevolution. Die Zerstörer der Grundlagen, auf denen die christlich-jüdische Kultur basiert, verwickelten die Verteidiger dieser Kultur in einen Zweifrontenkrieg. Sie wurden sowohl im Namen der Gleichheit, der Gerechtigkeit und der internationalen Solidarität als auch im Namen

2 Grossman, Vasilij: *Leben und Schicksal.* München / Hamburg 1984, S. 218.
3 Ebd.

des hierarchisch-elitären Prinzips, des unversöhnlichen nationalen Egoismus und des Rassegedankens angegriffen.

Dabei waren es einflussreiche Vertreter der Bildungsschicht und nicht die allgemein gefürchteten „Massen", die solche Werte wie Toleranz oder Humanität mit besonderer Radikalität bekämpften. Nicht der Aufstand der Massen, sondern die Rebellion der intellektuellen Elite habe dem europäischen Humanismus die größten Schläge zugefügt, schrieb in diesem Zusammenhang 1939 der russische Exilhistoriker Georgij Fedotov.[4]

Die größten Rückschläge erlitt der europäische Humanismus in seiner Auseinandersetzung mit zwei Denkschulen, die zwar Geschöpfe des ansonsten liberalen 19. Jahrhunderts waren, ihr zerstörerisches Potential aber erst im totalitären 20. Jahrhundert entfalten sollten: die Klassenkampftheorie und die Rassenlehre. Die wegweisenden Schriften der beiden Denkschulen – das *Kommunistische Manifest* von Marx und Engels und der *Versuch über die Ungleichheit der Menschenracen* von Graf Gobineau – entstanden beinahe gleichzeitig. Beide Schriften standen an der Grenze zweier Epochen – der Romantik auf der einen und des wissenschaftlich-positivistischen Zeitalters auf der anderen Seite – und waren durch Glaubenssätze der beiden Epochen geprägt. Nicht zuletzt diese Synthese verlieh ihnen eine außerordentliche Durchschlagskraft. Romantisch war bei Marx und Engels und bei Gobineau der Glaube an ein „Goldenes Zeitalter" der Menschheit und an einen gottähnlichen, menschgewordenen Erlöser. Zugleich waren sie aber davon überzeugt, eherne Gesetze der Geschichte entdeckt und wissenschaftlich begründet zu haben. Und mit diesem Wissenschaftsglauben partizipierten sie bereits am positivistischen Zeitgeist, der sich um die Mitte des 19. Jahrhunderts durchzusetzen begann.

Sowohl Marx und Engels als auch Gobineau waren geschichtliche Deterministen, allerdings mit einem Unterschied: Das Konzept der Autoren des *Kommunistischen Manifestes* zeichnete sich durch einen

4 Fedotov, Georgij: K smerti ili k slave?, in: *Novyj Grad* 14, 1939, S. 102.

grenzenlosen Optimismus und dasjenige Gobineaus durch einen grenzenlosen Pessimismus aus.

Marx und Engels waren davon überzeugt, im Proletariat einen neuen Heiland gefunden zu haben, der von der Ursünde der Ausbeutung der Menschen durch den Menschen frei sei. So gut wie nichts verbinde den Industrieproletarier mit der alten, von der Klassenherrschaft geprägten Welt. Deshalb sei er auch dazu prädestiniert, diese sündhafte Welt zu zerstören und die Menschheit in das „Goldene Zeitalter" der Klassenlosigkeit zu überführen.

Der Heiland Gobineaus war die weiße Rasse: „[Die Geschichte] zeigt uns", so Gobineau, „daß jede Zivilisation von der weißen Race herstammt, daß keine ohne die Beihilfe dieser Race bestehen kann, und daß eine Gesellschaft nur in dem Verhältnis groß und glänzend ist, als sie die edle Gruppe, der sie ihr Dasein verdankt, sich lange erhält."[5] Was Gobineau allerdings außerordentlich deprimierte, war der von ihm konstatierte permanente Verfall dieser „edelsten" menschlichen Gattung, und zwar aufgrund ihrer Vermischung mit den anderen Rassen: „Mischung, Mischung überall, Mischung immerdar", beklagte sich bitterlich einer der Begründer der Rassenlehre.[6] Das „Goldene Zeitalter", das für Marx und Engels erst in der „lichten Zukunft" anbrechen sollte, befand sich für Gobineau in der grauen Vorzeit: „Die Brahmanen Urindiens, die Helden der Ilias [...], die skandinawischen Krieger [boten] ein glänzenderes und edleres Bild der Menschheit dar [...] als [...] die hundertfältigen Mischlingsbevölkerungen der gegenwärtigen Zeit."[7]

Indes waren für den rassischen Puristen Gobineau nicht einmal die „arischen" „Helden der [früheren] großen Epochen" makellos: „Und doch waren auch sie schon nicht rein."[8] Noch schlimmer sahen für Gobineau die Zukunftsaussichten der Menschheit aus: sie verfalle und degeneriere sich unaufhaltsam, weil die weiße Rasse durch

---

5 Graf Gobineau, A.: *Versuch über die Ungleichheit der Menschenracen,* Bd. 1–4. Stuttgart 1904, hier Bd. 1, S. 285.

6 Ebd., Bd. 4, S. 313.

7 Ebd., Bd. 1, S. 283 f.

8 Ebd., S. 32, 284.

fortwährende Vermischung ihre Reinheit verliere.[9] Am Ende dieses Verfallsprozesses stehe der endgültige Untergang. Aber noch schlimmer als der unausweichliche Verfall der Menschheit war für Gobineau folgende Perspektive: „Die betrüblichste Voraussicht ist nicht der Tod, es ist die Gewißheit, daß wir ihn nur entwürdigt erreichen werden."[10]

Die düsteren Prognosen Gobineaus und anderer Verfechter von Dekadenztheorien [11] fanden vor allem an der Wende des 19. Zum 20. Jahrhundert eine außerordentliche Verbreitung.

Pessimistisch waren damals allerdings nicht nur die Verfechter der Rassenlehre, sondern auch ihre marxistischen Gegner.

Das Proletariat, mit dem Marx und Engels ihre chiliastischen Hoffnungen verknüpften, hatte sich als revolutionäre Klasse nicht bewährt. Solche Ereignisse wie der Aufstand der Pariser Arbeiter vom Juni 1848 oder die Pariser Kommune blieben nur Randerscheinungen.

Eine erfolgreiche industrielle Revolution stellte für die Klassiker des Marxismus die Voraussetzung für den Sieg der proletarischen Revolution dar. Die tatsächliche geschichtliche Entwicklung verlief aber nach einem genau entgegengesetzten Szenario. Nur dort, wo die industrielle Revolution nicht rechtzeitig zum Durchbruch kam, hatte die von den Marxschen Ideen inspirierte Revolution eine Chance. Nicht in den hochentwickelten Industriestaaten, sondern in den Agrar- bzw. Schwellenländern konnten die vom *Kommunistischen Manifest* aufgestellten Postulate realisiert werden. Im hochindustrialisierten Westen dagegen kam es zu einer allmählichen Abmilderung der Klassengegensätze, die Marx seinerzeit für unüberbrückbar gehalten hatte. Die industrielle Revolution trug nun ihre Früchte, und die Arbeiter hatten mehr zu verlieren als nur ihre Ketten. Nicht zuletzt deshalb versuchte Eduard Bernstein mit seiner

---

9 Ebd., S. 32.

10 Ebd., Bd. 4, S. 323.

11 Vgl. dazu u. a. Luks, Leonid: Dekadenzängste und Rußlandfurcht – zwischen Wiener Kongreß und Krimkrieg, in: *Tel Aviver Jahrbuch für deutsche Geschichte* XXIV, 1995, S. 15–39.

Schrift *Die Voraussetzungen des Sozialismus und die Aufgaben der Sozialdemokratie* von 1899, den Marxismus mit der Realität, wie er sie sah, in Einklang zu bringen. Der Zusammenbruch des Kapitalismus stehe nicht bevor, stellte er fest. Deshalb müsse die SPD auf ihre revolutionäre Phraseologie verzichten und gemeinsam mit den liberalen bürgerlichen Kräften an der Reformierung der bestehenden Gesellschaft arbeiten.

Die Thesen Bernsteins wurden zwar von der Mehrheit der Führer der Sozialistischen Internationale verurteilt, dennoch war der wachsende Einfluss der Anhänger der evolutionären Zielsetzungen in der westlichen Arbeiterbewegung nicht zu übersehen.

Zur Abmilderung der Klassengegensätze im Westen trug indes nicht nur die erfolgreiche industrielle Revolution bei, sondern indirekt auch Marx selbst, genauer gesagt die von ihm inspirierte Bewegung.

Ihre organisatorische Stärke verhalf nun den bedeutendsten sozialdemokratischen Parteien des Westens um die Jahrhundertwende zu erheblichen politischen und wirtschaftlichen Erfolgen.

Auf der anderen Seite waren es aber gerade die Erfolge der Arbeiterbewegung, die erneut Untergangsvisionen im Lager der Verteidiger der bestehenden Gesellschaftsverhältnisse schürten. Die liberale Demokratie war ihrer Ansicht nach nicht imstande, auf diese neue Herausforderung adäquat zu reagieren. Es begann eine außerordentlich tiefe Identitätskrise des Parlamentarismus und Liberalismus. Diese Krise war mit einer zunehmenden Skepsis maßgeblicher intellektueller Kreise des Westens gegenüber dem positivistischen Fortschritts- und Wissenschaftsglauben und gegenüber rationalistischen Denkmodellen verknüpft. Es begann eine Suche nach Alternativen zum parlamentarisch-demokratischen System, das Streben nach einer Erneuerung bzw. Revitalisierung der herrschenden Eliten (V. Pareto, G. Mosca). Die für das liberale Zeitalter charakteristische Suche nach Kompromissen mit innenpolitischen Gegnern lehnten die Kritiker des Parlamentarismus und Liberalismus rundweg ab. Sie plädierten für dezisionistische Lösungen, für die Ausschaltung des politischen Gegners, wenn nötig auch mit Hilfe der sogenannten „direkten Gewalt". Zu einer der größten Gefahren der europäischen Zivilisation wurde nun von vielen rechten Kritikern des Liberalismus der sogenannte „Aufstand der Massen" stilisiert. Und die organisierte Arbeiterbewegung hielten sie für die gefährlichste Ausformung dieses Aufstandes. Um dieser von unten drohenden Gefahr zu begegnen, wollten manche antiliberale Gruppierungen, zum Beispiel die Sozialdarwinisten, die herkömmlichen Moralbegriffe revidieren. So sollten ihrer Ansicht nach nicht die Schwachen und Unterprivilegierten vor den Starken, sondern umgekehrt die Starken und die Besten vor den Schwachen, d. h. vor der Masse geschützt werden. Mitleid mit den Schwachen hielten die Sozialdarwinisten für eine völlig überholte Forderung. Sie idealisierten die Gesetze der biologischen Natur und versuchten, das in der Natur herrschende Recht des Stärkeren auf die Gesellschaft zu übertragen.[12]

Die Juden galten vielen militanten Gegnern der Moderne als Anführer des „Aufstands der Massen". Sie stachelten angeblich die „obrigkeitstreuen" Unterschichten zum Kampf gegen ständische Privilegien und soziale Missstände an. Der von Heinrich von Treitschke 1879 lancierte Satz „Die Juden sind unser Unglück"[13] stellte um die Jahrhundertwende ein Allgemeingut vieler Gruppierungen dar – und zwar europaweit. Treitschkes Vorschläge zur Lösung der „jüdischen Frage" waren allerdings für viele seiner „Epigonen" nicht radikal genug. Denn Treitschke hatte sich trotz seines immer intensiver werdenden Judenhasses von manchen liberalen Vorstellungen nicht gänzlich befreit und betonte wiederholt, dass er die jüdische Emanzipation als solche nicht in Frage stelle.

Für diese Überbleibsel liberalen Denkens hatten die Nachfolger Treitschkes nur noch Spott übrig. Die Lösung des „jüdischen Problems" machte ihrer Ansicht nach völlig neue Methoden erforderlich.

---

12 Vgl. dazu u. a. Zmarzlik, Hans Günter: Der Sozialdarwinismus in Deutschland. Ein geschichtliches Problem, in: *Vierteljahrshefte für Zeitgeschichte* 11, 1963, S. 246–273.

13 von Treitschke, Heinrich, Unsere Aussichten, in: Ders.: *Aufsätze, Reden, Briefe*, 4. Bd. *Schriften und Reden zur Zeitgeschichte II.* Meersburg 1929, S. 466–482.

Mit besonderer Vehemenz plädierte für solch eine neue Form der Auseinandersetzung mit dem Judentum der englisch-deutsche Publizist Houston Stewart Chamberlain, dessen 1899 erschienenes pseudowissenschaftliches Elaborat *Die Grundlagen des neunzehnten Jahrhunderts* zu einer Art Pflichtlektüre für unzählige pseudointellektuelle Kreise im Deutschen Reich und weit darüber hinaus werden sollte.[14]

In beinahe Marxscher Manier meinte Chamberlain, die Ursache der Ursachen, die prima causa der historischen Prozesse entdeckt zu haben, und diese war für ihn der auf Leben und Tod geführte Kampf zwischen der „höchst schöpferischen" arischen bzw. indoeuropäischen Rasse und ihrem „Feind" – dem Semitentum bzw. Judentum.

Als glühender Verehrer Richard Wagners, als Wagner-Biograph und führender Publizist des „Bayreuther Kreises" setzte Chamberlain den Feldzug seines Lehrmeisters gegen das Judentum fort, der den „moralischen Verfall" der modernen Welt auf den Einfluss des Judentums zurückführte. Voller Zustimmung zitierte Chamberlain auch die Wagnersche Definition des Judentums, das der Komponist als den „plastischen Dämon des Verfalls der Menschheit" bezeichnet hatte.[15]

Indes ging die Kampfschrift Chamberlains über das Programm Wagners hinaus, das sich besonders deutlich in dessen Schrift *Das Judentum in der Musik* manifestiert hatte. Wagner hatte nämlich die Juden dazu aufgerufen, auf ihr Judentum zu verzichten: „Gemeinschaftlich mit uns Mensch werden, heißt für den Juden aber zu allernächst soviel als: aufhören, Jude zu sein."[16]

---

14 Vgl. dazu u. a. Bein, Alex: *Die Judenfrage. Biographie eines Weltproblems*. Stuttgart 1980, Bd. 1, S. 228 ff.

15 Chamberlain, Houston Stewart: *Richard Wagner*, in: Ders.: *Gesamtausgabe seiner Werke in neun Bänden*, Bd. 1. München S. 224.

16 Wagner, Richard: Das Judentum in der Musik, in: Fischer, Jens Malte: *Richard Wagners „Das Judentum in der Musik". Eine kritische Dokumentation als Beitrag zur Geschichte des Antisemitismus*. Frankfurt am Main / Leipzig 2000, S. 173.

Chamberlain hielt eine derartige Selbstauflösung des Judentums für ausgeschlossen, weil das innere Wesen der Juden unwiderruflich durch deren Rasse determiniert werde.[17]

Zwar hatte auch Wagner unter dem Einfluss Gobineaus, den er 1876 in Rom getroffen hatte, immer stärker an den Rassendeterminismus zu glauben begonnen,[18] bei Chamberlain indes erreichte dieser Glaube bereits die Form eines beinahe unverrückbaren Dogmas. Was diesem Glaubensaxiom allerdings eine außerordentliche Durchschlagskraft verlieh, war die Tatsache, dass es sich als „wissenschaftliche Theorie" tarnte.

Die sich nach vereinfachenden Lösungen sehnenden pseudointellektuellen Leser Chamberlains waren dem Autor für seinen „Schlüssel" zur Enträtselung des „Sinns der Geschichte" unendlich dankbar.[19] So schrieb Wilhelm II. am 31. Dezember 1901 an den Autor der *Grundlagen*:

> Da kommen Sie, mit einem Zauberschlage bringen Sie Ordnung in den Wirrwarr, Licht in die Dunkelheit; Ziele, wonach gestrebt und gearbeitet werden muß; Erklärungen für dunkel geahntes, Wege die verfolgt werden sollen zum Heil der Deutschen und damit zum Heil der Menschheit![20]

Cosima Wagner, die ähnlich euphorisch auf das Buch reagierte, schrieb am 15. Februar 1902 an Chamberlain:

> Ihre ´Grundlagen´ [sind] das gelesenste Buch in allen Ständen, und bei der Begegnung, welche wir mit S. Majestät hatten, sagte der Kai-

---

17 Chamberlain, Houston Stewart: *Die Grundlagen des neunzehnten Jahrhunderts. Ungekürzte Volksausgabe.* München 1932, S. 382–388.

18 Field, Geoffrey G.: *The Evangelist of Race. The Germanic Vision of Houston Stewart Chamberlain.* New York 1981, S. 152.

19 Siehe dazu u.a. Chamberlain, Houston Stewart: *Briefe 1882–1924 und Briefwechsel mit Kaiser Wilhelm II.* München 1927. Bd. 1-2, hier Bd. 2, S. 142; Kinzig, Wolfram: *Harnack, Marcion und das Judentum. Nebst einer kommentierten Edition des Briefwechsels Adolf von Harnacks mit Houston Stewart Chamberlain.* Leipzig 2004, S. 212.

20 Chamberlain, *Briefe,* Bd. 2, S.142.

> ser zu wiederholten Malen: 'Das meint Chamberlain auch'. Eine bedeutendste Wirksamkeit ist Ihnen geworden, mein Freund.[21]

Chamberlains Buch enthielt allerdings nicht nur „einfache" Antworten auf die kompliziertesten Fragen der Menschheitsgeschichte, sondern auch eine Anleitung zum Handeln. Er zeigte, welche Mittel angewandt werden mussten, um den durch den Kampf zwischen der arischen und der semitischen Rasse geprägten Lauf der Geschichte in eine für das Ariertum heilsame Richtung lenken zu können. Er plädierte leidenschaftlich für die „karthaginische" Lösung der semitischen Frage, d. h. für die Ausschaltung des semitischen Gefahrenherdes nach dem römischen Vorbild von 146 vor Chr.:

> Eines [...] ist so klar wie die Sonne am Mittag: Wäre das phönizische Volk nicht ausgerottet, [...] so hätte die Menschheit dieses 19. Jahrhundert, auf welches wir jetzt, bei aller demütigen Anerkennung unserer Schwächen [...] doch mit Stolz [...] zurückblicken, niemals erlebt. Bei der unvergleichlichen Zähigkeit der Semiten hätte die geringste Schonung genügt, damit die phönizische Nation wieder entstehe; in einem nur halbverbrannten Karthago hätte ihre Lebensfackel unter der Asche wieder geglimmt, um, sobald das römische Kaiserreich seiner Auflösung entgegenging, von Neuem hell aufzulodern [...]. In den Juden haben wir eine andere und nicht weniger bedrohliche Abart des überall das Edle und Produktive zerfressenden Giftes zu erblicken, und man müßte blind oder unehrlich sein, wollte man nicht bekennen, daß das Problem des Judentums in unserer Mitte zu den schwierigsten und gefährlichsten der Gegenwart gehört.[22]

Und weil die Juden, nach der Auslöschung der Phönizier, angeblich die größte verbliebene Gefahr für die arische Rasse darstellten, war Chamberlain den Römern unendlich dankbar für ihre „Vorarbeit", für ihre andere Zerstörungstat, die „für die Weltgeschichte eine vielleicht ebenso unermeßliche Bedeutung" hat, wie die Zerstörung von Karthago – für die Zerstörung von Jerusalem: „Ohne diese Tat [...]

21 Zitiert nach Kinzig, *Harnack*, S. 212.
22 Chamberlain, *Die Grundlagen*, S. 162 f.

hätte das Christentum sich schwerlich jemals vom Judentum losgerissen".

Für die sogenannte „Humanitätsduselei" des modernen Europäers hatte Chamberlain nur Spott übrig. Sie habe den Aufstieg des Judentums erst ermöglicht: „Von idealen Beweggründen bestimmt öffnete der Indoeuropäer in Freundschaft die Tore: wie ein Feind stürzte der Jude hinein. Stürmte alle Positionen und pflanzte [...] auf den Breschen unserer echten Eigenart die Fahne seines uns ewig fremden Wesens auf."[23]

Wie Chamberlain gegen diese aus seiner Sicht „tödliche Gefahr" vorgehen wollte, hatte er bereits in seinem Kapitel über die Auslöschung der phönizischen Nation durch Rom dargestellt: „Bei der unvergleichlichen Zähigkeit der Semiten hätte die geringste Schonung genügt, damit die phönizische Nation wieder entstehe."[24]

Chamberlain führte eine Reihe von Argumenten an, warum die jüdische Rasse unerbittlich bekämpft werden müsse:

> „[Ihr] Dasein ist Sünde, ihr Dasein ist ein Verbrechen gegen die heiligen Gesetze des Lebens" *(Die Grundlagen*, S. 443).
> „[Die] Grundlage jüdischer Religion schließt [...] ein direktes verbrecherisches Attentat auf alle Völker der Erde ein" (S. 533).
> „[Die] verbrecherischen Hoffnungen [der Juden sondern] dieses Volk [...] gänzlich aus der leidenden, strebenden, schaffenden Menschheit, [machen] es [...] zu einem offenen oder versteckten Feind jedes anderen Menschen, zu einer Gefahr für jede Kultur" (S. 535).
> „Man kann das Judentum und seine Macht, sowie seine unausrottbare Lebenszähigkeit nicht verstehen, [...] solange man dieses Dämonisch-geniale in seinem Ursprung nicht erkannt hat. Es handelt sich hier wirklich um den Kampf Eines gegen Alle" (S. 541 f.).

So spricht Chamberlain eigentlich den Juden das Menschsein ab. In ihrem Buch über die Vordenker des Nationalsozialismus fasst Doris Mendelewitsch das Judenbild Chamberlains zusammen: „Alles, was zu einem richtigen Menschen gehört, fehlt den Juden; sie sind un-

23 Ders., *Die Grundlagen*, S. 382.
24 Ebd., S. 162.

schöpferisch, lediglich üble Rationalisten und Materialisten, ihr ‚religiöser Instinkt' ist verkümmert."[25]

Mit dieser Enthumanisierung der Juden nahm Chamberlain im Grunde die rassistische These vom „lebensunwerten Leben" vorweg, die später das NS-Regime mit einer beispiellosen Effizienz in die Wirklichkeit umsetzen sollte. Kein Wunder, dass der Autor der *Grundlagen* im „Pantheon" der NSDAP einen Ehrenplatz einnahm.[26] Chamberlain sei „ohne Zweifel der wichtigste geistige Wegbereiter der nationalsozialistischen Bewegung" gewesen, hebt Hermann Graf Keyserling in seinen Erinnerungen hervor.[27]

Die von Chamberlain an der Schwelle des 20. Jahrhunderts angedeutete Utopie der „karthaginischen" Lösung der Judenfrage wurde etwa in der Mitte dieses Jahrhunderts der Lager, auf dem europäischen Kontinent, beinahe vollständig verwirklicht. Es gehörte zum Wesen dieses Jahrhunderts, dass es die Zeit der Realisierung manch utopischer Träume war, die früher als undurchführbar galten. Im 19. Jahrhundert habe man sich oft darüber beklagt, dass die Utopien zwar schön seien, sich aber nicht verwirklichen ließen, schreibt der russische Philosoph Nikolaj Berdjaev in seinem Buch *Das Neue Mittelalter*. Im 20. Jahrhundert sei die Menschheit mit einer ganz anderen Erfahrung konfrontiert worden. Utopien seien leichter realisierbar, als man zunächst angenommen habe. Die Frage, die sich nun stelle, sei, wie man die Verwirklichung von Utopien verhindern könne.[28]

Und in der Tat prägten die Protagonisten der utopischen Entwürfe das politische Geschehen des 20. Jahrhunderts, vor allem in

---

25 Mendelewitsch, Doris: *Volk und Held. Vordenker des Nationalsozialismus im 19. Jahrhundert*. Rheda-Wiedenbruck 1988, S. 46.

26 Vgl. dazu u. a. Köhler, Joachim: *Wagners Hitler. Der Prophet und sein Vollstrecker*. München 1997; Sarkisyanz, Manuel: Vision vom Dritten Reich und Dritten Rom. Waren es die Sonderwege Deutschlands und Rußlands, die nach Auschwitz und zum GULAG führten?, in: Luks, Leonid / O'Sullivan, Donal (Hrsg.): *Rußland und Deutschland im 19. und 20. Jahrhundert. Zwei „Sonderwege" im Vergleich*. Köln 2001, S. 69-92, hier S. 89 f.

27 Zit. nach Kinzig, *Harnack*, S. 213 f.

28 Berdjaev, Nikolaj: *Das Neue Mittelalter. Betrachtungen über das Schicksal Rußlands und Europas*. Tübingen 1950, S. 122.

seiner ersten Hälfte, und drängten ihre liberal-demokratischen Gegner, die nicht in „Endzeit-Kategorien" dachten und die Politik als die „Kunst des Möglichen" verstanden, in die Defensive. Zum Sinnbild der verwirklichten Utopie wurden die Konzentrationslager, die nach den Worten des polnisch-britischen Soziologen Zygmunt Bauman „Vorbild und Bauplan für die totalitäre Gesellschaft [waren] [...] Die Lager waren das Versuchsgelände für Gesellschaften, die wie Konzentrationslager geführt werden sollten".[29]

Etwa 1940 wurde beinahe der gesamte europäische Kontinent von zwei totalitären Leviathanen beherrscht, die utopische Visionen zu realisieren suchten, welche in zwei programmatischen Schriften entwickelt worden waren, die um die Jahrhundertwende entstanden. Neben den *Grundlagen des neunzehnten Jahrhunderts* handelt es sich hier um die drei Jahre später veröffentlichte Abhandlung Lenins *Was tun?*

***

Als Lenin seine Schrift verfasste, befand sich die gesamte 1889 gegründete II. Internationale mitten im Revisionismusstreit, der zeigte, dass die utopischen Energien, über welche die marxistische Bewegung in den früheren Jahrzehnten noch verfügt hatte, allmählich versiegten. Die sozialdemokratischen Parteien des Westens befassten sich immer stärker mit parlamentarischen, gewerkschaftlichen oder kommunalpolitischen Fragen und keineswegs mit revolutionären Endzielen. Dieses Versinken in Alltag und Routine empörte viele Sozialdemokraten, die sich dem Vermächtnis des *Kommunistischen Manifestes* noch verpflichtet fühlten. Dennoch gerieten sie innerhalb ihrer jeweiligen Parteien in eine immer größere Isolation.

Die Visionen des *Kommunistischen Manifestes* von der Abschaffung des Privateigentums und von der Errichtung einer klassenlosen Gesellschaft inspirierten etwa 1914, kurz vor Ausbruch des Ersten Weltkrieges, lediglich radikale Ränder der Arbeiterbewegung.

---

29 Bauman, Zygmunt: Das Jahrhundert der Lager, in: *Neue Gesellschaft / Frankfurter Hefte* 1994, S. 28–37, hier S. 34.

Drei Jahre später wurden indes Vertreter dieser Richtung zu Alleinherrschern in einem der größten Reiche der Erde. *Die Utopie gelangte an die Macht,* kann man mit dem Buchtitel der russischen Exilhistoriker Nekrič und Geller über die Geschichte der Sowjetunion sagen.[30]

Nach dem Abflauen der revolutionären Woge im Westen nach 1849 verlagerte sich das revolutionäre Zentrum des Kontinents nach Russland. Hier fanden eine ununterbrochene Verschärfung der politischen Konflikte und eine Polarisierung der Gesellschaft statt, so wie Marx und Engels dies für den Westen vorausgesagt hatten. Dessen ungeachtet schien der gigantische zarische Machtapparat zu Beginn des 20. Jahrhunderts beinahe allmächtig und den revolutionären Gruppierungen unterschiedlichster Couleur erdrückend überlegen zu sein. In dieser Konstellation entstand Lenins Schrift *Was tun?,* die für die Geschichte der marxistischen Bewegung eine nicht weniger prägende Bedeutung haben sollte als das *Kommunistische Manifest.*

Ähnlich wie Chamberlain glaubte auch Lenin an die Gesetzmäßigkeit der geschichtlichen Entwicklung, wollte aber zugleich – hier wiederum eine Parallele zum Autor der *Grundlagen* – die spontanen historischen Prozesse voluntaristisch beeinflussen. Diese Analogien im Denken der beiden Autoren verblüffen, wenn man bedenkt, dass Chamberlain sich an ein Weltbild anlehnte, das von einem grenzenlosen Pessimismus geprägt war (Gobineaus These vom permanenten Zersetzungsprozess der weißen Rasse), während Lenin von Marx einen grenzenlosen Optimismus (unausweichlicher Sieg der proletarischen Revolution) geerbt hatte.

Durch sein „karthaginisches Modell" wollte Chamberlain, wie bereits gesagt, zeigen, dass die pessimistische Sicht Gobineaus unbegründet sei. Der Verfall der arischen Rasse lasse sich aufhalten, wenn der wichtigste Verursacher dieses Prozesses – das Judentum – ausgeschaltet werde. So rief er die arische Rasse dazu auf, mit einer

---

30 Geller, Michail / Nekrič, Aleksandr: *Utopija u vlasti. Istorija Sovetskogo Sojuza s 1917 goda do našich dnej,* Bd. 1–2. London 1982.

übermenschlichen Willensanstrengung ein rassisches „Paradies auf Erden" zu erschaffen.

Auch Lenin war durch die Vision eines Paradieses auf Erden, diesmal eines sozialen, inspiriert, das, ähnlich wie bei Chamberlain, durch einen Willensakt errichtet werden sollte. Evolutionäre Lösungen der Arbeiterfrage, für die sich westliche „Revisionisten" und ihre russischen Gesinnungsgenossen einsetzten, die in erster Linie für eine allmähliche Verbesserung der wirtschaftlichen Lage der Proletarier kämpften, lehnte er rundweg ab. Dies lenke vom eigentlichen Ziel, der Zerstörung der bestehenden Gesellschaft, nur ab. Lenins Heilserwartungen waren denjenigen von Marx und Engels, die sich im *Kommunistischen Manifest* spiegelten, nicht unähnlich.[31] Auch er schien in einer beinahe frühchristlichen Manier zu verkünden: Die Erlösung ist nahe. Wer aber ist der Erlöser? Marx und Engels hatten mit dem Proletariat ihre messianischen Hoffnungen verknüpft. Beide erwiesen sich aber als falsche Propheten. Denn das Ziel der überwältigenden Mehrheit der Industriearbeiter war keineswegs die Errichtung eines „Reiches der Freiheit" anstelle einer Klassengesellschaft, sondern ein bescheidener Wohlstand innerhalb der bestehenden Gesellschaft, den sie um die Jahrhundertwende, zumindest im Westen, auch erreichten. Sie waren für utopistische Entwürfe weltfremder Intellektueller kaum zu gewinnen.

Diese „Erosion des Utopischen" konnte Lenin, der die Jahre 1900-1917 mit kurzer Unterbrechung im westlichen Exil verbrachte, aus nächster Nähe beobachten. Die Enttäuschung über den Marxschen „Heiland" stellt den roten Faden der Schrift *Was tun?* dar. Spontan, aus eigener Kraft, gelangten die proletarischen Massen nur

---

31 Bertram Wolfe hebt hervor, dass Lenin in seinen Schriften besonders häufig den romantischen und „voluntaristischen" Marx der Revolutionsperiode (1848–1850) und weniger den späteren „deterministischen" Marx zitiert, der sich vor allem mit den „Gesetzen" der wirtschaftlichen Entwicklung des kapitalistischen Systems befasste (Wolfe, B.: Marxism and the Russian Revolution, in: Ders.: *An Ideology in Power. Reflections on the Russian Revolution.* New York 1969, S. 3-41, hier S. 23). Dieser Sachverhalt ist auch nicht verwunderlich. Denn nach den von Marx „entdeckten" Gesetzen war der Sieg einer „proletarischen Revolution" im agrarisch geprägten Russland, zumindest zu Lebzeiten Lenins, nicht möglich.

zu einem „trade-unionistischen“ Bewusstsein, führte Lenin aus. Das sozialistische Bewusstsein, das Streben nach der Erschaffung einer neuen, nie dagewesenen Welt, könne ihnen nur eine Avantgarde vermitteln: „[Die] Arbeiter [*konnten*] ein sozialdemokratisches Bewußtsein *gar nicht haben*. Dieses konnte ihnen nur von außen gebracht werden.“[32]

Lenin träumte von einer straff disziplinierten, zentral geführten Verschwörerorganisation von Berufsrevolutionären: „Gebt uns eine Organisation von Revolutionären, und wir werden Rußland aus den Angeln heben!“ schrieb Lenin 1902 in *Was tun?* Ein Jahr später sollte diese Partei infolge der Spaltung der russischen Sozialdemokratie in einen bolschewistischen und einen menschewistischen Flügel entstehen. 14 Jahre später sollte die bolschewistische Partei genau das verwirklichen, was Lenin 1902 vorausgesagt hatte – „Rußland [wurde] aus den Angeln [gehoben]“.[33]

***

Die Umstände, die dazu führten, dass die totalitären Gruppierungen linker bzw. rechter Provenienz von der gesellschaftlich-politischen Peripherie ins Zentrum der Macht – zunächst in Russland und dann in Deutschland – gelangen konnten, können hier nicht beschrieben werden. Dies würde den Rahmen dieses Beitrages sprengen. Ich möchte mich im zweiten Teil der Abhandlung mit den totalitären Bewegungen in der sogenannten „Regime“-Phase beschäftigen. Mit der Frage, ob bestimmte Eigenschaften der totalitären Gruppierungen, die sich in ihren Entstehungsphasen herauskristallisiert hatten, sich in reiferen Entwicklungsstadien verfestigten bzw. weiterentwickelten.

Zunächst werde ich auf die für die totalitären Bewegungen so typische Tendenz eingehen, den Widersacher zu enthumanisieren, ihm sein Menschsein abzusprechen. So wurden z. B. die Vertreter der ehemaligen russischen Oberschicht unmittelbar nach der bol-

32 Lenin, Vladimir: *Werke*, Bd. 1-40. Berlin 1961 ff., hier Bd. 5, S. 385.
33 Lenin, *Werke*, Bd. 5, S. 483.

schewistischen Machtübernahme zu Menschen „zweiter Kategorie" degradiert. Die sowjetische Verfassung vom Juli 1918 entzog ihnen sowohl das aktive als auch das passive Wahlrecht. Die Vertreter der sogenannten „ausbeuterischen Klassen" wurden während des russischen Bürgerkrieges am schlechtesten versorgt und erhielten in der Regel Lebensmittelkarten der niedrigsten Kategorie. Wiederholt wurden ihnen Sondersteuern - die sogenannten *Kontributionen* - auferlegt (so mussten sie z. B. im Oktober 1918 10 Milliarden Rubel an den Staat zahlen). Im Rahmen der Arbeitspflicht wurden sie zu den niedrigsten Arbeiten herangezogen. Zu einem wichtigen Bestandteil des „roten Terrors" zur Zeit des Bürgerkrieges gehörten die „Geiselnahmen" - willkürliche Verhaftungen unzähliger Bürger, die von den Terrororganen als eine Art menschliches Pfand betrachtet wurden. Widerstandsakte gegen das Regime wurden dann nicht selten durch massenhafte Erschießungen von Geiseln beantwortet. Zu der Kategorie von Geiseln, die zuerst hingerichtet wurden, gehörten die Angehörigen der ehemals besitzenden Klassen.[34]

Die Bolschewiki waren davon überzeugt, dass es ihnen über Nacht gelingen würde, eine auf den Idealen der Gleichheit, der Gerechtigkeit und der Brüderlichkeit basierende Gesellschaftsordnung aufzubauen, und zwar deshalb, weil sie angeblich die Interessen der überwältigenden Mehrheit der Menschheit - der „ausgebeuteten Klassen" - vertraten. Die Entrechtung, Enteignung und Ausschaltung der sogenannten „Ausbeuter" hielten sie für eine ausreichende Voraussetzung, um ein soziales Paradies auf Erden aufzubauen. Lev Trockij schreibt in seinen Erinnerungen, er entsinne sich sehr gut, wie Lenin in der ersten Periode nach der bolschewistischen Machtübernahme wiederholt hervorhob: „Nach einem halben Jahr werden wir den Sozialismus haben und der mächtigste Staat der Erde sein".[35] So wurden die Bolschewiki zu den Opfern ihres eigenen Utopismus. Der russische Philosoph Semen Frank bezeichnet den

---

34 Pipes, Richard: *Die russische Revolution*, Bd. 2. Berlin 1992, S. 805-809; Volkogonov, Dmitrij: *Lenin*. Berlin 1994, S. 257 ff.

35 Trockij, Lev: *Über Lenin. Material für einen Biographen*. Frankfurt am Main 1964, S. 106.

Utopismus als klassische Häresie, als Versuch, die Welt allein mit Hilfe des menschlichen Willens zu erlösen. Da der Utopist gegen die Struktur der Schöpfung und gegen die Natur des Menschen versto-ße, sei sein Vorhaben von vornherein zum Scheitern verurteilt. So erkläre er sowohl der Schöpfung als auch der menschlichen Natur den Krieg und verwandele sich aus einem vermeintlichen Erlöser in einen erbitterten Feind des Menschengeschlechts.[36]

Als die störrische Wirklichkeit sich dem radikalen Umgestaltungsversuch der Bolschewiki widersetzte, erklärten diese immer neue soziale Gruppen zu Feinden der arbeitenden Klasse und stellten deren Menschsein in Frage. Neben den Vertretern der ehemaligen Oberschicht wurden nun auch die reichen Bauern, die sogenannten Kulaken, in diese Kategorie eingeordnet. Im August 1918 führte Lenin aus:

> Die Kulaken sind die bestialischsten, rohesten und brutalsten Ausbeuter [...]. Diese Blutsauger haben sich im Krieg an der Not des Volkes bereichert [...] Diese Spinnen haben sich auf Kosten der [...] hungernden Arbeiter gemästet [...] Diese Vampire haben Gutsbesitzerländereien zusammengerafft [...] Schonungsloser Krieg diesen Kulaken! Tod den Kulaken![37]

Diese Kampfansage der Bolschewiki an die besitzenden Schichten begann sich auch auf die sogenannten „Kleineigentümer" zu erstrecken, d. h. auf die überwältigende Mehrheit der russischen Bauernschaft, die etwa 80% der Bevölkerung bildete. Lenin bezichtigte sie im April 1918 des zügellosen Egoismus und bezeichnete sie als entschlossene Feinde des Proletariats: „Ihre Waffe ist die Untergrabung all dessen, was das Proletariat dekretiert und beim Aufbau einer organisierten sozialistischen Wirtschaft zu verwirklichen sucht."[38]

Und wie verhielt es sich mit der Partei, die den gewaltigen emanzipatorischen Prozess, den Russland seit der Abschaffung der Leib-

---

36 Frank, Semen: Eres' utopizma, in: Ders.: *Po tu storonu pravogo i levogo. Sbornik statej*. Paris 1972, S. 83–106.

37 Lenin, *Werke*, Bd. 28, S. 42 f.

38 Lenin, *Werke*, Bd. 27, S. 275.

eigenschaft im Jahre 1861 bis zur Oktoberrevolution erlebt hatte, gewaltsam abwürgte und die unterworfene Gesellschaft gänzlich entmündigte? In den ersten anderthalb Jahrzehnten nach der Oktoberrevolution gebärdete sich die bolschewistische Partei wie ein allmächtiger Demiurg, der imstande sei, innerhalb kürzester Zeit eine neue, nie dagewesene Gesellschaftsordnung und einen neuen Menschen zu kreieren. In einer gleichgeschalteten Gesellschaft stellte aber eine derart selbstbewusste Partei einen Fremdkörper dar. In den Jahren 1936-38 – zur Zeit des „Großen Terrors" – wurde dieser Fremdkörper in den gesamtgesellschaftlichen Organismus integriert und zu einem willfährigen Werkzeug in den Händen der Führung degradiert. Auch auf die Bolschewiki wurde nun der Prozess der Enthumanisierung erstreckt, den sie 1917 in Bezug auf ihre Gegner in die Wege geleitet hatten. Während der Moskauer Schauprozesse von 1936–38 wurden viele der engsten Gefährten Lenins, die den sowjetischen Staat errichtet hatten, vom Generalstaatsanwalt der UdSSR, Vyšinskij, als „Kettenhunde des Kapitalismus", als „Otterngezücht" bezeichnet, das „zertreten werden muß".[39]

Auf dem ZK-Plenum vom März 1937 charakterisierte das Mitglied der Stalin-Riege Mikojan einige der Vertreter der sogenannten „Lenin-Garde" und seine ehemaligen Kameraden folgendermaßen:

> Trockij, Zinov'ev und Bucharin verkörpern einen neuen Typ von Menschen, die eigentlich keine Menschen mehr, sondern Monster und Bestien sind, die verbal die Linie der Partei verteidigen, in Wirklichkeit aber [...] eine subversive Arbeit gegen die Partei führen.[40]

Nach einer solchen Argumentation waren alle psychologischen Hemmungen der Stalin-Führung bei ihrem Kampf gegen ihre innerparteilichen Gegner beseitigt, die Gesetze des ungeschriebenen „bolschewistischen Ehrenkodexes", der die physische Liquidierung der innerparteilichen Rivalen verbot, aus den Angeln gehoben.

---

39 Lieber, Hans-Joachim / Ruffmann, Karl-Heinz (Hrsg.): *Der Sowjetkommunismus. Dokumente,* Bd. 1-2. Köln / Berlin 1963, hier Bd. 1, S. 381.

40 *Voprosy istorii,* 4-5, 1992, S. 21.

Die von den Stalinisten bekämpften Parteioppositionellen hatten früher selbst nicht selten die These vertreten, die Kulaken oder die Mitglieder der ehemaligen Oberschicht seien Bestien und keine Menschen. Nun erfuhren sie am eigenen Leibe, welch schmerzliche Folgen eine derartige Diktion haben konnte. Nach der Hybris kam die Nemesis.

***

Ähnlich wie die Bolschewiki versuchten auch die Nationalsozialisten einen neuen Menschen zu erschaffen, dem die von der jüdisch-christlichen Ethik eingepflanzten Tabus völlig fremd sein sollten, auch sie stellten das Menschsein ihrer Widersacher in Frage. Mit einem Unterschied: Da die Feinde des Nationalsozialismus in erster Linie biologisch definiert waren, konnte im Dritten Reich, anders als im bolschewistischen Staat, die „falsche Herkunft" nicht durch eine „richtige Gesinnung" korrigiert werden. Übergänge von einem Lager ins andere waren nicht möglich. Die Juden, die als die hartnäckigsten Gegner der arischen Rasse galten, sollten gänzlich „entfernt" und seit der Wannsee-Konferenz gänzlich vernichtet werden.[41] Diesem

41 Dass das nationalsozialistische Programm der „Entfernung" der Juden auf Vollständigkeit hinzielte und keine Ausnahmen duldete, ließ sich den Worten Hitlers entnehmen, die am 21. Juli 1941 im Gespräch mit dem kroatischen Kriegsminister fielen: „Wenn auch nur ein Staat aus irgendwelchen Gründen eine jüdische Familie bei sich dulde, so würde diese der Bazillusherd für eine neue Zersetzung werden. Gäbe es keine Juden mehr in Europa, so würde die Einigkeit der europäischen Staaten nicht mehr getrübt werden" (Michaelis, Herbert / Schraepler, Ernst / Scheel, Günter (Hrsg.): *Ursachen und Folgen. Vom deutschen Zusammenbruch 1918 und 1945 bis zur staatlichen Neuordnung Deutschlands in der Gegenwart. Eine Urkunden- und Dokumentensammlung zur Zeitgeschichte, 28 Bde.* Berlin 1958 ff., hier Bd. 17, S. 308). Und die Worte des „Führers" stellten im Führerstaat nicht nur eine Privatmeinung dar. Sie waren oft auch als Anleitungen zum Handeln zu betrachten. Als Hitler sich mit dem kroatischen Kriegsminister über die „Lösung der jüdischen Frage" unterhielt, fand der schnelle Vormarsch der Wehrmacht im Russlandfeldzug statt, der mit der Radikalisierung der nationalsozialistischen Judenpolitik eng verknüpft war. Der massenhaften Ermordung der jüdischen Männer in den besetzten Gebieten folgte etwa acht Wochen nach Beginn des Russlandfeldzuges die Ausdehnung dieser Vernichtungsaktionen auf die gesamte jüdische Bevölkerung, also auch auf Frauen und Kinder (Longerich, Peter: *Politik der Vernichtung. Eine Gesamt-*

Ziel dienten in erster Linie die auf besetztem polnischem Territorium errichteten Vernichtungslager Treblinka, Sobibór, Bełżec, Chełmno, vor allem aber Auschwitz-Birkenau. Wie die polnischen Historiker Jan Gumkowski und Kazimierz Leszczyński mit Recht sagen, ist die Bezeichnung „Lager" für diese Einrichtungen irreführend. Die Menschen wurden dort in der Regel bereits einige Stunden nach ihrer Ankunft ermordet.[42] Derartige Todesfabriken waren im sowjetischen Archipel Gulag, in dem die Menschen in der Regel durch Arbeit vernichtet wurden, unbekannt. So wird die Einzigartigkeit des nationalsozialistischen Terrorsystems durch solche Begriffe wie Auschwitz-Birkenau und Treblinka symbolisiert.[43]

---

*darstellung der nationalsozialistischen Judenverfolgung*. München 1998, S. 580; Burrin, Philippe: *Hitler und die Juden. Die Entscheidung zum Völkermord*. Frankfurt / Main 1993, S. 118 f.; Friedländer, Saul: *Die Jahre der Vernichtung. Das Dritte Reich und die Juden*. München 2006, S. 244 f.; Snyder, Tymothy: *Bloodlands. Europe between Hitler and Stalin*. London 2010, S. 195-201. Geyer, Michael / Fitzpatrick, Sheila: *Za ramkami totalitarizma. Sravnitel'nye issledovanija stalinizma i nacizma*. Moskau 2011, S. 495.

42 Gumkowski, Janusz / Leszczyński, Kazimierz: *Okupacja hitlerowska w Polsce*. Warschau 1961, S. 69.

43 Dabei muss man hervorheben, dass ausgerechnet die Kommunisten zu den schärfsten Kritikern der These von der Singularität des Holocaust gehörten. Deshalb verwundert es, wenn Stéphane Courtois in seiner Einleitung zum *Schwarzbuch des Kommunismus* die Kommunisten als die wohl wichtigsten Protagonisten dieser These bezeichnet. Er schreibt: „Nachdem [die Kommunisten] zunächst das Besondere der Judenverfolgung durch die Nazis geleugnet hatten, erkannten [sie] bald den Vorteil, den sie aus der Anerkennung dieser Besonderheit ziehen konnten" (Courtois, Stéphane: *Schwarzbuch des Kommunismus. Unterdrückung, Verbrechen und Terror*. München 1998, S. 35). Dabei lässt Courtois es außer Acht, dass die Leugnung der Einzigartigkeit des Holocaust für die Moskauer Zentrale der kommunistischen Weltbewegung praktisch bis zur Gorbačevschen Perestrojka geradezu konstitutiv war. Als Vasilij Grossman und einige andere jüdische Autoren 1946 das sogenannte „Schwarzbuch" verfassten, das den nationalsozialistischen Judenmord auf sowjetischem Territorium dokumentieren sollte, ließen die sowjetischen Behörden die Veröffentlichung dieses Buches nicht zu (Redlich, Shimon / Kostyrčenko, Gennadij (Hrsg.): *Evrejskij antifašistskij komitet v SSSR 1941-1948. Dokumentirovannaja istorija*. Moskau 1996, S. 261). Die Hervorhebung der Einzigartigkeit des Holocaust galt nun den sowjetischen Propagandisten als Ausdruck des „jüdischen Nationalismus". Diejenigen Autoren, die auf die Singularität der jüdischen Tragödie hinweisen wollten, haben dafür nicht selten mit ihrem Leben bezahlt, dazu zählten mehrere Mitglieder des 1942 gegründeten und 1948 aufgelösten Jüdischen Antifaschistischen Komitees. Im August 1952 wurden 13 von ihnen zum Tode verurteilt und hingerichtet (Siehe dazu u. a. Naumov, Vladimir (Hrsg.): *Nepra-*

Der Berliner Historiker Jörg Baberowski, der sich mit dem Vergleich zwischen dem Nationalsozialismus und Stalinismus befasst, fragt, warum „die stalinistische Gewaltspirale nicht in den industriell organisierten Massenmord führte?“[44]. Der Autor erklärt dies durch die gewaltige territoriale Ausdehnung der Sowjetunion, die dem Regime die Möglichkeit gab, die aus seiner Sicht „feindlichen Elemente“ in entlegene Gebiete des Imperiums zu verbannen. Diese Erklärung ist allerdings unbefriedigend. Als die Nationalsozialisten Ende 1941 den „industriell organisierten Massenmord“ begannen, kontrollierten sie ein gewaltiges Territorium, das sich vom Atlantik bis zu den Vororten von Moskau erstreckte. Niemand hätte sie daran gehindert, die in den Osten deportierten Juden als Arbeitssklaven nach dem Muster des „Gulags“ zu gebrauchen. Deren Ermordung entsprang sicherlich nicht geopolitischen, demographischen oder wirtschaftlichen, sondern in erster Linie ideologischen Gründen.

Die Juden galten dem NS-Regime als universaler Feind, der für die Nationalsozialisten die „alte“, die sogenannte „Sklavenmoral“ verkörperte, die sie durch die neue „Herrenmoral“ ablösen wollten. Die „alte Moral“, d. h. der Dekalog, war in der Tat mit dem Judentum eng verknüpft, deshalb stellte der Judenmord für die Urheber von „Auschwitz“ die scheinbar unerlässliche Voraussetzung für den Triumph der „neuen Moral“ dar[45].

Das relativ reibungslose Funktionieren der nationalsozialistischen Vernichtungsmaschinerie war nicht zuletzt deshalb möglich,

---

*vednyj sud. Poslednij stalinskij rasstrel. Stenogramma sudebnogo processa nad členami evrejskogo antifašistskogo komiteta.* Moskau 1994). Die Tatsache, dass Stéphane Courtois, der den Anspruch erhebt, die Kommunismusforschung zu revolutionieren und zu neuen Ufern zu führen, diese für die Geschichte des Kommunismus äußerst wichtigen Fakten außer Acht lässt, ist mehr als erstaunlich.

44 Baberowski, Jörg / Doering-Manteuffel, Anselm: *Ordnung durch Terror. Gewaltexzesse und Vernichtung im nationalsozialistischen und im stalinistischen Imperium.* Bonn 2006, S. 89. Siehe dazu auch Geyer / Fitzpatrick, *Za ramkami totalitarizma*, S. 206 f., 299 f.

45 Siehe dazu u. a.: Śpiewak Paweł: Shoah, drugi upadek (Shoah, der zweite Sündenfall), in: *Więź* 7-8, 1986, S. 3-13, hier S. 13.

weil die Vollstrecker in der Regel das nationalsozialistische Dogma verinnerlicht hatten, dass es sich bei den Juden nicht um Menschen handele: „Zahllose Erkrankungen haben die Ursache in einem Bazillus: dem Juden!" sagte Hitler in einem seiner Monologe: „Wir werden gesunden, wenn wir den Juden eliminieren", lautete Hitlers Fazit.[46]

Über diesen Drang der totalitären Herrscher nach eliminatorischen Endlösungen schreibt Zygmunt Bauman:

> Der moderne Geist hegt den Traum einer vollkommenen Gesellschaft, die von den Resten menschlicher Schwäche gereinigt ist [...] Dazu müssen alle Hindernisse weggeräumt werden, die diesem Traum im Wege stehen – einschließlich der Männer und Frauen, die Probleme bereiten, die das Problem sind.[47]

Und in der Tat betrachteten unzählige Täter im Dienste totalitärer Regime die Ausrottung von Millionen als eine Art Erlösungswerk. Über die nationalsozialistischen Vollstrecker des Judenmordes schreibt der amerikanische Historiker Erich Goldhagen (nicht zu Verwechseln mit seinem Sohn Daniel):

> Die Vollstrecker neigten vor allem dann zu chiliastischen Träumen, wenn sie gerade ein Massaker hinter sich gebracht hatten [...]. Erschöpfte Mörder, die fortwährend von [...] uneingestandenen Schuldgefühlen heimgesucht wurden. Denn die Überzeugung, das Töten der Juden sei ein Werk der Erlösung, gehörte zu ihren wesentlichsten Stützen, war Balsam für ihr Gewissen.[48]

Und der „willige Vollstrecker" Stalins, Andrej Vyšinskij, bezeichnete während der Moskauer Schauprozesse von 1936-1938 die Ausrottung der sogenannten Volksfeinde ebenfalls als eine erlösende Tat.[49]

---

46 *Adolf Hitler. Monologe im Führerhauptquartier 1941–1944*, hrsg. von Werner Jochmann. München 2000, S. 293.

47 Bauman, *Das Jahrhundert der Lager*, S. 33.

48 Goldhagen, Erich: Weltanschauung und Endlösung. Zum Antisemitismus der nationalsozialistischen Führungsschicht, in: *Vierteljahrshefte für Zeitgeschichte* 1976, S. 379-40, hier S. 402.

49 Lieber / Ruffmann, *Der Sowjetkommunismus*, Bd. 1, S .381.

Ähnlich wie der bolschewistische Terror konnte sich auch der nationalsozialistische natürlich nicht nur auf eine bestimmte Opfergruppe beschränken. Immer neue Kreise und Schichten wurden in die Kategorie der Untermenschen, des „lebensunwerten Lebens" eingeordnet: die psychisch Kranken, die polnische Intelligenz, die gefangenen Rotarmisten. In der von der Abteilung Wehrmachtpropaganda herausgegebenen *Mitteilungen für die Truppe* vom Juni 1941 konnte man Folgendes lesen:

> Was Bolschewiken sind, das weiß jeder, der einmal einen Blick in das Gesicht eines der Roten Kommissare geworfen hat [...] Es hieße die Tiere beleidigen, wollte man die Züge dieser zu einem hohen Prozentsatz jüdischen Menschenschinder tierisch nennen. Sie sind die Verkörperung des Infernalischen, Person gewordener wahnsinniger Haß gegen alles edle Menschentum. In der Gestalt dieser Kommissare erleben wir den Aufstand des Untermenschen gegen edles Blut.[50]

Dieser von der Führung des Dritten Reiches nach außen gerichtete Vernichtungsfeldzug musste sich aber im Laufe der Zeit zwangsläufig auch nach innen richten. Zu seinen letzten Opfern gehörten kurz vor Kriegsende die von Hitler zum Herrenvolk stilisierten Deutschen. Da Hitler sein Erscheinen in der deutschen Geschichte für deren Erfüllung hielt, strebte er danach, dass nach seinem Ableben auch die deutsche Geschichte an ihr Ende gelange.[51]

Hitlers Testament vom 29. April 1945 enthält keinen Hauch von Reue: Der eigentlich Schuldige an diesem mörderischen Ringen sei:

> „Das Judentum!" schreibt er einen Tag vor seinem Selbstmord. Danach verpflichtete er die Führung der Nation „zur peinlichen Einhal-

50 Boog, Horst / Förster, Jürgen / Hoffmann, Joachim / Klink, Ernst / Müller, Rolf-Dieter / Ueberschär, Gerd R.: *Der Angriff auf die Sowjetunion.* Frankfurt am Main 1996, S. 528.

51 Siehe dazu u. a. Hitlers Gespräch mit Rüstungsminister Albert Speer (19. März 1945) - zit. nach Thamer, Hans-Ulrich: *Verführung und Gewalt. Deutschland 1933-1945.* Berlin 1986, S. 760.

> tung der Rassegesetze und zum unbarmherzigen Widerstand gegen den Weltvergifter aller Völker, das internationale Judentum".[52]

Diese beispiellose Selbstgerechtigkeit und die Unfähigkeit zur Reue waren aber nicht nur Hitler, sondern auch vielen Führergläubigen eigen, und zwar nicht nur vor, sondern auch nach der „Stunde Null". In den vor kurzem ausgewerteten Tonbandaufzeichnungen der Gespräche, die Adolf Eichmann im argentinischen Exil mit einem seiner Gesinnungsgenossen führte, soll dieser Experte für die Endlösungsfrage gesagt haben: „Hätten wir alle zehn Millionen Juden getötet, die in Himmlers Statistiken 1933 ursprünglich angegeben waren", dann würde er, Eichmann, sagen: „Gut, wir haben einen Feind vernichtet [...] Mich reut gar nichts. Ich krieche in keinster Weise zu Kreuze".[53]

Und der ehemalige sowjetische Regierungschef Molotov, der gemeinsam mit Stalin Hunderte von sogenannten „Erschießungslisten" unterschrieb und für den Tod unzähliger Menschen mitverantwortlich war, sieht ebenfalls absolut keinen Grund, Reuebekenntnisse abzulegen. Im Gespräch mit dem Schriftsteller Feliks Čuev zu Beginn der 70er Jahre sagt er: „Das Jahr 1937 [das Jahr, in dem der Große Terror seinen Höhepunkt erreichte – L.L.] war unerlässlich. Dem Jahr 1937 verdanken wir, dass wir während des Krieges keine fünfte Kolonne hatten".[54]

Wenn totalitäre Täter Mitleidsgefühle zeigten, dann betrafen diese in der Regel nicht die Opfer, sondern die Mittäter. So sprach z. B. Heinrich Himmler in seiner Posener Rede vom Oktober 1943 weinerlich über die schwere Bürde der SS-Leute, die bei der Erfüllung der „weltgeschichtlichen Aufgabe [der] Ausrottung des jüdischen Volkes anständig geblieben" seien.[55]

Wenn man heute derart unfassbare Aussagen hört, neigt man dazu, totalitäre Persönlichkeiten für Wesen von einem anderen Stern zu halten, die mit der europäischen Tradition nichts gemein

---

52 Zit. nach Friedländer, *Die Jahre der Vernichtung*, S. 689 f.
53 *Frankfurter Allgemeine Zeitung*, 1.12.2000, S. 44.
54 Čuev, Feliks: *Sto sorok besed s Molotovym*. Moskau 1991, S. 390.
55 Zit. nach Thamer, *Verführung und Gewalt*, S. 703.

haben. In Wirklichkeit handelt es sich aber beim totalitären Menschen um ein europäisches Phänomen, genauer gesagt um das Ergebnis einer der tiefsten Wertekrisen der europäischen Kultur, die in der ersten Hälfte des 20. Jahrhunderts ihren Höhepunkt erreichte. Abgesehen davon waren die Triumphe der totalitären Bewegungen die Folge einer Art des Verrats der europäischen Eliten an den Werten, die für die europäische Kultur seit Jahrhunderten prägend waren. Der französische Schriftsteller Julien Benda spricht in diesem Zusammenhang vom „Verrat der Intellektuellen" (*La trahison des clercs,* Paris 1927). Dieser Begriff ist aber viel zu eng. Denn bei der Auseinandersetzung mit den totalitären Bewegungen linker und rechter Prägung versagten nicht nur die Intellektuellen, sondern auch andere Stützen der europäischen Kultur bzw. des europäischen Systems – politische Parteien, Wirtschafts- und Interessenverbände, Religionsgemeinschaften. Der Hitler-Biograph Konrad Heiden spricht im Zusammenhang mit der nationalsozialistischen Machtübernahme vom Zeitalter der Verantwortungslosigkeit, von der Flucht der politischen Klasse Deutschlands vor der Verantwortung.[56] Ähnliches kann man auch der politischen Klasse Russlands im Zusammenhang mit der bolschewistischen Machtübernahme vorwerfen. Aber die Flucht der alten Eliten vor der Verantwortung allein wäre für den Siegeszug des Totalitarismus nicht ausreichend gewesen. Dafür war auch ihre partielle Identifizierung mit den Zielsetzungen der totalitären Bewegungen linker oder rechter Provenienz notwendig. Beispielhaft hierfür war das Verhalten der alt- und neukonservativen Gruppierungen der Weimarer Republik, die ungeachtet all ihrer Skepsis gegenüber der plebejischen NSDAP die Nationalsozialisten doch für ihre Gesinnungsgenossen hielten, für einen im Grunde unverzichtbaren Bestandteil der nationalen Front. Der Widerwille gegenüber der Weimarer Demokratie, die in den Augen der rechten Gruppierungen die nationale Schmach und die

56 Heiden, Konrad: *Adolf Hitler. Das Zeitalter der Verantwortungslosigkeit.* Zürich 1936.

politische Ohnmacht verkörperte, stellte einen gemeinsamen Nenner dar, der alle Gruppierungen des nationalen Lagers verband[57].

Einige konservative Gruppierungen, die zur Zerstörung des „schwachen" Weimarer und zur Errichtung eines „starken" nationalsozialistischen Staates erheblich beigetragen hatten, begannen kurz nach der nationalsozialistischen Machtübernahme ihre Haltung zu ändern.[58]

Trotz der zunehmenden Skepsis gegenüber dem neuem Regime begrüßte allerdings die Mehrheit der Konservativen die Beseitigung der Weimarer Demokratie und die Befreiung von den Restriktionen des Versailler Vertrages als großartige Leistungen Hitlers. Dafür nahm man die Inhaftierung Andersdenkender in Konzentrationslagern, die Ermordung mancher Standesgenossen zur Zeit des „Röhm-Putsches" oder die Erklärung der Juden zu Menschen zweiter Kategorie in Kauf. Der Militärhistoriker Manfred Messerschmidt spricht in diesem Zusammenhang von einer „Teilidentität der Ziele", die zur Stabilisierung der nationalsozialistischen Herrschaft erheblich beitrug.[59]

Aber nicht nur die Nationalsozialisten, sondern auch die Bolschewiki profitierten vom Verrat der Eliten, vor allem der Intellektuellen, die sich mit den bolschewistischen Zielen, ungeachtet der terroristischen Methoden, mit denen sie verwirklicht wurden, partiell identifizierten.

Sogar die von Stalin brutal durchgeführte Kollektivierung der Landwirtschaft und die durch sie verursachte Hungersnot, die mehrere Millionen Menschenleben kostete, vermochte die Neigung zahlloser linker Intellektueller, sich partiell mit dem sowjetischen Regime zu identifizieren, nicht zu erschüttern. Arthur Rosenberg, der

---

57 Siehe dazu u. a.: Buchheim, Hans: *Das Dritte Reich. Grundlagen und politische Entwicklung.* München 1958, S. 54.

58 Siehe dazu u. a.: Kuhn, Helmut: Das geistige Gesicht der Weimarer Zeit, in: *Zeitschrift für Politik*, 8, 1961, S. 1–10, hier S. 4.

59 Messerschmidt, Manfred: Die Wehrmacht im NS-Staat, in: Bracher, Karl-Dietrich / Funke, Manfred / Jacobsen, Klaus-Adolf: *Deutschland 1933–1945. Neue Studien zur nationalsozialistischen Herrschaft.* Düsseldorf 1992, S. 377–403.

1927 wegen seiner oppositionellen Haltung die KPD verlassen musste, schreibt 1933:

> Als die GPU [sowjetische Sicherheitsorgane – L.L.] gegen die Kulaken vorging, glaubten viele Mittelbauern, daß nun eine allgemeine Verfolgung der russischen Landbevölkerung einsetzen würde. Stalin und die Sowjetregierung hatten niemals auch nur im Entferntesten die Absicht, einen Krieg gegen die Masse der russischen Bauern zu führen.

Dann fügt Rosenberg hinzu: „Die Versorgung mit Lebensmitteln ist ungünstiger geworden. Aber eine direkte Hungersnot besteht nicht.“[60]

Lassen sich solche Äußerungen darauf zurückführen, dass Rosenberg keinen Zugang zu Informationen über die damalige Lage in der Sowjetunion besaß? Wohl kaum. So berichteten z. B. westliche und russische Sozialdemokraten häufig über die Schrecken der Kollektivierung. Man kann davon ausgehen, dass zumindest ein Teil dieser Berichte dem Autor, der zu den profundesten Kennern der Arbeiterbewegung zählte, bekannt war. Dass er diese Daten nur selektiv wahrnahm, zeugt von der ideologischen Borniertheit, die seiner Analyse der sowjetischen Wirklichkeit zugrunde lag.

Zygmunt Bauman spricht in diesem Zusammenhang von der „peinlichen, weit verbreiteten intellektuellen Sympathie unter den bedeutendsten Angehörigen der ‚aufgeklärten Klassen‘ Europas“ für die „Visionen der Nazis und der Kommunisten“.[61]

So profitierten die totalitären Regime davon, dass viele Kreise, die sich mit ihnen keineswegs vorbehaltlos solidarisierten, in einem Links-Rechts-Schema verfangen waren, und die totalitären Gruppierungen, trotz all ihrer Untaten, als Gesinnungsgenossen, als unverzichtbare Teile des revolutionären bzw. des nationalen Lagers betrachteten. Der Ausbruch aus diesem Schema erforderte vor allem in den 30er und 40er Jahren, als die Auseinandersetzung zwischen

---

60 Rosenberg, Arthur: *Geschichte des Bolschewismus*. Frankfurt am Main 1987, S. 243, 252.

61 Bauman, *Das Jahrhundert der Lager*, S. 33.

dem rechten und dem linken Totalitarismus ihren Höhepunkt erreichte, eine außerordentliche Selbstüberwindung. Nur wenige waren damals dazu in der Lage. Zu diesen wenigen gehörte Manès Sperber, der sich 1937 – zur Zeit der Moskauer Schauprozesse – vom Kommunismus abwandte. Er spricht von qualvollen Selbstzweifeln, die ihn plagten, als er sich zu diesem Entschluss durchrang: „Nur durch eine einzige Tür verläßt man die Revolution, sie öffnet sich ins Nichts". Dieser schmerzliche innere Kampf war nicht zuletzt damit verknüpft, dass damals jede Kritik an der Generallinie der Partei innerhalb der kommunistischen Bewegung als eine indirekte Unterstützung des Faschismus aufgefasst wurde. Sperber schreibt, Stalins Propagandisten hätten verkündet: „Wer es wagt, die Zwangskollektivierung [...], die Unterdrückung der Opposition, [...] die Moskauer Prozesse [zu kritisieren], der stellt sich damit hinter [...] Hitler und gegen seine Opfer in Dachau, Oranienburg und Buchenwald."[62]

Vor einem ähnlichen Dilemma standen auch ehemalige Verbündete Hitlers, als sie begriffen, dass die NSDAP das Land nicht erneuere, sondern zerstöre. Viele gingen dann in die innere Emigration, und nur wenige wagten es, die „nationale Solidargemeinschaft" offen zu verlassen. Zu diesen Wenigen gehörte Hermann Rauschning, der kurz nach dem Einmarsch der deutschen Truppen in Österreich – also zu einer Zeit, als Hitler beispiellose außenpolitische Erfolge zu verzeichnen hatte – seine Landsleute eindringlich vor einer Fortsetzung des 1933 begonnenen Amoklaufes warnte.[63]

Die Beispiele Sperbers und Rauschnings zeigen, dass totalitär gesinnte Menschen eine Chance haben, aus der totalitären Sackgasse auszubrechen. Dies kann aber nur dann geschehen, wenn sie über ein sensibles Gehör verfügen, das ihnen ermöglicht, die Stimme des Gewissens, welche die totalitäre Ideologie zu betäuben versucht, zu vernehmen. Denn das Gewissen des alten, von der jüdisch-christlichen Ethik geprägten Menschen ist der größte Widersacher des

62 Sperber, Manès: *Zur Analyse der Tyrannis.* Wien 1977, S. 12, 15.
63 Rauschning, Hermann: *Die Revolution des Nihilismus.* Zürich 1964.

Totalitarismus. Und an dieser Hürde sind die totalitären Regime, die sich noch vor etwa 75 Jahren als Sieger der Geschichte gebärdet hatten, letztendlich zerbrochen. Das 20. Jahrhundert, das mit einem beispiellosen Siegeszug des Totalitarismus in Europa begonnen hatte, endete mit seinem Scheitern. Die totalitäre Erfahrung veränderte aber die politische Kultur des alten Kontinents radikal. Denn sie zeigte, dass der Sturz in die Barbarei von jeder Höhe möglich, dass keine Nation dagegen gefeit ist. Denn auch in den Staaten, in denen die totalitären Parteien nicht an die Macht kamen, gab es und gibt es immer noch zahlreiche Bewunderer der totalitären Ideologien. Menschen mit einer totalitären Disposition existieren demnach in jeder Gesellschaft. Damit sie aber von der Peripherie ins Zentrum der Macht gelangen, bedarf es spezifischer historischer Umstände wie 1917 in Russland oder 1933 in Deutschland. Und diese Umstände heißen: beispielloser innerer Verfall und tiefe Identitätskrise des demokratischen Staatswesens. Denn sowohl die erste russische als auch die erste deutsche Demokratie sind nicht an der Stärke ihrer totalitären Gegner, sondern an der eigenen Willensschwäche zerbrochen. Gegenüber kampfentschlossenen Gegnern haben totalitäre Kräfte absolut keine Chance. Gegenüber den Schwachen hingegen entwickeln sie eine außerordentliche Brutalität. Ritterliches Verhalten, Edelmut gegenüber den Unterlegenen sind ihnen völlig fremd. Die größten Verbrechen sowohl der Bolschewiki als auch der Nationalsozialisten wurden an Wehrlosen verübt. So zeigt die Erfahrung, dass nur die Kampfentschlossenheit der Demokraten die totalitären Feinde der offenen Gesellschaft in ihre Schranken weisen kann.

***

Und noch einige abschließende Bemerkungen:

Die Einzigartigkeit der totalitären Diktaturen wird seit der Entstehung des ersten totalitären Regimes der Moderne im Oktober 1917 von unzähligen Autoren erforscht. Minuziös werden die Unterschiede zwischen den totalitären Tyranneien und anderen Herrschaftssystemen herausgearbeitet. Umso bedenklicher wird es, wenn man die Ergebnisse dieser Forschung in Frage stellt, und zwar durch die Gleichsetzung der totalitären Regime mit Systemen ganz anderer Art.

Besonders verbreitet ist der Vergleich der US-amerikanischen Politik mit derjenigen des NS-Regimes. Die Parole „USA-SA-SS", die viele 68er skandierten, stellt ein Beispiel hierfür dar. Diese Tendenz erlebte in der Zeit der Administration von Bush-Junior eine Renaissance. So vergleicht der britische Historiker Richard Overy den amerikanischen Krieg im Irak mit dem Hitlerschen Krieg gegen die Sowjetunion,[64] also mit einem Krieg, den der Berliner Historiker Ernst Nolte als den „ungeheuerlichsten Eroberungs-, Versklavungs- und Vernichtungskrieg" definierte, „den die moderne Geschichte kennt".[65]

Die amerikanische Kulturhistorikerin Naomi Wolf bezeichnete ihrerseits die Versuche der Bush-Administration, Bundesanwälte zu entlassen, als „Maßnahmen", die denjenigen von „[Joseph] Goebbels" ähnelten. Was die amerikanische Bekämpfung des Terrorismus angeht, sieht Frau Wolf hier Parallelen zur stalinistischen Jagd nach den „Staatsfeinden".[66] So werden die USA von heute mit einem Regime verglichen, das allein in den Jahren 1937/38 mehr als 680.000 angebliche „Volksfeinde" hinrichten ließ.[67]

Auch die Besatzungspolitik Israels wird nicht selten mit derjenigen des NS-Regimes verglichen. So vertritt z. B. der ehemalige französische Widerstandskämpfer und Buchenwaldhäftling Stéphane Hessel die These, die nationalsozialistische Besatzungspolitik in Frankreich sei wesentlich harmloser gewesen als die „heutige Besetzung von Palästina durch die Israelis".[68] Dabei lässt Hessel außer Acht, dass die nationalsozialistische Herrschaft in Frankreich untrennbar mit dem Holocaust verbunden war, mit der Ermordung

64 Overy, Richard: Die Ostfront im Irak, *Süddeutsche Zeitung* 12.5.2004.

65 Nolte, Ernst: *Der Faschismus in seiner Epoche*. München 1963, S. 436.

66 Ich vergleiche Bush nicht mit Hitler, ich ziehe nur Parallelen, *Süddeutsche Zeitung* 9.11.2007

67 Artizov, A.: *Reabilitacija. Kak ėto bylo*. Moskau 2000, S. 317.

68 Wie ich Buchenwald und andere Lager überlebte, *Frankfurter Allgemeine Zeitung* 21.1.2011.

von mehr als 73.000 Juden, die aus Frankreich nach Auschwitz und in andere Vernichtungslager deportiert wurden.

Es ist zwar völlig legitim, die israelische Besatzungspolitik zu kritisieren. Dies tun bekanntlich auch viele Israelis. Hessel sprengt aber alle Maßstäbe, indem er die Politik Israels mit derjenigen eines totalitären Regimes gleichsetzt, das aus ideologischen Gründen systematisch die völlige Ausrottung bestimmter Bevölkerungsgruppen in den besetzten Gebieten betrieb.

Der von mir häufig erwähnte Soziologe Zygmunt Bauman, der den Begriff des „Jahrhunderts der Lager" prägte, geht in seiner Kritik Israels noch weiter als Hessel. In einem Interview für die polnische Zeitschrift *Polityka* vom August 2011 sagt er Folgendes über die von den Israelis errichtete Mauer, welche die israelischen Gebiete von den palästinensischen trennt: „Was ist diese Mauer, die um die besetzten Gebiete gebaut wird, anderes als der Versuch, die Auftraggeber der Mauer um das Warschauer Ghetto zu übertreffen?"[69]

Als ich diesen Satz zunächst in einer deutschen Zeitung las, dachte ich, es handele sich dabei um einen Übersetzungsfehler. Dann las ich diese Äußerung Baumans im polnischen Original und stellte fest, dass die deutsche Übersetzung die ursprünglich auf Polnisch geäußerten Gedankengänge Baumans wortgetreu wiedergab.[70]

Bauman vergleicht also die Erbauer der israelischen Mauer mit den Urhebern des Holocaust, für die das Warschauer Ghetto im Wesentlichen eine Durchgangsstation zu der völligen Vernichtung der dort zusammengepferchten 430.000 Juden darstellte. Diese Vernichtungsaktion begann mit dem Aushungern der Ghetto-Bewohner. So erhielten die in Warschau lebenden Deutschen 2310 Kalorien am Tag, die Juden hingegen nur 183 Kalorien, für die sie zwanzigmal so viel wie die Deutschen bezahlen mussten.[71] Mitte

---

69 Zit. nach Gnauck, Gerhard: Ist Israels Grenzmauer die Mauer eines Ghettos?, *Die Welt* 7.9.2011

70 Rozmowa Artura Domosławskiego z prof. Zygmuntem Baumanem, *Polityka* 16.8.2011.

71 Battenberg, Friedrich: *Das Europäische Zeitalter der Juden. Zur Entwicklung einer Minderheit in der nichtjüdischen Umwelt Europas*, Teilband II. Darmstadt 1990, S. 292.

1942 begann dann die direkte Vernichtung. Bis Oktober 1942 wurden 310.000 Juden aus dem Warschauer Ghetto in Treblinka vergast. Und schließlich wurde das Ghetto im Mai 1943 nach dem verzweifelten Aufstand einer kleinen Schar von Widerstandskämpfern gänzlich zerstört: „Das ehemalige Wohnviertel in Warschau besteht nicht mehr", meldete am 16. Mai 1943 SS-Obergruppenführer Jürgen Stroop seinen Vorgesetzten und fügte hinzu: „Die Gesamtzahl der erfaßten und nachweislich vernichteten Juden beträgt 56.065"[72].

So handelten also die Erbauer und die Bewacher des Warschauer Ghettos wie auch ihre Auftraggeber. Baumans Worte, dass die Erbauer der israelischen Mauer versuchten, „die Auftraggeber der Mauer um das Warschauer Ghetto zu übertreffen", sind daher unfassbar.

Über die Motive, die Bauman zu einem derart unsäglichen Vergleich veranlassten, will ich hier nicht spekulieren. Ich möchte meine Ausführungen nur mit folgendem Fazit beenden:

Eine effiziente Auseinandersetzung mit den totalitären Herausforderungen setzt eine genaue Definition dessen voraus, was totalitär ist. Ein inflationärer Gebrauch des Totalitarismus-Begriffs führt zwangsläufig dazu, dass man die totalitären Feinde der offenen Gesellschaft aus den Augen verliert und sie verharmlost. Denjenigen, die den Begriff „totalitär" auf nichttotalitäre politische Phänomene übertragen, kann es ähnlich ergehen wie den kommunistischen Theoretikern der 20er und der beginnenden 30er Jahre, als sie jede politische Gruppierung, die ihnen nicht gefiel, nicht zuletzt die Sozialdemokratie als „faschistisch" bezeichneten. Erst nach der nationalsozialistischen Machtübernahme mussten die Kommunisten allmählich feststellen, dass zwischen den sogenannten Sozialfaschisten und den wirklichen Faschisten doch ein qualitativer Unterschied bestand. Der Begriff „Faschismus" wurde aber durch seinen inadäquaten Gebrauch weitgehend ausgehöhlt. Ähnlich könnte es denjenigen Autoren ergehen, die den Begriff „totalitär" inflationär ver-

72 Ebd., S. 305.

wenden. Sollten die Umstände sie dazu zwingen, ein wirklich totalitäres System zu definieren, werden sie schwerlich imstande sein, ein solches System begrifflich einzuordnen. Denn die dunkelsten Farben ihrer Farbpalette haben sie bereits für die Beschreibung nichttotalitärer Staaten verbraucht. Eine weitere Steigerung wäre hier also kaum möglich.

# Einsichten und Fehleinschätzungen – kommunistische Theoretiker über Faschismus und Nationalsozialismus 1921–1935[1]

## Einleitung

*I*

Die ideologische und politische Auseinandersetzung der Kommunisten mit dem italienischen Faschismus und dem Nationalsozialismus – eine der folgenschwersten Auseinandersetzungen der neuesten europäischen Geschichte – trug einen äußerst zwiespältigen Charakter. Bemerkenswerte theoretische Leistungen bei der Analyse der beiden Gegner von rechts, die nicht selten Erkenntnisse der modernen Faschismusforschung vorwegnahmen, waren mit gravierenden und folgenschweren Fehleinschätzungen verbunden. Die bisherige historische Forschung konzentrierte ihre Aufmerksamkeit in erster Linie auf die Untersuchung der Fehler der kommunistischen Faschismusanalyse, die in der Tat erstaunlich waren. Die Ergebnisse dieser Untersuchungen weisen indes so viele Widersprüche auf, dass die Suche nach neuen Erklärungsmodellen erforderlich ist. Was die Leistungen der kommunistischen Faschismustheorie anbetrifft, so wurden sie von der bisherigen Forschung nicht ausreichend gewürdigt. Diese Unterschätzung des Beitrages, den die kommunistischen Theoretiker zur Analyse der rechtsextremen Massenbewegungen geleistet haben, ist sicherlich nicht gerechtfertigt.[2] (Als rechtsextreme Massenbewegungen werden in dieser Abhandlung lediglich der italienische Faschismus und der deutsche Nationalsozialismus bezeichnet. Durch diese Bezeichnung sollen

1 Dieser Text basiert auf meinem Buch *Entstehung der kommunistischen Faschismustheorie. Die Auseinandersetzung der Komintern mit Faschismus und Nationalsozialismus.* Stuttgart 1985. Dort sind sowohl die weiterführenden bibliographische Angaben zu dieser Thematik als auch ausführliche Quellenverweise zu finden.

2 Vgl. dazu vor allem die Abschnitte I und VII des oben erwähnten Buches.

diese zwei größten Bewegungen von rechts von den anderen Gruppierungen und Kräften abgehoben werden, die sowohl von den kommunistischen als auch von den nichtkommunistischen Theoretikern als „faschistisch" definiert werden.)

Die Untersuchung der Entstehungsgeschichte der kommunistischen Faschismustheorie zeigt, wie kommunistische Ideologen gänzlich neue politische Phänomene zu bewerten und einzuordnen suchen und welche ideologischen Hindernisse sie dabei zu überwinden haben. Kommunistische Faschismusanalysen sagen viel über die Autoren dieser Analysen selbst aus, über ihre Denkstrukturen und über ihr weltanschauliches Selbstverständnis. Die Abhandlung wird sich demnach nicht nur damit befassen, wie die kommunistischen Theoretiker das Phänomen „Faschismus" zu erklären suchten, sondern auch damit, was diese Erklärungen von den Eigentümlichkeiten des kommunistischen Denkens vermitteln. Die Entstehungsgeschichte der kommunistischen Faschismustheorie wird in dieser Untersuchung vom Jahre 1921 bis zum Jahre 1935 einschließlich verfolgt; die Faschismusanalyse, die im Jahre 1935 auf dem 7. Kongress der Komintern vorgenommen wurde, kann als vorläufige Bilanz der kommunistischen Faschismusdiskussion bezeichnet werden.

## *II*

Die Tatsache, dass die Bolschewiki ideologisch und national in einer grundlegend anderen Tradition verwurzelt waren als italienische Faschisten oder deutsche Nationalsozialisten, sollte die Beurteilung dieser Bewegungen durch kommunistische Theoretiker wesentlich beeinflussen. Die Entwicklungslinie der europäischen Kultur, an die sich die Bolschewiki anlehnten, war die der Aufklärung, der Französischen Revolution und der sozialistischen und materialistisch-positivistischen Denkströmungen des 19. Jahrhunderts. Die Tatsache, dass der Faschismus, vor allem aber der Nationalsozialismus entgegengesetzte ideologisch-politische Traditionen vertraten, erschwerte den Bolschewiki die Einfühlung in die Motive des Denkens und des Handelns der Rechtsextremisten außerordentlich.[3] Weitgehend fremd und unverständlich war für die Bolschewiki bzw. für die Kommunisten z.B. die Idealisierung der Gesetze der biologischen Natur durch die Rechtsextremisten und der Versuch, das in der Natur herrschende Recht des Stärkeren auf die menschliche Gesellschaft voll zu übertragen. Die Bolschewiki betrachteten sich, obwohl sie selbst ein Unterdrückungsregime von beispielloser Härte errichtet hatten, weiterhin als Verteidiger der Schwachen und der Unterdrückten. Sie identifizierten sich also auch als Herrschende noch mit vielen Idealen der revolutionären russischen Intelligencija, ungeachtet der Tatsache, dass die Mehrheit dieser Intelligencija sich nach der Oktoberrevolution gegen die Bolschewiki gewandt hatte und von den Bolschewiki verfolgt worden war. Weder der marxistischen Tradition noch der russischen Intelligencija war eine Verherrlichung der in der Natur herrschenden Gesetze eigen, wodurch den kommunistischen Theoretikern die Einsicht in die Motive der Rechtsextremisten, die eine Herrschaft der „Starken" auf Kosten der „Schwachen" befürworteten, sehr schwer fiel.

Ähnliches lässt sich auch über die Idee der Rechtsextremisten von der Erneuerung und Revitalisierung herrschender Eliten sagen. Von der revolutionären russischen Intelligencija erbten die Bolschewiki die Überzeugung, dass eine „echte" revolutionäre Partei unbedingt für die Abschaffung aller Eliten und des hierarchischen Prinzips als solchen kämpfen müsse. Zwar kannten die Bolschewiki den Begriff der Partei als „Avantgarde der Arbeiterklasse", dieser unterschied sich jedoch erheblich von dem rechtsextremen Begriff der Elite. Das Ziel der Avantgarde war – zumindest theoretisch – die Durchsetzung eines egalitären und nicht eines neuen hierarchisch-

3 Stanley Payne gehört zu den wenigen Autoren, die die Ursprünge des Faschismus in der Aufklärung sehen. Der Faschismus habe den aufklärerischen Säkularisierungsgedanken fortgesetzt (Payne, Stanley: *Fascism. Comparison and Definition.* Madison/Wisconsin 1980, S. 10). Ob diese Verbindungslinie schon ausreicht, um den Ursprung des Faschismus und des Nationalsozialismus in der Aufklärung zu finden, ist allerdings sehr zweifelhaft. Der Tatsache, dass die Rechtsextremisten die für die Aufklärung zentralen emanzipatorischen Gedanken erbittert bekämpften, misst Payne anscheinend keine Bedeutung bei.

elitären Prinzips innerhalb der Gesellschaft. Ungeachtet der Tatsache, dass die von den Bolschewiki nach der Revolution errichtete Gesellschaft allmählich einen hierarchischen Charakter annahm, hatte die Gleichheitsidee in der bolschewistischen Ideologie, zumindest bis zum Beginn der 1930er Jahre, einen so hohen Stellenwert, dass die bolschewistischen Theoretiker die hierarchisch-elitären Ideale der Rechtsextremisten nicht richtig einordnen konnten. Sie bezeichneten die rechtsextremen Ideen zunächst als Gedankengut einer absterbenden Schicht, die den „Fortschritt" aufhalten wolle. Allerdings wurden die Bolschewiki durch die Tatsache, dass diese „antifortschrittlichen" Ideen eine beispiellose Faszination auf die italienischen bzw. deutschen Massen ausübten, gezwungen, sich aufmerksamer mit dem Gedankengut der Rechtsextremisten zu beschäftigen. Der unbedingte Glaube der Bolschewiki und der Kommunisten an den linearen Fortschritt sollte jedoch deren Analyse der rechtsextremen Ideologie erhebliche Hindernisse in den Weg stellen. Ein weiterer Umstand, der den Bolschewiki die Analyse der rechtsextremen Massenbewegungen und abgesehen davon auch die Interpretation mancher anderer Entwicklungstendenzen in West- und Mitteleuropa erschweren sollte, war ihre Neigung, den Vorgängen, die in Russland seit der Oktoberrevolution einsetzten, universale Gültigkeit beizumessen. Das „kapitalistische System" sei als Einheit zu betrachten, meinten viele Bolschewiki, und der Einbruch dieses Systems in seinem „schwächsten Glied" – in Russland – habe eine neue Ära in der Geschichte der Menschheit eingeleitet. Das sowjetische System stelle ein neues politisch-soziales Modell für die ganze Welt dar.[4] Durch die Erhebung dieses rationalistischen und globalen Anspruches übersahen die Bolschewiki die nationalen Eigenheiten anderer Länder. Das Übergewicht der bolschewistischen

4 In seiner Broschüre „Der linke Radikalismus. Die Kinderkrankheit im Kommunismus" (April 1920) schreibt Lenin: „Im gegebenen historischen Zeitpunkt liegen die Dinge nun einmal so, dass das russische Vorbild allen Ländern etwas, und zwar überaus wesentliches aus ihrer unausweichlichen und nicht fernen Zukunft zeigt [...]. Daher die internationale Bedeutung der Sowjetmacht [...] und ebenso der Grundlagen der bolschewistischen Theorie und Taktik" (Lenin, Vladimir I.: *Werke*. Berlin 1961–64, Band 31, S. 6).

Partei in der Komintern führte zu einer gewissen „Russifizierung" des Denkens auch bei nichtrussischen Kommunisten. Die Mehrheit der westlichen Kommunisten akzeptierte die These der Bolschewiki, dass die russischen Ereignisse vorbildlichen Charakter für die übrige Welt besäßen. Auf gelegentliche Kritik dieser These durch einige nichtrussische Kominternmitglieder reagierten die bolschewistischen Führer sehr empfindlich, weil diese den Kern ihres Selbstverständnisses zu erschüttern drohte.[5] Den westlichen Kommunisten gelang es nur in beschränktem Maße, die Interpretationen vieler Vorgänge im Westen durch ihre russischen Genossen zu korrigieren. Die bolschewistische Analyse des Rechtsextremismus musste praktisch eine zweifache Brechung durchlaufen: die der marxistischen Dogmatik und die der nationalen Eigenart der Bolschewiki.

Wenn man dies bedenkt, dann sind zahlreiche erstaunlich einsichtige und zutreffende Thesen der kommunistischen Theoretiker zum Charakter der rechtsextremen Massenbewegungen umso beachtenswerter.

Noch eine zusätzliche Bemerkung. Der italienische Faschismus und der deutsche Nationalsozialismus wiesen in ihrem politischen Charakter sowohl verwandte als auch äußerst verschiedene Züge auf. Dieser Umstand blieb nicht ohne Einfluss auf die Auseinandersetzung der Kommunisten mit diesen beiden Bewegungen. Zwar waren die Resultate der Konfrontation der Kommunisten mit ihren beiden rechtsextremen Gegnern ähnlich – sowohl in Italien als auch in Deutschland wurde die Komintern vernichtend geschlagen. Trotzdem waren die Art, wie diese Auseinandersetzungen geführt wurden, bzw. die Reaktionen der Komintern auf die jeweilige Niederlage wesentlich verschieden. Die Aufdeckung der Ursachen für diese Unterschiede kann nicht nur für die Erforschung der kommunistischen Faschismustheorie, sondern auch für die allgemeine Faschismusforschung von Bedeutung sein. Durch sie kann die Analyse des unterschiedlichen Charakters der beiden rechtsextremen Bewe-

5 Siehe dazu u.a. Trockij, Lev: *Pjat' let Kominterna*. Moskau 1924, S. 108 ff.

gungen durch zusätzliche Aspekte bereichert werden. Eine solche komparative Methode wurde in der bisherigen westlichen Forschung bei der Analyse der kommunistischen Faschismustheorie selten angewandt.

Nun werde ich etwas ausführlicher auf die ideologisch-psychologischen und politischen Ursachen für die Fehleinschätzung der rechtsextremen Massenbewegungen und Regime durch die kommunistischen Theoretiker eingehen. Diese Problematik steht im Mittelpunkt des Beitrags. Andere Aspekte der Thematik werden an anderer Stelle (s. Anmerkung 1) behandelt. Der Beitrag ist nicht chronologisch, sondern thematisch gegliedert.

## Das Kriegserlebnis

Sowohl die Bolschewiki als auch die rechtsextremen Massenbewegungen verdanken bekanntlich ihren schnellen Aufstieg und ihre großen Erfolge dem Ersten Weltkrieg. Die Bolschewiki und die Rechtsextremisten waren sich dessen bewusst, wie stark der Weltkrieg ihnen den Sieg erleichtert hatte. Lenin nannte diesen Krieg „den größten Regisseur der Weltgeschichte",[6] Mussolini und Hitler entdeckten erst durch das Kriegserlebnis ihre „Mission".[7] Trotz dieser übereinstimmenden Würdigung der Bedeutung des Weltkrieges für ihre Ziele hatte das Kriegserlebnis für die Bolschewiki einerseits und für die Rechtsextremisten andererseits grundsätzlich verschiedene Bedeutung. Die Rechtsextremisten waren vor allem deshalb erfolgreich, weil sie den Weltkrieg uneingeschränkt bejaht und das

---

6 Lenin, Vladimir I.: *Polnoe sobranie sočinenij*. Band 1–55. Moskau 1958–1965, hier Band 31, S. 13; siehe dazu auch Balabanoff, Angelika: *Lenin. Psychologische Betrachtungen und Beobachtungen*. Hannover 1961, S. 32 f.; Berdjaev, Nikolaj: *Istoki i smysl russkogo kommunizma*. Paris 1955, S. 102.

7 Siehe dazu u.a. Mussolini, Benito: *Schriften und Reden*. Zürich 1935, Band 1, S. 14 f.; Heiden, Konrad: *Adolf Hitler. Das Zeitalter der Verantwortungslosigkeit*. Zürich 1936, S. 53 ff.; Bullock, Allen. *Hitler. Eine Studie über die Tyrannei*, S. 30–36; Fest, Joachim C.: *Hitler. Eine Biographie*, Frankfurt/Main 1973, S. 101 ff.; Sir Kirkpatrick, Ivone: *Mussolini*. Berlin 1965, S. 55 f.; Settembrini, Domenico: Mussolini and the Legacy of Revolutionary Socialism, in: *Journal of Contemporary History*, volume 11, 4/1976, S. 239–268.

Kriegserlebnis als ein kostbares Gut verklärt hatten.[8] Die Bolschewiki hingegen verdankten ihren Triumph dem Umstand, dass sie diesen Krieg mit beispielloser Schärfe verurteilt hatten.[9] Die Tatsache, dass die Pariser Kommune nach der Niederlage der französischen Armee entstand und dass die russische Revolution von 1905 der Niederlage der zarischen Armee folgte, führte Lenin zur Überzeugung, dass eine revolutionäre Partei während eines „imperialistischen" Krieges, um Erfolg zu haben, vor allem auf die Herbeiführung der Niederlage der eigenen Regierung hinarbeiten solle.[10] Den Ausbruch der Februarrevolution infolge der ungewöhnlichen Schwächung der russischen Monarchie durch den Krieg fasste Lenin als eine Bestätigung seiner Taktik auf. Im März 1917 schrieb er:

> Diese [revolutionäre] Krise wurde durch eine Reihe schwerster Niederlagen beschleunigt, die Rußland und seinen Verbündeten beigebracht wurden [...] Jene, [...] die gegen den „Defätismus" schrien und tobten, stehen jetzt vor der Tatsache, daß die Niederlage [...] des Zarismus, mit dem Beginn der revolutionären Feuerbrunst historisch verbunden ist.[11]

Der „revolutionäre Defätismus" sollte nun auch in den anderen kämpfenden Staaten den Sturz ihrer jeweiligen Regierungen be-

---

8 Vgl. u. a. v. Klemperer, Klemens: *Konservative Bewegungen. Zwischen Kaiserreich und Nationalsozialismus.* München 1962; Nolte, Ernst: *Die faschistischen Bewegungen. Die Krise des liberalen Systems und die Entwicklung der Faschismen.* München 1966, S. 20; Heiden, *Adolf Hitler*, S. 53 ff.; Bullock, *Hitler*, S. 30–36; Stern, J.P.: *Hitler. Der Führer und sein Volk.* München 1978; Mohler, Armin: *Die Konservative Revolution in Deutschland 1918–1932. Grundriß ihrer Weltanschauung.* Stuttgart 1950, S. 43 ff.; Sontheimer, Kurt: Der Tatkreis, in: *Vierteljahrshefte für Zeitgeschichte*, 1958, S. 229–260; Fest, *Hitler*, S. 101 ff.; Kedward, H.R.: *Fascism in Western Europe 1900–1945.* Glasgow 1969, S. 36 ff.; Settembrini, Mussolini.

9 Vgl. Miljukov, Pavel: *Rossija na perelome.* Paris 1927, Band 1, S. 43 f., 58 f.; Suchanov, Nikolaj: *1917. Tagebuch der russischen Revolution.* München 1967; Cereteli, Iraklij: *Vospominanija o fevral'skoj revoljucii.* Paris 1963, Band 2, S. 67; Stepun, Fedor: *Byvšee i nesbyvšeesja.* New York 1956, Band 2, S. 96 ff; *Die Kerenski Memoiren. Russland und der Wendepunkt der Geschichte.* Wien 1966; Buchanan, George: *My Mission to Russia and Other Diplomatic Memories.* London 1923, Band 2, S. 116 f.

10 Lenin, *Sočinenija*, Band 26, S. 166, 327, Band 30, S. 319 f.

11 Lenin, *Werke*, Band 23, S. 314 f.

schleunigen.[12] Russland, als das „schwächste Glied in der imperialistischen Kette", erlebe lediglich als erster Staat eine Entwicklung, die auch in den anderen kämpfenden Mächten in der nächsten Zukunft eintreten werde.[13] Durch diese Verallgemeinerung einer Taktik, die in Russland tatsächlich sehr erfolgreich war, verkannte Lenin die grundsätzlich verschiedene Bedeutung, die der Weltkrieg einerseits für Russland und andererseits für die westlichen Nationen hatte. (Diese Fehleinschätzung übernahmen die anderen bolschewistischen Führer von Lenin.)

Der Weltkrieg verursachte in Russland lediglich eine Verstärkung der zentrifugalen und eine Vertiefung der sozialen Konflikte, weil die Romanov-Dynastie eine populäre, alle Völker und Stände des Reiches einigende Idee nicht zu entwickeln vermochte.[14] Der nationalistische Rausch blieb, abgesehen von einigen schwachen Ansätzen in den ersten Monaten des Krieges, in Russland nur auf bestimmte Kreise der Bildungsschicht beschränkt. Demgegenüber erlebte die überwiegende Mehrheit der Bevölkerung der wichtigsten westlichen Teilnehmerstaaten, die Arbeiterklasse nicht ausgenommen, diesen Krieg als einen Volkskrieg. Die Bolschewiki verstanden nicht und konnten auch nicht verstehen, dass die Bewilligung der Kriegskredite durch die westeuropäischen sozialdemokratischen Parteien dadurch zu erklären war, dass die sozialdemokratischen Parteiführer insoweit auch unter dem massiven Druck ihrer Massenanhängerschaft standen und fürchten mussten, von den Massen verlassen zu werden, falls sie sich gegen den Krieg aussprächen.[15] Das Kriegserlebnis schuf in einigen westlichen Staaten eine der Voraussetzungen für den späteren Erfolg der rechtsextremen

---

12 Lenin, *Sočinenija,* Band 31, S. 15 f., 93 f.

13 Ebenda, S. 11, 14 f., 91.

14 Vgl. dazu Miljukov, *Rossija na perelome*, Band 1, S. 11–28; Paléologue, Maurice: *Am Zarenhof während des Weltkrieges. Tagebücher und Betrachtungen*. München 1926; Buchanan, *My Mission to Russia*; Fedotov, Georgij: Revoljucija idet, in: *Sovremennye zapiski* 1929, Nr. 39, S. 342; Berdjaev, Nikolaj: *Das Neue Mittelalter. Betrachtungen über das Schicksal Rußlands und Europas.* Tübingen 1950, S. 77.

15 Vgl. dazu u.a. Schieder, Wolfgang (Hrsg.): *Ursachen, Entstehung und Verlauf des Ersten Weltkrieges.* Köln 1969, S. 178 ff.

Massenbewegungen, die eine ähnliche Geschlossenheit der Nation und eine gleichartige maximale Entfaltung der nationalen Kraft wie im Krieg anstrebten. Eine solche Verherrlichung des Krieges war den Bolschewiki fremd. Der Weltkrieg war für sie lediglich als Mittel zur Beschleunigung der Weltrevolution willkommen. Diese Unfähigkeit der Bolschewiki, die Popularität des Krieges im Westen zu begreifen, lässt sich keineswegs darauf zurückführen, dass sie prinzipiell Antimilitaristen gewesen wären. Ganz im Gegenteil, die Bolschewiki waren nicht weniger militant als die italienischen Faschisten oder die deutschen Nationalsozialisten.[16] Allerdings handelte es sich hier um eine ganz andere Art von Militanz. Es war die Militanz der freiwilligen revolutionären Roten Garden oder der im Bürgerkrieg geschaffenen Roten Armee. Diese Armee war völlig der politischen Führung untergeordnet, wurde lediglich als Instrument der Partei verwendet, und jeder Versuch der bolschewistischen Militärs, eine gewisse Selbständigkeit zu erlangen, wurde von der Parteiführung im Keim erstickt. Die alte russische Armee mit ihrer traditionellen Struktur wurde von den Bolschewiki bewusst desorganisiert und dann aufgelöst. In seiner Polemik mit Kautsky (November 1918) schrieb Lenin: „Ohne Desorganisation der Armee ist noch keine große Revolution ausgekommen [...] Denn die Armee ist das am meisten verknöcherte Werkzeug, mit dem sich das alte Regime hält, das festeste Bollwerk der bürgerlichen Disziplin [...]“[17] Offiziere und Soldaten, die den Krieg als ihren Beruf betrachteten – Landsknechte des 20. Jahrhunderts –, die auch in Russland bisweilen auftraten, wurden von den bolschewistischen Führern sehr misstrau-

16 So schrieb Lenin im September 1916: „Eine unterdrückte Klasse, die nicht danach strebt, Waffenkenntnis zu gewinnen, in Waffen geübt zu werden, Waffen zu besitzen, eine solche unterdrückte Klasse ist nur wert, unterdrückt, misshandelt und als Sklave behandelt zu werden“ (Lenin, *Werke*, Band 23, S. 75). In diesem Sinne äußerte sich Lenin auch zwei Jahre zuvor. Kurz nach dem Ausbruch des Ersten Weltkrieges schrieb er an seinen Parteigenossen Šljapnikov: Die Epoche des Bajonetts sei ausgebrochen. Dies bedeute, dass man mit dieser Waffe auch kämpfen müsse (Lenin, *Sočinenija*, Band 49, S. 27).

17 Lenin, *Werke*, Band 28, S. 284.

isch angesehen, und ihrem Ehrgeiz wurden unüberwindliche Schranken gesetzt.[18]

Der Typ eines modernen Landsknechtes, der in Russland nicht zum Zuge kommen konnte, bildete im Westen den Kern der rechtsextremen Massenbewegungen und war nicht unerheblich an ihren Erfolgen beteiligt. Armin Mohler behauptet in seinem Buch *Die Konservative Revolution,* der in den Freikorps entstandene neue revolutionäre, antibürgerliche Typ sei sowohl in den linken als auch in den rechten Kampfverbänden der Weimarer Republik vorherrschend gewesen.[19] Diese These lässt sich nur in Grenzen akzeptieren. Die Rechtsextremisten konnten in Wirklichkeit das Erlebnis der Kriegsteilnehmer weit besser verwerten als die Kommunisten. Darüber haben sich auch mehrere marxistische Ideologen, u.a. Palmiro Togliatti, Karl Radek und Angelo Tasca, wiederholt beklagt. Die kommunistischen und sozialistischen Parteien des Westens, die Abenteuerlust und Glorifizierung des Krieges nicht im Interesse des Klassenkampfes, sondern um ihrer selbst willen verurteilten, stießen in der Regel die „modernen Landsknechte" zurück. Trotz einiger zaghafter Versuche der Kommunisten, die Kriegsveteranen doch für sich zu gewinnen, wurden die letzteren vorwiegend von den antimarxistischen, rechtsextremen Organisationen integriert. Aus diesem Grund hatten die kommunistischen und die sozialistischen Organisationen und Wehrverbände in der direkten Auseinandersetzung mit den militärisch geschulten und disziplinierten Verbänden der Rechtsextremisten keine Chance.[20] Angelo Tasca gibt in seinem Buch eine

---

18 Trockij berichtet über ein Gespräch mit Lenin, in dem beide von einem ehrgeizigen Offizier der Roten Armee sprachen, bei dem sie auch gewisse politische Ambitionen vermuteten: „‚Aus einem solchen Leutnant', sagte ich einmal scherzend zu Lenin, ‚kann noch ein Napoleon werden'... Lenin lachte anfangs über den unerwarteten Vergleich, dann wurde er nachdenklich ... und sagte ernst, fast bedrohlich: ‚Nun, mit den Bonapartes werden wir schon fertig werden, was?' ‚Mit Gottes Hilfe', antwortete ich halb scherzend" (Trockij, Lev: *Mein Leben. Versuch einer Autobiographie.* Berlin 1961, S. 371).

19 Mohler, *Die Konservative Revolution*, S. 54 f.

20 Dazu eine zynische Äußerung Mussolinis vom November 1920: „Wenn die Sozialisten für den blutigen Straßenkampf nicht geeignet sind, dann mögen sie aufhören, ihn vor ihrer Herde zu predigen, die sie nachher dem Gemetzel entgegenführen" (Mussolini, *Schriften und Reden*, Band 2, S. 113).

beeindruckende Beschreibung, wie stark die militärische Erfahrung der italienischen Faschisten ihnen in ihrem Kampf gegen die Arbeiterorganisationen zugutekam.

> Die Faschisten sind fast durchwegs einstige Arditi oder ehemalige Frontkämpfer, und sie werden von Offizieren geführt; sie werden heute da, morgen dort eingesetzt, wie an der Front, und sie sind daran gewöhnt; sich überall zurechtzufinden [...] [die Aktionen der Faschisten sind] die für den Bürgerkrieg adaptierte Fortsetzung des Kriegserlebnisses [...] Demgegenüber war der maximalistische italienische Sozialismus ein Maximalismus chaotischer, amorpher Massen, ohne geistige Kohäsion und ohne gemeinsame Perspektive.[21]

Man muss allerdings betonen, dass die Erfolge Mussolinis und Hitlers nicht in erster Linie durch die Militanz ihrer Anhänger bedingt waren. Eine viel wichtigere Rolle spielte in diesem Zusammenhang die politische Taktik, die sie bei ihrem Machtkampf anwandten.

Aus der Tatsache, dass es in den westlichen Staaten praktisch unmöglich war, die Macht gegen den Willen der herrschenden Eliten zu ergreifen, zog die extreme Rechte sehr schnell ihre Schlussfolgerungen. Sie erwies sich als wesentlich flexibler und lernfähiger als die Komintern. Während die westlichen Kommunisten ihre Frontalangriffe gegen den Staat fortsetzten, begannen die italienischen Faschisten und etwas später auch die Nationalsozialisten, um die Inhaber der Staatsgewalt zu werben. Sie entwickelten nun eine doppelgleisige Taktik – anbiedernd „legalistisch" gegenüber der Oberschicht und kompromisslos gewalttätig gegenüber den „Marxisten".[22] Dies stellte eine Neuerung im Vergleich zum Vorgehen der Bolschewiki dar, die einen Zweifrontenkrieg – sowohl gegen den Staatsapparat als auch gegen die anderen politischen Parteien – geführt hatten.

---

21 Tasca, Angelo: *Glauben, Gehorchen, Kämpfen. Aufstieg des Faschismus.* Wien 1969, S. 154, 156.

22 Siehe dazu u. a. Luks, *Entstehung*, S. 48 f., 76 f., 193 f.

## Die Isolierung des Gegners

Wenn eine politische Gruppierung nach langjährigem, erfolglosem Kampf überraschend einen außergewöhnlichen Durchbruch erzielt, läuft sie Gefahr, der Taktik, die ihr zu diesem Durchbruch verhalf, universelle Gültigkeit beizumessen. Auch die Bolschewiki entgingen dieser Gefahr nicht. In den acht Monaten nach dem Ausbruch der Februarrevolution des Jahres 1917 konnte die bolschewistische Partei einen beispiellosen Aufstieg von einer relativ unbedeutenden Splittergruppe zum Herrscher über Russland verzeichnen. In dieser Periode zeigten die Bolschewiki meisterhaft, wie sich die Schwächen und Freiheiten der Demokratie zu ihrer Beseitigung ausnutzen lassen. Nach dem Sturz des Zaren erlebte Russland einen Prozess der Radikalisierung und der Vertiefung der Revolution. Dieser Prozess hätte sicherlich auch ohne das Zutun der Bolschewiki stattgefunden. Viele politische Denker, von de Maistre angefangen, machten die Beobachtung, dass jede große Revolution unter einem gewissen Zwang stehe, immer radikaler zu werden.[23] Im Jahre 1917 waren die Bolschewiki allerdings die einzige bedeutende politische Kraft Russlands, die sich von dem Radikalisierungsprozess der Massen nicht beunruhigen ließ. Im Gegenteil, sie versuchten, sich an die Spitze dieses Prozesses zu stellen. Aus diesem Grund wurden die Bolschewiki für immer breitere Bevölkerungsschichten zum Sinnbild der Revolution. In seiner *Geschichte der Russischen Revolution* schrieb Trockij:

> [Die Bolschewiki] fürchteten sich nicht vor jenen rückständigen Schichten, die zum ersten Male vom tiefsten Grunde emporstiegen. Die Bolschewiki nahmen das Volk so, wie es die vorangegangene Geschichte geschaffen hatte und wie es berufen war, die Revolution zu

23 Pavel Miljukov, der zu den wichtigsten Akteuren der damaligen Ereignisse in Russland zählte, schreibt: „Es besteht bei den Massen eine Art instinktiver Furcht, dass die Revolution nicht zu früh endige. Sie haben das Gefühl, die Revolution würde fehlschlagen, wenn der Sieg von den gemäßigten Elementen davongetragen würde" (Miljukov, Pavel: *Russlands Zusammenbruch*. Stuttgart 1925–26, Band 1, S. 25).

> vollbringen [...] Gegen den Aufstand waren „alle" außer den Bolschewiki. Die Bolschewiki aber – das war das Volk.[24]

Diese Thesen bestätigten in gewisser Hinsicht auch einige Gegner der Bolschewiki. Einer der Akteure der damaligen Ereignisse, Fedor Stepun, schrieb in seinen Erinnerungen: Lenin sei der einzige russische Politiker gewesen, der vor keinen Folgen der Revolution Angst gehabt habe. Das einzige, was er von der Revolution gefordert habe, sei ihre weitere Vertiefung gewesen. Diese Offenheit Lenins gegenüber allen Stürmen der Revolution habe sich mit den dunklen, instinktiven Sehnsüchten der russischen Massen getroffen.[25] Es gelang den Bolschewiki allmählich, einem großen Teil der russischen Bevölkerung das Gefühl zu vermitteln, dass jeder Kampf gegen den Bolschewismus praktisch den Kampf gegen die Revolution bedeute. Diesen Standpunkt der Bolschewiki übernahmen nicht nur die Volksmassen, sondern sogar die nicht-bolschewistischen sozialistischen Parteien Russlands. Die Vertreter dieser Parteien beteuerten, die Revolution habe keine Feinde auf der Linken, und daher diene der Kampf gegen den Bolschewismus im Ergebnis nur der Gegenrevolution.

Durch diese These haben sich diese Parteien selbst gelähmt und unternahmen nur wenig gegen die Bolschewiki.[26] Das Gesetz des Handelns wurde fast vollständig der bolschewistischen Partei überlassen. In den letzten Monaten vor der Oktoberrevolution schienen die Bolschewiki die einzige selbstbewusste politische Kraft zu sein, die zielstrebig agierte. Ihre Gegner sahen beinahe tatenlos zu, wie die Bolschewiki in ihrem Siegeszug eine Stellung nach der anderen

---

24 Trockij, Lev: *Geschichte der Russischen Revolution.* Frankfurt/Main 1973, S. 842.

25 Stepun, *Byvšee i nesbyvšeesja*, Band 2, S. 104.

26 Vgl. dazu ebd., S. 98–106; Suchanov, *1917*; Miljukov, *Rossija na perelome*, Band 1, S. 51 ff., 111; Schapiro, Leonard: *The Origins of the Communist Autocracy. Political Opposition in the Soviet State. First Phase 1917–22.* London 1955, S. 348; Deutscher, Isaac, *Ironies of History. Essays on Contemporary Communism.* London 1967, S. 215–219; Cereteli, *Vospominanija*, Band 2, S. 409; Zu den wenigen Kritikern dieser These gehörte einer der Führer der Partei der Menschewiki, Iraklij Cereteli. Mit seinem Standpunkt konnte er sich allerdings im Lager der gemäßigten russischen Sozialisten nicht durchsetzen.

eroberten.[27] Der Gegner der Bolschewiki – die Provisorische Regierung – war nach acht Monaten bolschewistischer Aktivität in einem solchen Maße isoliert, dass der Sturz dieser Regierung im Oktober 1917 fast unblutig verlief, weil Kerenskij keine Truppen mehr zur Verfügung standen.[28]

Nach der Oktoberrevolution wurde die Taktik der Bolschewiki des Jahres 1917 zum Vorbild für alle nicht-russischen kommunistischen Parteien erhoben.[29] Dabei wurden folgende Unterschiede zwischen Russland und dem Westen zu wenig berücksichtigt: Die außergewöhnlich starke Erschütterung, welche sowohl der russische Staat als auch die russische Gesellschaft nach der Februarrevolution erlebt hatten, hatte es den Bolschewiki erlaubt, kompromisslos zu bleiben und im Alleingang die Macht anzustreben. Demgegenüber war die Lage in den westlichen Staaten nach dem Weltkrieg radikal anders. Der Staatsapparat sogar der Länder, die eine besonders tiefe Nachkriegskrise erlebten (Italien und Deutschland), verlor nie die Kontrolle über die Ereignisse in solchem Ausmaß, wie es in Russland der Fall war. Die politischen Gegner der westlichen kommunistischen Parteien waren auch viel entschlossener als die Gegner der Bolschewiki in Russland. Die westlichen Kommunisten konnten sich folglich keineswegs auf einen Zweifrontenkrieg im Stile der Bolschewiki – sowohl gegen den Staatsapparat, als auch gegen die anderen politischen Parteien – einlassen.[30] Der russisch-deutsche Sozialdemokrat Alexander Schifrin kommentierte in seinem Artikel „Staatsstreiche der Gegenrevolution“ (März 1932) die Versuche der westlichen Kommunisten, die Taktik der Bolschewiki vom Oktober 1917 nachzuahmen: „In Russland hat eine bewaffnete Minderheit den Sieg über einen wehrlosen Staat errungen, in Europa steht der wehrlosen kommunistischen Minderheit der bis an die

---

27 Siehe dazu u.a. Buchanan, *My Mission*, Band 2, S. 188 f.

28 Vgl. dazu u. a. Suchanov, *1917*, S. 577–692; Trockij, *Geschichte*, S. 858–978.

29 Siehe dazu Lenin, *Sočinenija*, Band 38, S. 213 f., Band 41, S. 3 f.

30 Vgl. dazu Tasca, *Glauben, Gehorchen, Kämpfen*, S. 383; Flechtheim, Ossip: *Die Kommunistische Partei Deutschlands in der Weimarer Republik*. Frankfurt/Main 1969, S. 119, 182.

Zähne bewaffnete bürgerliche Staat entgegen."[31] Die Kommunisten haben viele Jahre gebraucht, um sich aus der Faszination, die ihr einzigartiger Erfolg aus dem Jahre 1917 auf sie ausübte, einigermaßen zu lösen und zu begreifen, dass die Anwendung der russischen Taktik in anderen, vor allem in den westlichen Ländern, verfehlt war. Die Erfolge der Rechtsextremisten, die von den taktischen Fehlern der Kommunisten nicht unerheblich profitierten, trugen zu diesem Lernprozess wesentlich bei.

Die italienischen Faschisten und die deutschen Nationalsozialisten versuchten zunächst, viele Elemente der bolschewistischen Taktik ohne Modifizierung zu übernehmen. So wollten sie z.B. die Sozialisten und die Kommunisten in der radikalen Ablehnung des Staates und der herrschenden Schichten übertreffen.[32] Misserfolge, die sie dabei erlitten, führten aber dazu, dass sie sich von der unkritischen Nachahmung der bolschewistischen Taktik allmählich lösten. Ein wichtiges Element dieser Taktik behielten sie allerdings bei. Es handelte sich um die Ausnützung der Ängste der gemäßigten Kräfte im Lande für die Stärkung der eigenen Position und für die maximale Isolierung des Gegners. Ähnlich, wie die Bolschewiki die übertriebene Angst der russischen demokratischen Parteien vor einem „rechten", „gegenrevolutionären" Staatsstreich geschickt ausnützten, machten sich die Rechtsextremisten die übertriebenen Ängste der konservativen Schichten vor einer sozialistischen Revolution zunutze.[33] Sich selbst bezeichneten die Rechtsextremisten als die

31 Schifrin, Alexander: Staatsstreiche der Gegenrevolution, in: *Die Gesellschaft*, März 1932, S. 189.

32 Siehe dazu Lyttelton, Adrian: *The Seizure of Power. Fascism in Italy 1919–1929.* London 1973, S. 46 f.; Linz, Juan J: Some Notes Toward a Comparative Study of Fascisms, in: Laqueur, Hrsg.: *Fascism. A Reader's Guide.* Berkeley/Cal. 1976. S. 4 f.; Winkler, Heinrich August: *Mittelstand, Demokratie und Nationalsozialismus.* Köln 1972, S. 160; Tasca, *Glauben, Gehorchen, Kämpfen*, S. 40, 53; Bullock, *Hitler*, S. 94 f.

33 De Felice, Renzo: *Der Faschismus. Ein Interview mit Michael A. Ledeen.* Stuttgart 1977, S. 47-50; Winkler, *Mittelstand, Demokratie und Nationalsozialismus*, S. 177 ff.; Mommsen, Hans: Zur Verschränkung traditioneller und faschistischer Führungsgruppen in Deutschland bei Übergang von der Bewegungs- zur Systemphase, in: Schieder, Wolfgang, Hrsg.: *Faschismus als soziale Bewegung. Deutschland und Italien im Vergleich.* Hamburg 1976, S. 157–181.

einzige Kraft, die den Sieg des Kommunismus in ihren jeweiligen Ländern verhindern könne. In seiner Parlamentsrede vom 23. Juli 1921 bezeichnete Mussolini die faschistische Bewegung als eine Schutzwache des Staates, die Italien vor einem kommunistischen Umsturz bewahre.[34] Ähnliche Thesen vertraten später auch die Nationalsozialisten. In seiner Rede vor dem Industrieklub in Düsseldorf am 27. Januar 1932 verkündete Hitler unter starkem Beifall, Deutschland verdanke nur der NSDAP seine Rettung vor dem Bolschewismus: „Wenn wir nicht wären, gäbe es schon heute in Deutschland kein Bürgertum mehr, die Frage: Bolschewismus oder nicht Bolschewismus wäre schon lange entschieden!"[35] Die Nachahmung der kompromisslosen Taktik der Bolschewiki des Jahres 1917 durch die italienischen und deutschen Kommunisten (1921–22 und 1929–33) erleichterte den Rechtsextremisten ihr Vorhaben, die Kommunisten zu isolieren, außerordentlich. Der Kampf gegen die imaginäre „rechte" Gefahr führte zur Verharmlosung der bolschewistischen Gefahr in Russland.[36] In Italien und in Deutschland wurden die konservativen Schichten ihrerseits so sehr durch ihre Abwehrmaßnahmen gegen die – kaum mögliche – sozialistische Revolution absorbiert, dass sie die viel aktuellere Gefahr der faschistischen bzw. der nationalsozialistischen Diktatur in der Regel nicht wahrnahmen.

## Die Schwächen einer Verschwörungstheorie

In seiner alles vereinfachenden Ideologie identifizierte Hitler sowohl die westlichen „Plutokraten" als auch die Bolschewiki mit den Werkzeugen des Weltjudentums.[37] Die Bolschewiki hielten diese

---

34 Mussolini, Benito: *Opera omnia*. Florenz-Rom 1951 ff., Band 17, S. 65 f.

35 Domarus, Max: *Hitler. Reden und Proklamationen*. Wiesbaden 1973, Band 1, Erster Halbband, S. 87.

36 Siehe dazu u.a. Černov, Viktor: *Pered burej. Vospominanija*. New York 1953, S. 336 f.

37 Siehe dazu u.a. *Hitlers Zweites Buch. Ein Dokument aus dem Jahre 1928* eingeleitet und kommentiert v. G.L. Weinberg. Stuttgart 1961, S. 153; Eckart, Dietrich: *Der Bolschewismus von Moses bis Lenin. Zwiegespräch zwischen Adolf Hitler und mir*. Berlin 1924.

Theorie für derart absurd, dass sie eine ernsthafte Auseinandersetzung mit ihr als überflüssig ansahen.[38] Dabei ließen sie außer Acht, dass Hitlers Theorie vom „allmächtigen Weltjudentum" eine gewisse Ähnlichkeit mit der kommunistischen Theorie vom „allmächtigen Finanzkapital" hatte. Die Kommunisten hielten das sog. „Finanzkapital" für den eigentlichen Regisseur der politischen Entwicklung innerhalb der kapitalistischen Welt in der Epoche des „Imperialismus". In seinen Zentren, die der Öffentlichkeit unzugänglich seien, entwerfe das „Finanzkapital" Pläne, die seine Weltherrschaft sichern und den Sieg seines einzigen echten Gegners – des Kommunismus – verhindern sollen. Durch diese Beschäftigung mit der Enträtselung geheimer Pläne eines unsichtbaren Gegners verloren die Kommunisten häufig die sichtbaren und viel gefährlicheren Gegner aus den Augen. Die Verkünder von Verschwörungstheorien halten sich für die einzigen Realisten, weil nur sie den echten Grund für alle politischen Vorgänge in der Welt kennen. Die Analyse politischer Vorgänge ohne Berücksichtigung ihrer Theorie betrachten sie als naiv, weil diese Analyse Marionetten für selbständig handelnde Kräfte erachte. Tatsachen und Argumente sind außerstande, eine Verschwörungstheorie zu entkräften. Sie besitzt ihre innere Logik, die von der äußeren Realität in der Regel relativ unabhängig ist. Diese ihre innere Logik und die außergewöhnliche Selbstüberzeugtheit, mit der ihre Anhänger sie vertreten, vermag sogar Gegner dieser Theorie zu verunsichern und aus dem Konzept zu bringen. Bisweilen gelingt es den Verkündern einer solchen Verschwörungstheorie, das von ihnen konzipierte System zur Grundlage zu erheben, auf der die politischen Auseinandersetzungen der Epoche geführt werden.[39] Die Tendenz zur Überbewertung der Macht des „Finanzkapitals" war in der Komintern schon in den Jahren 1921 bis

38 Vgl. dazu u. a. Die Judenverfolgungen des deutschen Faschismus, in: *Rundschau* 7.4.1933; Radek, Karl: Der Platz des Faschismus in der Geschichte, ebd. 9.5.1934; Ders.: Nürnberg und Moskau, in: ebd. 19.9.1935

39 Vgl. dazu Tucker, Robert C.: The Dictator and Totalitarianism, in: Ders.: *The Soviet Political Mind. Stalinism and post-Stalin Change*. New York 1971, S. 20–46; Namier, Lewis: *Conflicts. Studies in Contemporary History*. London 1942; Stierlin, Helm: *Adolf Hitler. Familienperspektiven*. München 1975.

1928 vorhanden; bisweilen wurden die rechtsextremen Massenbewegungen als bloßes Werkzeug der „Monopolkapitalisten" bezeichnet. Allerdings überwog damals innerhalb der Komintern die realistische Anerkennung der Eigendynamik dieser Bewegungen eindeutig. Der Sieg Stalins innerhalb der bolschewistischen Partei und innerhalb der Komintern war unter anderem dadurch gekennzeichnet, dass die These von der Macht des „Finanzkapitals" beinahe zu einer Verschwörungstheorie wurde. So bezeichnete der deutsche Kommunist Josef Lenz 1928 die „faschistische" Diktatur als „eine Form der Diktatur des Finanzkapitals, die [...] den Bedürfnissen des Finanzkapitals nach ausschließlicher Beherrschung von Staat und Wirtschaft [...] in Zeiten großer sozialer Krisen entspricht [...]"[40] Für einen anderen kommunistischen Ideologen, Martynov, war die „monopolistische Bourgeoisie [...] selbstverständlich der Hauptregisseur" aller Entwicklungen in den kapitalistischen Staaten.[41]

Viele Beobachter glaubten, paranoide Züge in der Persönlichkeit Stalins feststellen zu können.[42] Es mag sein, dass sich die besondere Neigung Stalins zu Entwicklung von Verschwörungstheorien - zumindest teilweise - auch durch eine Art Verfolgungswahn erklären lässt. Ähnliche Beobachtungen machten manche Historiker und Psychologen auch in Bezug auf die Verschwörungstheorie Hitlers.[43] Bemerkenswert ist noch eine andere Parallele zwischen diesen beiden Persönlichkeiten, auf die unter anderen auch Robert C. Tucker hinwies. So verknüpften sich die paranoiden Züge sowohl bei Stalin als auch bei Hitler mit beachtlichen politischen Fähigkeiten.[44] Konrad Heiden sagte über Hitler, dieser kenne seine Gegner besser als

---

40 Lenz, J.: Sozialdemokratie und Faschismus, in: *Die Kommunistische Internationale* 12.9.1928, S. 2304.

41 Martynov, Alexander: Der verfaulende Kapitalismus und die Faschisierung des bürgerlichen Staates, in: *Die Kommunistische Internationale* 19.2.1930, S. 400.

42 Siehe dazu u.a. Tucker, Robert C.: *Stalin as Revolutionary 1879–1929. A Study in History and Personality.* New York 1973; Ders., *The Soviet Political Mind*, S. 87–102; Nikolaevsky, Boris: *Power and the Soviet Elite.* New York 1965

43 Heiden, Konrad: *Adolf Hitler. Ein Mann gegen Europa.* Zürich 1937, S. 211, 251, 263; Stierlin, *Adolf Hitler*; Binion, Rudolf: *„...daß ihr mich gefunden habt". Hitler und die Deutschen: eine Psychohistorie.* Stuttgart 1978.

44 Tucker, *The Dictator.*

diese sich selbst, weil er sie aufmerksam beobachte und weil die Ausnützung fremder Blößen sein Lebenselement sei.[45] Diese Worte Heidens lassen sich auch auf Stalin anwenden. Sowohl Stalin als auch Hitler wussten, welche Grenzen für ihre politischen Gegner beinahe unüberschreitbar waren, und nützten diese moralischen Tabus ihrer Opponenten skrupellos aus. Auch in der Verstellungskunst und in der Fähigkeit, zweideutige Situationen zu schaffen, um den Gegner in Widerspruch mit sich selbst zu bringen, zeigten sie sich ihren Opponenten weit überlegen.[46] Sigmund Neumann bezeichnet als wirksamste „Geheimwaffe" totalitärer Herrscher deren Fähigkeit, zweideutige und ambivalente Situationen zu schaffen, die den Gegner verwirren.[47] Dem geschärften Blick sowohl Stalins als auch Hitlers für die Schwächen ihrer Gegner entsprach allerdings, was Tucker in Bezug auf Stalin und Heiden in Bezug auf Hitler überzeugend darlegen: eine ungewöhnliche Blindheit gegenüber den eigenen Pathologien und Einbildungen.[48] Die Verschwörungstheorien, die der Stalinschen aber vor allem der Hitlerschen Politik einen selbstzerstörerischen Charakter verliehen, kann man als das herausragendste Beispiel für diese pathologische Weltauffassung der beiden Diktatoren anführen. Die Neigung Stalins zu Entwicklung von Verschwörungstheorien wirkte sich sehr negativ auf den Erkenntniswert der Faschismustheorie der Komintern aus. Die politische Wirklichkeit wurde in der Faschismusdiskussion der Komintern der Jahre 1929 bis 1933 derart verzerrt, dass es sogar nach der taktischen Wendung der Komintern im Jahre 1934 den Komintern-

45 Heiden, *Adolf Hitler. Ein Mann gegen Europa*, S. 266.

46 Bullock, *Hitler*, S. 794; Jäckel, Eberhard: *Hitlers Weltanschauung. Entwurf einer Herrschaft.* Tübingen 1969; Epstein, Klaus: *Geschichte und Geschichtswissenschaft im 20. Jahrhundert*, Frankfurt/Main 1972, S. 273; Avtorchanov, Abdurachman: *Technologija vlasti.* München 1959; Ders.: *Proischoždenie partokratii*, Frankfurt/Main 1973, Band 2, S. 383 f.; Kennan, George F.: *Sowjetische Außenpolitik unter Lenin und Stalin.* Stuttgart 1961, S. 335 f., 342–351; Ders.: *Memoiren eines Diplomaten.* Stuttgart 1968, S. 282 f.

47 Neumann, Sigmund: *Permanent Revolution. Totalitarianism in the Age of International Civil War.* New York 1965, S. 258.

48 Tucker, *Stalin as Revolutionary*, S. 462–487; Ders., *The Soviet political Mind*, S. 52–56; Heiden, *Adolf Hitler. Ein Mann gegen Europa*, S. 266 f.

theoretikern – von einigen Ausnahmen abgesehen – selten gelang, die Anschaulichkeit und die Wirklichkeitsnähe der Faschismusdiskussion aus den Jahren 1921 bis 1928 wieder zu erreichen.

## Die Unterschätzung des europäischen Pessimismus durch die Komintern

Der europäische Pessimismus, der sich im Glauben an den bevorstehenden „Untergang des Abendlandes" äußerte, wurde nach dem Ersten Weltkrieg zu einer ungewöhnlich verbreiteten Erscheinung. Hier liegt auch einer der Gründe für die große Popularität der rechtsextremen Massenbewegungen, die mit übermenschlicher Willensanstrengung diesen „Untergang" zu verhindern suchten. Die Kommunisten missverstanden den europäischen Pessimismus. Sie hielten ihn für eine Erscheinung, die lediglich die europäische Bourgeoisie betraf. Durch die Untergangsstimmung, so glaubten sie, bestätigten die europäischen herrschenden Klassen nur die kommunistische Voraussage von dem baldigen Zusammenbruch des kapitalistischen Systems. Im Dezember 1922 sagte Trockij:

> Die Philosophie Spenglers vom Untergang Europas ist jetzt im Westen sehr populär. Es ist eine in ihrer Art richtige Vorahnung der bürgerlichen Klassen. Sie nehmen keine Notiz vom Proletariat, das an die Stelle der Bourgeoisie treten und die Macht übernehmen wird; deshalb sprechen sie vom Untergang Europas.[49]

Auch Karl Radek hielt den westlichen Pessimismus für ein rein bürgerliches Phänomen. Im August 1923 beteuerte er:

> Kein Buch ist in Deutschland so populär wie Spenglers ‚Untergang des Abendlandes'. Was äußert sich darin? Es äußert sich darin das Gefühl, dass die Bourgeoisie sich auf einer niedergehenden Stufe befindet. Dieser Zerfall schafft den Boden, auf dem wir diese intellektuellen Schichten für unseren Kampf gewinnen können.[50]

---

49 Trockij, *Pjat' let*, S. 549.
50 Radek, Die Internationale Lage, S. 36.

Die Kominterntheoretiker wollten es nicht wahrhaben, dass das europäische „Proletariat" von diesem Pessimismus beinahe im gleichen Ausmaß ergriffen war wie alle anderen Schichten der europäischen Gesellschaft.[51]

Die Fehleinschätzung des europäischen Pessimismus durch die bolschewistische Ideologie entstammte sowohl der marxistischen als auch der national-russischen Tradition. Marx entwickelte seine Ideen in einer Zeit, in der in Europa positivistischer Optimismus und Fortschrittsglaube vorherrschend waren. Als sich um die Jahrhundertwende die pessimistische Stimmung über Europa verbreitete, war der Marxismus längst ein abgeschlossenes System, das sich von den späteren geistigen Strömungen kaum mehr beeinflussen ließ.[52] Die tiefgreifende wissenschaftliche Revolution, die zu Beginn des 20. Jahrhunderts stattfand und den positivistischen Glauben an die Festigkeit der materiellen Welt und der Naturgesetze grundlegend revidierte, ließ den Marxismus unberührt.

Die neuen Ideen blieben in Bezug auf den Marxismus als System zwar wirkungslos, aber nicht wenige Marxisten wurden von ihnen beeinflusst. In der Regel verlief die Entwicklung so, dass diejenigen Marxisten, die sich von solchen Denkern wie Nietzsche, Bergson, Einstein, Dostoevskij oder Solov'ev faszinieren ließen, nach einigen vergeblichen Versuchen, die Ideen dieser Denker mit dem marxistischen System zu vereinbaren, sich vom Marxismus distanzierten. Mussolini und Sorel sind klassische Beispiele dafür.[53] Mussolini war

---

51 Nikolaj Bucharin gehörte den Ausnahmen unter den Kominterntheoretikern, die diesen Sachverhalt, zumindest teilweise, erkannten. Auf dem 5. Kongress der Komintern sagte er: „Die bürgerliche Wissenschaft, die bürgerliche Philosophie und die bürgerliche Ideologie befinden sich jetzt in einem Zerfallsprozess. Die bürgerliche Ideologie wird mystisch gefärbt und kann in dieser Zerfallsperiode auch Teile der proletarischen Schichten anstecken" (*Pjatyj vsemirnyj kongress Kommunističeskogo Internacionala*, Teil I, S. 487).

52 Vgl. dazu Wetter, Gustav: *Der Dialektische Materialismus. Seine Geschichte und sein System in der Sowjetunion*. Freiburg 1960; Buchheim, Hans: *Totalitäre Herrschaft. Wesen und Merkmale*. München 1962, S. 39 f.

53 Die vergeblichen Versuche Mussolinis und Sorels, Marx und Nietzsche zu vereinbaren, werden von Jakov Talmon und von Ernst Nolte dargestellt (Talmon, Jakov: *The Unique and the Universal*. London 1965, S. 188 ff., 195 f.; Nolte, Ernst:

stolz darauf, dass er auch als Sozialist nie Positivist gewesen sei. Er betrachtete es als sein großes Verdienst, die italienische Arbeiterbewegung mit den Lehren von Bergson „gemischt mit viel Blanqui infiziert" zu haben.[54] Die umgekehrte Evolution wie Mussolini und Sorel erlebte die Gruppe ehemaliger russischer Marxisten, zu denen vor allem solche Denker wie Semen Frank, Sergej Bulgakov, Nikolaj Berdjaev und Petr Struve gehörten. Nicht die Verehrung der Gewalt, sondern das Christentum wurde zum Mittelpunkt ihrer philosophischen Systeme, nachdem sie mit dem Marxismus gebrochen hatten.[55]

Lenin ließ sich von den weltanschaulichen Zweifeln vieler Marxisten zu Beginn des 20. Jahrhunderts kaum beeindrucken und bekämpfte diese Zweifler innerhalb der bolschewistischen Partei schonungslos.[56] Nikolaj Valentinov, ein ehemaliger Bolschewik, berichtet über ein Gespräch mit Lenin aus dem Jahre 1904, in dem Lenin scharf gegen die Bolschewiki polemisierte, die den Marxismus durch neue philosophische Lehren bereichern wollten: Es sei unzulässig, Marx zu korrigieren. Die sozialdemokratische Partei sei kein Seminar, in welchem über verschiedene neue Ideen debattiert werde. Sie sei eine Kampforganisation mit einem bestimmten Programm und einer klaren Hierarchie von Ideen. Der Eintritt in diese Organisation ziehe eine bedingungslose Anerkennung dieser Ideen nach sich. Man dürfe den Marxismus nur in die Richtung weiter entwickelt, die von Marx selbst vorgezeichnet sei.[57] Lenin blieb dem naiven, materialistisch-positivistischen Optimismus des 19. Jahrhunderts treu, ohne eine ausreichende Einsicht für die neuen Fragen und Probleme, welche die europäische Kultur im 20. Jahrhundert

---

Marx und Nietzsche im Sozialismus des jungen Mussolini, in: *Historische Zeitschrift*, 1960, 191, S. 249–355.

54 Mussolini, *Opera*, Band 16, S. 440, Band 17, S. 298.

55 Siehe dazu u.a. Bulgakov, Sergej: *Ot marksizma k idealizmu. Sbornik statej 1896–1903*. Sankt Petersburg 1903; *Vechi. Sbornik statej o russkoj intelligencii*. Moskau 1909.

56 Siehe dazu vor allem Lenin, Materializm i ėmpiriokriticizm, in: Ders., *Sočinenija*, Band 18.

57 Valentinov, Nikolaj: *Vstreči s Leninym*. New York 1979, S. 252 ff.

beunruhigten, entwickelt zu haben.[58] Lenin sei in den Fragen der Kultur sehr konservativ gewesen, sagt Fedor Stepun. Wäre er aber ein Revolutionär des Geistes, so wäre er vielleicht nicht imstande gewesen, seine politische Revolution zu verwirklichen.[59] Diese Einstellung Lenins zu neuen geistigen Strömungen der Epoche übernahm die Mehrheit der Bolschewiki.[60] Das marxistische und das leninistische Erbe erschwerte demnach den Kominterntheoretikern die Analyse der Ursachen des europäischen Pessimismus, der den Erfolg der Rechtsextremisten mitverschuldet hatte, außerordentlich.

Wie schon erwähnt, liegen andere Ursachen für die Fehleinschätzung des europäischen Pessimismus durch die bolschewistischen Ideologen in der Eigenart der russischen Entwicklung, die sich von der westlichen wesentlich unterschied. Russland war zu Beginn des 20. Jahrhunderts ein industriell unterentwickeltes Halbagrarland, das den technologischen Fortschritt dringend benötigte. Im Westen dagegen hatte damals die Urbanisierung und die Industrialisierung ein solches Entwicklungsstadium erreicht, dass man dort am Sinn dieser Prozesse zu zweifeln begann. Das Wesen der Modernisierungskrise des Westens blieb für die Bolschewiki unbegreiflich. Sie gingen von der Situation Russlands aus und dachten, dass man desto näher an die Lösung aller gesellschaftlichen Probleme herankomme, je mehr Industriegüter man produziere. Dass gerade in Deutschland, im größten Industrieland Europas, eine Bewegung an die Macht kommen konnte, die den Modernisierungsprozess ablehnte und von einem „Agrarland Deutschland" träumte, konnten die Bolschewiki nicht verstehen. Die Bolschewiki hielten jede Kritik an der wissenschaftlich-rationalen und materialistischen Weltauffassung für einen Überrest der finsteren und abergläubischen Epochen, die sie als längst überwunden ansahen. Ihren Wissenschaftsglauben betrachteten sie als das letzte Wort der europäischen Kul-

58 Siehe dazu u.a. Berdjaev, Nikolaj: *Istoki i smysl russkogo kommunizma,* S. 96 f.
59 Stepun, Fedor: Mysli o Rossii, in: *Sovremennye zapiski,* 1927, Nr. 33, S. 347 f.
60 Vgl. dazu u.a. Wetter, *Der Dialektische Materialismus,* S. 135-138.

tur.[61] Diese unkritische Bewunderung der Wissenschaft kommentierte Antonio Gramsci: Der wissenschaftliche Aberglaube sei noch lächerlicher als der religiöse: „Der wissenschaftliche Fortschritt hat zu einem Glauben an einen neuen Messias geführt, der auf dieser Erde das Schlaraffenland verwirklichen wird [...] Da man zu viel von der Wissenschaft erwartet, begreift man sie als eine höhere Hexerei".[62] Die atheistische und materialistische Propaganda der Bolschewiki, die mit der Verfolgung der orthodoxen Kirche verbunden war, erzielte bei den breiten Massen Russlands einen beträchtlichen Erfolg. Die Popularisierung der „Wunder" der Wissenschaft und der Technik sollte den Glauben an die religiösen Wunder ersetzen. Und in der Tat nahm der Wissenschaftsglaube im bolschewistischen Russland einen beinahe religiösen Charakter an.[63]

In den westlichen Ländern dagegen hielt man damals den Wissenschaftsglauben für überholt.[64] Auch große technische Leistungen der Sowjetunion imponierten dem Westen nicht, weil solche Leistungen, wie Konrad Heiden mit Recht sagt, im Westen längst vollbracht waren.[65] Die Zerstörungen des Ersten Weltkrieges, die zum Teil durch die technologisch-wissenschaftlichen Errungenschaften der letzten Jahrzehnte solche Ausmaße erreicht hatten, öffneten vielen Europäern die Augen über die zerstörerischen Aspekte des technischen Fortschritts. Auch die irrationalen Komponenten der menschlichen Natur traten in diesem Krieg besonders stark hervor, was die bolschewistische These von der rationalen Planung der menschlichen Gesellschaft nicht gerade bestärkte. Nach dem Welt-

---

61 Siehe dazu Fedotov, Georgij: Narod i vlast', in: *Vestnik RSChD,* 94, 1969, S. 87 f.; Ders.: Novaja Rossija, in: *Sovremennye zapiski* 1930, S. 296 ff.; Frank, Semen: Religiozno-istoričeskij smysl russkoj revoljucii, in: Ders.: *Po tu storonu pravogo i levogo.* Paris 1972, S. 19 ff.

62 Gramsci, Antonio: *Philosophie der Praxis. Eine Auswahl.* Hrsg. v. Christian Riechers. Frankfurt/Main 1967, S. 177.

63 Vgl. dazu u. a. Fedotov, Novaja Rossija, S. 297; siehe dazu auch Frank, Relgiozno-istoričeskij smysl, S. 32 f.

64 Vgl. dazu u. a. Guardini, Romano: *Das Ende der Neuzeit.* Basel 1950; Jaspers, Karl: *Die geistige Situation der Zeit.* Berlin 1932; Gramsci, Antonio: *Briefe aus dem Kerker,* hrsg. v. G. Roth. Frankfurt/Main 1972; Kedward, *Fascism in Western Europe,* S. 10–19; Lyttelton, *The Seizure of Power,* S. 366 f.

65 Heiden, *Adolf Hitler. Ein Mann gegen Europa,* S. 355.

krieg hätten die Massen verstanden, schreibt Peter Drucker, dass die Gesellschaft durch irrationale und blinde Kräfte regiert werde, denen gegenüber der Mensch hilflos sei.[66] Die italienischen Faschisten und die deutschen Nationalsozialisten, die das Irrationale im Menschen verklärten und der aufklärerisch-positivistischen Tradition den Kampf ansagten, nutzten die europäische Krise, die infolge des Ersten Weltkrieges entstanden war, besser als die Komintern.[67] Allerdings waren die Rechtsextremisten selbst bloß ein Symptom dieser Krise, und alle ihre Versuche, mit Hilfe voluntaristischer und dezisionistischer Mittel einen Ausweg aus dem Dilemma zu finden, vertieften lediglich die europäische Krise. Nur mit Gewalt und Aktivität könne man den europäischen Staat nicht erneuern, schreibt Hermann Heller in seinem Buch *Europa und Faschismus.* Der Faschismus könne einer willenlosen Norm lediglich einen normlosen Willen entgegensetzen.[68]

## Die Unterschiede zwischen dem italienischen Faschismus und dem deutschen Nationalsozialismus

Die Analyse des italienischen Faschismus, die die Kominterntheoretiker in den Jahren 1921 bis 1928 durchführten, war eine der interessantesten Interpretationen dieses neuen Phänomens, die seinerzeit unternommen wurde. Demgegenüber wurden in der Analyse des deutschen Nationalsozialismus vergleichbare Ergebnisse nicht erzielt. Sogar Trockij, der in den 30er Jahren unabhängig von der von Stalin beherrschten Komintern den Nationalsozialismus untersuchte, übersah viele spezifische Merkmale, die diesen grundlegend vom

66 Drucker, Peter: *The End of the Economic Man. A Study of the New Totalitarianism.* London 1943, S. 56 f.

67 Vgl. dazu u. a. Reich, Wilhelm: *Die Massenpsychologie des Faschismus.* Köln 1971, S. 31–35; Bloch, Ernst: Der Faschismus als Erscheinungsform der Ungleichzeitigkeit, in: Nolte, Ernst, Hrsg.: *Theorien über den Faschismus.* Köln 1967, S. 197–203; de Man, Hendrik: *Sozialismus und Nationalfaschismus.* Potsdam 1931, S. 5–12.

68 Heller, Hermann: *Europa und Faschismus.* Berlin 1931, S. 65.

italienischen Faschismus unterschieden.[69] Die Fehleinschätzung des Nationalsozialismus durch die Bolschewiki ist also nicht allein auf die stalinistische Gleichschaltung der Faschismusdiskussion innerhalb der Komintern zurückzuführen. Es gab offensichtlich andere Gründe, die den Bolschewiki einerseits das Verständnis des italienischen Faschismus erleichterten und andererseits die Einfühlung in die Eigenart des Nationalsozialismus erschwerten. Trotz aller Unterschiede war der italienische Faschismus als politische Erscheinung dem Bolschewismus viel verwandter als der Nationalsozialismus. Mussolini war aufgrund seiner marxistischen Vergangenheit den Bolschewiki viel verständlicher als Hitler. Vor dem Ausbruch des Ersten Weltkrieges gehörten bekanntlich Lenin wie Mussolini dem radikalen Flügel der marxistischen Bewegung an. Beide waren ungeduldige Revolutionäre, beide glaubten die Herausbildung eines „proletarischen Bewusstseins" bei den Massen nicht abwarten zu können. Ihre Absicht war es, den revolutionären Prozess durch die Aktion einer kleinen Elite von Berufsrevolutionären zu beschleunigen.[70] Durch seinen Voluntarismus stellte sich Mussolini allmählich außerhalb des Marxismus, Lenin dagegen blieb, trotz seiner radikal-voluntaristischen Revision des Marxismus, orthodoxer Marxist.[71] Das bereits erwähnte mangelnde Interesse Lenins an den neuen geistigen Strömungen in Europa und seine Konzentration vorwiegend auf die taktischen Probleme der revolutionären Machteroberung erleichterten es ihm vielleicht, orthodoxer Marxist zu bleiben; mindestens glaubte er, ein solcher geblieben zu sein. Mussolini hat auch als Faschist nicht alle Brücken zu seiner marxistischen Vergangenheit abgebrochen. In der Parlamentsrede vom 1. Dezember 1921 sprach er sogar von einer geistigen Verwandtschaft der Faschisten mit den Kommunisten. Er schloss sogar die Möglichkeit einer Zusammenarbeit der Faschisten mit den Kommunisten, gegen

69 Vgl. dazu u. a. Wistrich, Robert: Leon Trotsky's Theory of Fascism, in: *Journal of Contemporary History*, October 1976, S. 160 ff.

70 Vgl. Settembrini, Mussolini and the Legacy of Revolutionary Socialism; Nolte, Marx und Nietzsche im Sozialismus des jungen Mussolini; Gregor, A.J.: *The Ideology of Fascism. The rationale of totalitarianism*. New York 1969, S. 96 ff.

71 Siehe dazu Gregor, *The Ideology of Fascism*, S. 96 f.

die bestehende Regierung, nicht aus.[72] Bei Hitler waren solche versöhnlichen Äußerungen über die Marxisten kaum denkbar.[73] Die Tatsache, dass der Nationalsozialismus, im Gegensatz zum italienischen Faschismus, keine Ursprünge in der sozialistischen Arbeiterbewegung hatte, hält Alexander Schifrin für einen der grundlegendsten Unterschiede zwischen diesen beiden rechtsextremen Bewegungen. Im Februar 1931 schrieb Schifrin:

> Die Entwicklung des italienischen Faschismus bestand in der Gegenrevolutionierung einer ihrer Herkunft nach demokratischen Bewegung; das bedeutete aber eine tiefe innere Wandlung. Die jüngste Entwicklung des Nationalsozialismus steht im Zeichen der Demokratisierung dieses Stoßtrupps der Gegenrevolution im Sinne der Ausbreitung seiner sozialen Grundlage; dafür brauchte er aber nur eine gewisse Änderung der Methoden. Sein politischer und ideologischer Grundgehalt blieb gleich.[74]

Aber nicht nur die marxistische Vorprägung Mussolinis spricht für eine gewisse Verwandtschaft des Bolschewismus mit dem italienischen Faschismus. In seiner wirtschaftlichen und sozialen Struktur nahm Italien eine Zwischenstellung zwischen Russland und Deutschland ein. Der große Unterschied zwischen dem Norden und dem Süden Italiens in der industriellen Entwicklung war die Ursache dafür, dass Italien zugleich zwei entgegengesetzte Prozesse erlebte. Einerseits die Modernisierungskrise und die Krise des Liberalismus mit ihren kulturpessimistischen Folgen, so wie in Deutschland, andererseits den Drang nach der Modernisierung des

---

72 Mussolini, *Opera*, Band 17, S. 295; siehe dazu auch Tannenbaum, E.: The Goals of Italian Fascism, in: *The American Historical Review*, 1969, S. 1184 f.; Sarti, Roland: Fascist Modernization in Italy, in: *The American Historical Review* 1970, S. 1036.

73 Vgl. Turner, Henry A.: Hitlers Einstellung zur Wirtschaft und Gesellschaft vor 1933, in: Schieder, Wolfgang, Hrsg.: Außenwirtschaft und Außenpolitik im Dritten Reich. *Geschichte und Gesellschaft* 1976, Heft 1, S. 89–117; Fetscher, Iring: Faschismus und Nationalsozialismus. Zur Kritik des sowjetmarxistischen Faschismusbegriffs, in: *Politische Vierteljahresschrift* 1962, S. 53–63; Schüddekopf, Otto Ernst: *Bis alles in Scherben fällt.* München 1973, S. 78.

74 Schifrin, Alexander: Gedankenschatz des Hakenkreuzes, in: *Die Gesellschaft*, Februar 1931, S. 102.

Landes, so wie in Russland. Der italienische Faschismus vereinigte diese beiden Tendenzen in sich. Seine Einstellung zur Modernisierung konnte als eine Zwischenstellung zwischen derjenigen der Nationalsozialisten und der der Bolschewiki bezeichnet werden. Er war einerseits zuversichtlicher als der Nationalsozialismus, andererseits beinhaltete er kulturpessimistische Elemente, die im Bolschewismus fehlten. Diese Dichotomie, die im italienischen Faschismus enthalten ist, wird von einigen Vertretern der Modernisierungstheorie missverstanden. So zum Beispiel wurde die Polemik zwischen Henry A. Turner und James A. Gregor in *World Politics* (1972 und 1974) durch die Missachtung dieses zwiespältigen Charakters des italienischen Faschismus ausgelöst.[75] Turner meint, der italienische Faschismus verkörpere, wie der deutsche Nationalsozialismus, den Protest gegen die Moderne.[76] Gregor seinerseits versteht den italienischen Faschismus ausschließlich als eine Bewegung, die den Modernisierungsprozess Italiens vorangetrieben habe.[77] Gregor unterschätzt die Aspekte des italienischen Faschismus, die durchaus als Auflehnung gegen die Moderne zu verstehen sind.[78]

---

75 Siehe dazu Turner, Henry A.: Fascism and Modernization, in: *World Politics* 1972, S. 547–564; Gregor, A. James: Fascism. Modernization. Some Addenda, in: *World Politics* 1974, S. 370–384.

76 Turner, Fascism and Modernization, S. 555–561.

77 Gregor, Fascism. Modernization.

78 Man muss Renzo De Felice eine ähnliche Missachtung der antimodernistischen Aspekte des italienischen Faschismus vorwerfen wie Gregor. In seinem „Interview“ sieht De Felice kaum Gemeinsamkeiten zwischen italienischem Faschismus und Nationalsozialismus. Der italienische Faschismus sei eine optimistische und revolutionäre Bewegung gewesen, die gewisse Aspekte der Aufklärung und der Französischen Revolution fortgesetzt habe. Der Nationalsozialismus dagegen wird von De Felice als ausgesprochen antirevolutionäre Bewegung bezeichnet, die jeglichen Fortschritt verneine (siehe De Felice, *Der Faschismus*, S. 37–47). Diese allzu scharfe Trennung beider rechtsextremer Massenbewegungen ist sicherlich unberechtigt. Stanley Payne bestreitet seinerseits gänzlich die These vom antimodernistischen Charakter der rechtsextremen Bewegungen. Indem die Faschisten und die Nationalsozialisten dem unnatürlichen Wachstum der Städte und der Landflucht Einhalt gebieten wollten, hätten sie die Ziele der heutigen ökologischen Bewegungen vorweggenommen (Payne, *Fascism*, S. 83, 98). Payne vergisst aber hinzuzufügen, dass der Nationalsozialismus (nicht der italienische Faschismus) für die Herstellung dieser „ländlichen Idylle“ die Dezimierung bzw. Vernichtung von Millionen von Menschen

Turner dagegen überträgt die extreme Angst der Nationalsozialisten vor der Dekadenz und vor den Folgen der Modernisierung beinahe unverändert auf die italienischen Faschisten, was ebenso unberechtigt ist. In einigen Bereichen waren die italienischen Faschisten sogar – und hier muss man Gregor teilweise Recht geben – beinahe so fortschrittsgläubig wie die Bolschewiki. Es ist vielleicht kein Zufall, dass sowohl die bolschewistische Revolution als auch der faschistische Staatsstreich von einer Kunstrichtung begeistert begrüßt wurde, die sich dem Preis der Moderne ergeben hatte – dem Futurismus.[79]

Die Ideenwelt, aus der der Nationalsozialismus kam, war den Bolschewiki weit weniger vertraut als der ideologische Hintergrund Mussolinis bzw. des italienischen Faschismus. Aus diesem Grund war es für die Bolschewiki nicht leicht, die Gefährlichkeit des Nationalsozialismus, welche diejenige des italienischen Faschismus bei weitem überstieg, richtig einzuschätzen. Abgesehen von der bereits häufig erwähnten Angst vor der Dekadenz, konnten die Kommunisten eine andere, außerordentlich wichtige Komponente der nationalsozialistischen Weltanschauung nicht richtig bewerten – ihren Antisemitismus. Die Bolschewiki waren sich der Gefährlichkeit des Antisemitismus durchaus bewusst, und sie haben häufig, sowohl vor als auch nach der Revolution, antijüdische Ausschreitungen und Vorurteile scharf kritisiert.[80] Die Erfahrungen, die die Bolschewiki in Russland in Bezug auf den Antisemitismus sammelten, waren allerdings wenig hilfreich, um das Wesen des nationalsozialistischen Antisemitismus richtig einzuschätzen. Die antijüdischen Pogrome im vorrevolutionären Russland und die Diskriminierungsmaßnahmen der Zarenregierung gegenüber den Juden waren kein Kriterium zur Beurteilung des Antisemitismus, wie er für die NSDAP und für den nationalsozialistischen Staat bezeichnend war. Der Antise-

---

und die Unterjochung ganzer Völker brauchte. Insofern ist der Vergleich des Nationalsozialismus mit den modernen ökologischen Bewegungen unhaltbar.

79 Siehe dazu u. a. Golomštok, Igor': Jazyk isskustva pri totalitarizme, in: *Kontinent* 7/1976, S. 331–391.

80 Siehe dazu u.a. Lenin, *Werke*, Band 23, S. 258; *Rundschau* 7.4.1933, S. 198.

mitismus war der vorrangige und unentbehrliche Bestandteil der nationalsozialistischen Doktrin,[81] für die Verteidiger der zarischen Selbstherrschaft spielte er zwar eine wichtige, aber keineswegs eine derart zentrale Rolle, wie dies im Nationalsozialismus der Fall war. Die Bolschewiki waren der Meinung, antijüdische Propaganda oder antijüdische Ausschreitungen, wie z.B. die Pogrome im vorrevolutionären Russland, dienten lediglich der Ablenkung der Massen von anderen, weit bedeutenderen sozialen Problemen. Im Juli 1918 schrieb Lenin: „Die absolutistische Regierung lenkte stets, wenn dies not tat, den gegen sie gerichteten Hass auf die Juden ab, wobei sie den unwissenden Massen einredete, all ihr Elend komme von den Juden."[82] Die bolschewistischen Ideologen schenkten den Beteuerungen Hitlers, dass er die Bezwingung des Weltjudentums als seine wichtigste Mission ansehe, keinen Glauben. Im April 1933 schrieb ein kommunistischer Autor: „[Das] ganze Geschwätz von der ‚völkischen Erneuerung' Deutschlands und seiner ‚Säuberung vom jüdischen Element' wird – wenn man von einer kleinen Schicht verrückter Schulmeister und Rassenfanatiker absieht – von niemandem ernst genommen."[83] So verloren die Kommunisten die vermutlich bedeutendste ideologische Komponente des Nationalsozialismus, die ihm eine beispiellose Dynamik verlieh, aus den Augen.

Diese Unterschätzung der Bedeutung des Antisemitismus für die Dynamik und für die Erfolge des Nationalsozialismus lässt sich auch in der westlichen Forschung feststellen. So zum Beispiel vertrat der amerikanische Soziologe Theodore Fred Abel 1938 die These, Hit-

---

81 Vgl. dazu Goldhagen, Erich: Weltanschauung und Endlösung. Zum Antisemitismus der nationalsozialistischen Führungsschicht, in: *Vierteljahrshefte für Zeitgeschichte* 1976, S. 379–403; Jäckel, Eberhard: *Hitlers Weltanschauung*; Nolte, Ernst: Eine frühe Quelle zu Hitlers Antisemitismus; Heiden, *Adolf Hitler*, S. 87–91; Petersen, Jens: *Hitler-Mussolini. Die Entstehung der Achse Berlin-Rom 1933–1936*. Tübingen 1973, S. 155–162; Hildebrand, Klaus: Hitlers „Programm" und seine Realisierung, in: Funke, Manfred (Hrsg.): *Hitler, Deutschland und die Mächte. Materialien zur Außenpolitik des Dritten Reiches*. Düsseldorf 1976, S. 63–93.

82 Abgedruckt in: *Rundschau*, 7.4.1933, S. 198.

83 Die Judenverfolgungen des deutschen Faschismus, in: *Rundschau*, 7.4.1933, S. 197.

lers Antisemitismus habe ihm bei seiner Machtergreifung keineswegs geholfen, er sei nicht wegen, sondern trotz seines Antisemitismus an die Macht gekommen.[84]

Es ist sicherlich richtig, dass der globale Kampf gegen das Judentum von der Mehrheit der Wähler oder der Mitglieder der NSDAP keineswegs als Hauptziel betrachtet wurde. Gelegentlich traten auch die antijüdischen Parolen in der Propaganda der NSDAP hinter andere Fragestellungen zurück.[85]

Allerdings wäre die nationalsozialistische Ideologie ohne ihre Vorstellung vom Endkampf zwischen der „arischen Rasse" und dem Judentum ihres Rückgrats beraubt gewesen. Für führende Männer der Partei und vor allem für Hitler selbst war dieser Gedanke der eigentliche Kern des Nationalsozialismus. Martin Broszat vertritt die Meinung, Hitler sei im Grunde Opportunist und Nihilist gewesen. Der Judenhass sei vielleicht seine einzige feste Überzeugung gewesen.[86]

Die Monomanie Hitlers wird durch diese Aussage unterschätzt. Hitler hat den Antisemitismus zu einem allesumgreifenden Welterklärungssystem erhoben, der alle anderen weltanschaulichen Systeme relativierte. Deshalb fiel es ihm leicht, alle anderen Ideen und Ideologien opportunistisch zu missbrauchen.

Nun aber zurück zur kommunistischen Analyse der nationalsozialistischen Judenfeindschaft. Das Hauptmotiv der Handlung der nationalsozialistischen Führer war für die Bolschewiki und andere kommunistische Autoren, wie bereits angedeutet, die Verteidigung der, wie sie meinten, real gefährdeten kapitalistischen Ordnung, und nicht der Kampf gegen eine illusionäre und nichtexistierende jüdische Gefahr.[87] Die Kommunisten unterschätzten durch solche The-

---

84 Abel, Theodore Fred: *Why Hitler came into power*. New York 1938.

85 Vgl. dazu u. a. Winkler, Heinrich August: *Mittelstand, Demokratie und Nationalsozialismus*, S. 177; Heuss, Theodor: Hitlers Weg. *Eine historisch-politische Studie über den Nationalsozialismus*. Stuttgart 1932, S. 148 f.

86 Broszat, Martin: *Der Nationalsozialismus. Weltanschauung, Programmatik und Wirklichkeit*. Stuttgart 1961, S. 35 ff.

87 Vgl. dazu u. a. Hirsch, Werner: Faschismus und Hitlerpartei, in: *Die Internationale*, Februar 1932, S. 42; Die Judenverfolgung des deutschen Faschismus, in:

sen die Kraft, die Fiktionen und pathologische Verzerrungen der realen Sachverhalte bisweilen in der Geschichte entfalten können.[88] Der Aufmerksamkeit der Kommunisten entging zunächst auch die Tatsache, dass sie in den Nationalsozialisten und vor allem in ihrem Führer einen Kontrahenten erhielten, der im Gegensatz zu den italienischen Faschisten das buchstäblich zu verwirklichen beabsichtigte, was er versprach.[89] Mussolinis Wille zur Macht und seine Verehrung der Gewalt waren häufig reine Rhetorik. In Wirklichkeit war er zu Kompromissen bereit, der rücksichtlose Fanatismus Hitlers war ihm fremd.[90] Trotz seines Größenwahns habe der italienische Faschismus keine Weltrevolution eingeleitet, schrieb Sigmund Neumann. Dies habe erst der Nationalsozialismus getan.[91] Die mangelnde Beachtung der Originalität sowie der Radikalität der nationalsozialistischen Weltanschauung erschwerte den Kommunisten die Einsicht in die grundlegenden Unterschiede zwischen italienischem Faschismus und Nationalsozialismus. Bereits im Jahre 1922 definierten Kominterntheoretiker die italienische faschistische Partei als „bürgerliche Partei neuen Typs", die sich von früheren „bürgerlichen" Parteien wesentlich unterscheide. Viel schwieriger fiel

---

*Rundschau*, 7.4.1933, S. 198; Thomas Weingartner stellt in seinem Buch überzeugend dar, welche Hindernisse die Kommunisten hätten überwinden müssen, um die Eigengesetzlichkeit der biologistisch-rassistischen Denkweise Hitlers in die marxistischen Kategorien einzuordnen (Weingartner, Thomas: *Stalin und der Aufstieg Hitlers. Deutschlandpolitik der Sowjetunion und der Kommunistischen Internationale 1929–1934.* Berlin 1970, S. 217–222, 277 ff.).

88 Die stalinistischen Säuberungen, die gegen die fiktiven „Volksfeinde" gerichtet wurden, waren auch ein Beispiel für eine solche pathologische Verzerrung der realen Sachverhalte.

89 Vgl. dazu u. a. Bullock, *Hitler*, S. 357; Fest, Hitler, S. 524 ff.; Kedward, *Fascism in Western Europe*, S. 115; Friedrich, Joachim C./Brzezinski, Zbigniew: *Totalitarian Dictatorship and Autocracy*. Cambridge/Mass.1965, S. 114; Bracher, Karl Dietrich: *Zeitgeschichtliche Kontroversen. Um Faschismus, Totalitarismus, Demokratie.* München 1976, S. 79–100.

90 Vgl. dazu u. a. Aquarone, A.: *L'Organizzazione dello Stato totalitario.* Turin 1965; Bracher, *Zeitgeschichtliche Kontroversen*, S. 62–78; Petersen, *Hitler-Mussolini*, S. 155–162; Kedward, *Fascism*, S. 115; Hildebrand, Klaus: Innenpolitische Antriebskräfte der nationalsozialistischen Außenpolitik, in: Funke, Manfred (Hrsg.): *Hitler, Deutschland und die Mächte. Materialien zur Außenpolitik des Dritten Reiches.* Düsseldorf 1976, S. 223–238.

91 Neumann, Sigmund: *Permanent Revolution*, S. 111.

ihnen allerdings die Erkenntnis, dass die NSDAP sich zu einer „faschistischen Partei neuen Typs" entwickelte, die sich von dem italienischen Faschismus nicht weniger radikal unterschied, als dieser seinerseits von traditionellen bürgerlichen Parteien.[92]

## Das Verhältnis Staat–Partei–Führer in den rechtsextremen Regimen und im bolschewistischen Russland

Der bolschewistische Staats- und Militärapparat befand sich seit der Entstehung des sowjetischen Staates unter der Kontrolle der Parteiführung. Entscheidungsprozesse vollzogen sich hier beinahe ausschließlich innerhalb der Gremien der Partei, und die bolschewistische Partei blieb die einzige Einrichtung Sowjetrusslands, die die Eigenschaft einer selbständigen Institution mit Eigendynamik und Eigengesetzlichkeit besaß.[93] Abdurahman Avtorchanov schreibt in seinem Buch *Proischoždenie partokratii* [Die Ursprünge der Partokratie], die bolschewistische Partei sei nicht bloß eine alleinregierende Partei, sie sei nicht einmal ein Staat im Staate, sondern sie stelle selbst den Staat – den „Staat neuen Typs" – dar. Der kommunistische Staat sei vielleicht imstande, ohne seinen offiziellen Staatsapparat zu funktionieren, ohne seinen Parteiapparat könne er aber nicht existieren.[94] Eine solche Eindeutigkeit in der Verteilung der Macht fehlte im faschistischen und im nationalsozialistischen Staat. Dieser Umstand wurde von vielen Kominterntheo-

92 Lewis B. Namier hat einmal die Neigung der Menschen, ihre früheren geschichtlichen Erfahrungen auf spätere Entwicklungen zu übertragen, mit folgenden Worten charakterisiert: „Past results are rigidly applied to radically changed situations and preparations are completed for fighting the previous wars" (Namier, Lewis B.: *Avenues of History*. London 1947, S. 7). Diese Worte waren auch für die Einschätzung der beiden rechtsextremen Massenbewegungen durch die Bolschewiki zutreffend. Die Erfahrungen, die die Bolschewiki bei ihrer Konfrontation mit dem italienischen Faschismus gesammelt hatten, prägten ihre Urteile über das Wesen des Rechtsextremismus so stark, dass sie zunächst das grundlegend Neue im Nationalsozialismus im Vergleich zum italienischen Faschismus kaum beachteten.

93 Vgl. dazu Schapiro, Leonard: *Totalitarianism*. London 1972; Friedrich / Brzezinski, *Totaliarian Dictatorship*, S. 54; Carr, Edward Hallett: *Socialism in One Country*. London 1958–1964, Band 1, S. 89–136.

94 Avtorchanov, *Proischoždnie partokratii*. Band 1, S. 22 f.

retikern nicht ausreichend gewürdigt. In ihrer Analyse der politischen Entscheidungsprozesse innerhalb der rechtsextremen Regime sprachen sie häufig von der Verschmelzung der Führung der rechtsextremen Parteien und des traditionellen Staatsapparates.[95] Dadurch übertrugen sie das sowjetische Modell, in dem nur eine Institution die Entscheidungsprozesse bestimmte, auf die rechtsextremen Regime. Die Komplexität der Beziehungen zwischen der Partei und dem Staat im faschistischen Italien und im nationalsozialistischen Deutschland wurde von der Kominternführung nicht eingehend untersucht. Die unter anderem von Ernst Fraenkel entwickelte Konzeption von „dual state" fand bis vor kurzem keine Resonanz bei den kommunistischen Faschismusforschern.[96] Die dauernde Spannung zwischen Partei und Staatsapparat, die die rechtsextremen Regime zu fortwährender Radikalisierung trieb, ließen viele Kominterntheoretiker außer Acht.

Auch die Rolle des Führers, der in den rechtsextremen Parteien eine ganz andere Bedeutung besaß als in der bolschewistischen Partei, wurde von den Kominterntheoretikern nicht entsprechend gewürdigt. Die Konkurrenz zwischen Staatsapparat und Partei verlieh bekanntlich dem Führer der rechtsextremen Bewegung die Position eines Schiedsrichters. Das rechtsextreme Willkürregime und der normative Rechtsstaat existierten nebeneinander.[97] Eine

95 Siehe dazu Grieco, Ruggero: Lage und Perspektiven in Italien, in: *Die Kommunistische Internationale* 7.11.1928, S. 2719 ff.; Kun, Bela: *Komintern v dokumentach 1919–1932*. Moskau 1933, S. 777, 936.

96 Zu den ersten Vertretern der kommunistischen Historiographie, die sich mit der Problematik eines nationalsozialistischen „dual state" befassten, gehört der polnische Historiker Franciszek Ryszka. Siehe dazu sein Buch *Państwo stanu wyjątkowego* [Der Staat des Ausnahmezustandes]. Breslau 1964.

97 Siehe dazu Fraenkel, Ernst: *The Dual State*. New York 1941; Neumann, Franz: *Behemoth. The Structure and Practice of National-Socialism 1933–1944*. New York 1963; Neumann, Sigmund: *Permanent Revolution*; Lyttelton, *The Seizure of Power*, S. 429 ff.; Mommsen, Hans: National Socialism. Continuity and Change, in: Laqueur, *Fascism*, S. 179–210; Jacobsen Hans A.: Zur Struktur der nationalsozialistischen Außenpolitik, in: Funke, *Hitler, Deutschland und die Mächte*, S. 137–185; Winkler, Heinrich August: Mittelstandsbewegung oder Volkspartei?, in: Schieder, Wolfgang (Hrsg.): *Faschismus als soziale Bewegung*; Jäckel, *Hitlers Weltanschauung*; Schieder, Wolfgang, Faschismus, in: *Sowjetsystem und demokratische Gesellschaft*. Freiburg 1968, Band 2 S. 451 f.; De Felice, *Der Faschismus*,

Aussöhnung zwischen diesen gegensätzlichen Systemen konnte sich spontan nicht einstellen. Sie konnten nicht miteinander kooperieren, weil jedes dieser Systeme das andere verneinte. Daher die ungewöhnlich große Rolle des Führers, in dem die beiden einander gegenüberstehenden Apparate zunächst einen Vermittler sahen. Dadurch büßten sowohl Partei als auch Staatsapparat einen Teil ihrer Selbständigkeit ein. Der Führungsanspruch Mussolinis und der Hitlers wurde sicherlich deshalb so bereitwillig von zahlreichen Gruppierungen und Institutionen in Italien und in Deutschland akzeptiert, weil beide Diktatoren von der Sehnsucht vieler Italiener und Deutscher nach einem „Cäsar", die bereits um die Jahrhundertwende einsetzte, profitierten.[98] Die charismatischen Führer, deren Auftreten einige große europäische Denker im 19. und zu Beginn des 20. Jahrhunderts vorausgesagt hatten,[99] sollten die Herrschaft der unpersönlichen Institutionen durch die Herrschaft des Willens ersetzen. Die undurchschaubaren und komplizierten Institutionen bedrohten einerseits den Menschen durch ihre Anonymität, andererseits zeigten sie ihre Ohnmacht, die Krisen zu überwinden. Daher der weitverbreitete Wunsch nach der Aufwertung der Person in der Politik, die Sehnsucht nach einem charismatischen Helden. Diese Sehnsucht, verbunden mit der festen Überzeugung Mussolinis wie auch Hitlers, dass sie die „Cäsaren" seien, auf die man in Europa so lange gewartet habe,[100] ebnete beiden den Weg zur Macht. Beide

---

S. 42 ff.; Melograni, Piero: The Cult of the Duce in Mussolini's Italy, in: *Journal of Contemporary History*, 4/1976, S. 221–237.

98 Stern, Fritz: *Kulturpessimismus als politische Gefahr*. Bern 1963, S. 21; Michels, Robert: *Sozialismus und Faschismus in Italien*. München 1925, Band 2; Gay, Peter: *Republik der Außenseiter. Geist und Kultur in der Weimarer Zeit 1918–1933*. Frankfurt/Main 1970.

99 Im Jahre 1895 äußerte sich Max Weber zu diesem Thema: „Nur allzu offenkundig sehnt sich ein Teil des [deutschen] Großbürgertums nach dem Erscheinen eines neuen Cäsars, der sie schirme: nach unten gegen aufsteigende Volksmassen, nach oben gegen sozialpolitische Anwandlungen, deren ihnen deutsche Dynastien verdächtig sind" (Weber, Max: *Gesammelte politische Schriften*, hrsg. v. J. Winckelmann. Tübingen 1958, S. 21).

100 Vgl. Deakin, F.W.: *Die brutale Freundschaft. Hitler, Mussolini und der Untergang des italienischen Faschismus*. Köln 1964, S. 24 f.; Melograni, The Cult of Duce; Taylor, A.J.P.: The Supermen: Hitler and Mussolini, in: Ders.: *Europe: Grandeur*

versprachen, den ursprünglich-persönlichen Charakter der Politik zu restaurieren. Es sollten nunmehr wieder Helden und nicht Doktrinen, Klassen oder blutleere Institutionen regieren, erklärten sie[101] und erweckten dadurch neue Hoffnungen und Erwartungen sowohl bei den Intellektuellen als auch bei den breiten Schichten der Bevölkerung.

Die Ursachen für die Popularität der „cäsaristischen“ Ideologie im Westen waren für die Bolschewiki unter anderem deshalb unverständlich, weil die russische Tradition keine Voraussetzungen für die Entstehung einer solchen Ideologie bot. Eine Autonomie unpersönlicher, sozialer und politischer Institutionen und eine Autonomie unpersönlicher Rechtsnormen waren in Russland sowohl vor als auch nach der Revolution nur im bescheidenen Ausmaß vorhanden. Aus diesem Grund war auch der Ruf nach einem „Cäsar“, der den liberalen Staat ohne „Substanz“ und ohne „Würde“ zu beseitigen hätte,[102] in Russland unbekannt. „Cäsaristische“ Gestalten traten in der russischen Geschichte praktisch nicht auf. Russland hatte zwar Zaren, die nicht weniger tiefgreifende Veränderungen in der russischen Gesellschaft erzwangen als die „Cäsaren“ im Westen. Es handelte sich allerdings dabei um etatistische Revolutionen von oben, die von legitimen Herrschern Russlands konzipiert und durchgeführt worden waren. Auch die Anbetung des Zaren durch untere Schichten des russischen Volkes hatte mit der westlich Bewunderung für die „cäsaristischen“ Gestalten wenig gemeinsam. Der Zar wurde nicht aufgrund seiner persönlichen Leistungen oder Eigenschaften geehrt, sondern vorwiegend wegen der Funktionen, die er ausübte. Man sah in ihm den Wahrer des orthodoxen Glaubens und die natürliche Spitze einer religiös geprägten politischen Ordnung.[103] Die cäsaristische Idee spielte in der Entwicklung der Bolschewiki, ähnlich wie in der russischen Geschichte, auch keine nen-

---

*and Decline*, S. 222 f.; Broszat, Soziale Motivation und Führer-Bindung, S. 401 f.; Bullock, *Hitler*, S. 357, 379.

101 Mussolini, *Opera,* Band 18, S. 438; Domarus, Max (Hrsg.): *Hitler. Reden und Proklamationen*. Band 1. Erster Halbband, S. 232.

102 Vgl. dazu u. a. Forsthoff, Ernst: *Der totale Staat*. Hamburg 1933.

103 Siehe dazu u. a. Fedotov, Georgij, Revoljucija idet, S. 308 f.

nenswerte Rolle. Die bolschewistische Partei war im Gegensatz zu den rechtsextremen Parteien weder vor noch unmittelbar nach der Machtübernahme eine Führerpartei. Parteidisziplin und bedingungsloser Gehorsam waren hier keineswegs identisch. Viele wichtige Entscheidungen wurden nach heftigen Diskussionen und Auseinandersetzungen innerhalb der Parteiführung durchgesetzt. Die ganze Geschichte der bolschewistischen Partei sei die Geschichte der Fraktionskämpfe gewesen, schreibt Trockij im Jahre 1936.[104]

Die führende Schicht der Bolschewiki war eine Art Oligarchie, die zwar von den Parteimassen Disziplin und Gehorsam forderte, sich selbst aber das Recht auf Kritik nicht nehmen lassen wollte. Es war nicht leicht, diese Parteielite in ein gehorsames Werkzeug eines Führers zu verwandeln. Im Gegensatz zu Mussolini und Hitler musste Stalin, um das Führerprinzip in seiner Partei durchzusetzen, einen großen Teil der Parteiführung physisch vernichten. Der Widerstand der Parteielite gegen die unbeschränkte persönliche Diktatur, die Stalin nach der Zerschlagung der „rechten". Opposition im Jahre 1929 errichten wollte, war recht groß. In den Jahren 1930 bis 1933 wurde Stalin mit einer ganzen Reihe von oppositionellen Gruppierungen innerhalb der Partei konfrontiert. Die alte Partei habe im Sterben gelegen, schrieb Avtorchanov über die Lage der Partei in den Jahren 1930 bis 1933, dies sei allerdings kein natürlicher Tod gewesen. Kaum sei es Stalin gelungen, eine Opposition zu beseitigen, sei sofort eine neue entstanden.[105]

Dieser Feststellung Avtorchanovs lässt sich folgende Bemerkung hinzufügen. Die Bolschewiki, die gegen die Alleinherrschaft Stalins in der Partei kämpften, waren die letzten Verfechter nonkonformistischer, antiautoritärer Traditionen der russischen Intelligencija. Diese Eigenschaften hielt aber Stalin für destruktiv. Deshalb sei er zu einem kühnen Entschluss gelangt, so Nikolaj Bucharin im Gespräch mit dem russischen Sozialdemokraten Boris Nikolaevskij (1936): Wenn die alte Generation der Bolschewiki, aus der sich die sowjetische Regierungselite rekrutiere, für eine „konstruktive" Ar-

---

104 Trockij, *Die verratene Revolution*, S. 95.
105 Avtorchanov, Abdurachman, *Technologija vlasti*, S. 210.

beit nicht geeignet sei, solle sie beseitigt und durch eine neue Elite ersetzt werden.[106] Um seine Auffassung durchzusetzen, musste sich Stalin, wie Bucharin mit Recht sagt, auf die neue Generation der Parteimitglieder stützen, die mit der Tradition der revolutionären russischen Intelligencija wenig Berührungspunkte hatte. Diese Generation der Bolschewiki rekrutierte sich aus Schichten, die über keine nennenswerte politische Erfahrung verfügten. Diesen Parteimassen war die kritische und misstrauische Haltung der alten Bolschewiki gegenüber der politischen Obrigkeit fremd. Als Stalin die Auflehnung der mittleren bolschewistischen Funktionäre gegen die kosmopolitischen und universal gebildeten alten Bolschewiki schürte, appellierte er an das in der russischen Tradition populäre Gleichheitsideal. „Wir wollen keine Aristokraten in der Partei dulden",[107] verkündete Stalin, und dieser Appell hatte ein beachtliches Echo bei den Parteimassen gefunden. Die Abschaffung der Eigenständigkeit der Partei war die Folge dieses Aufstandes der Parteimasse gegen die Elite. Dieser Aufstand konnte nur einem Despoten zugutekommen. Stalin konnte also seine Diktatur nur mit Hilfe von Gruppierungen erzwingen, die zum eigenständigen politischen Denken und zur politischen Verantwortung nicht genügend vorbereitet waren. In Italien und Deutschland waren bei der Errichtung der faschistischen bzw. der nationalsozialistischen Diktatur völlig andere Begleitumstände gegeben. Diejenigen Gruppierungen, die dort auf politische Verantwortung zugunsten der diktatorischen Lösung verzichteten, waren politisch bei weitem nicht so unerfahren, wie die bolschewistischen Parteimassen, die der Diktatur Stalins den Weg bahnten. Es handelte sich in Italien und in Deutschland eher um eine Abnutzungserscheinung gewisser herrschender Gruppierungen und politischer Parteien, die seit langem politische Verantwortung trugen. Sie waren dieser Verantwortung einfach über-

---

106 Über diese Aussage Bucharins berichtet sein Gesprächspartner Boris Nikolaevsky. Siehe dazu Nikolaevsky, *Power and the Soviet Elite*, S. 60 f.

107 *Pjatnadcatyj s'ezd VKP (b). 1927. Stenografičeskij otčet.* Moskau 1961, S. 89 f.

drüssig geworden.[108] Die grundlegend verschiedenen Voraussetzungen für die Entstehung der Einparteiendiktatur und des totalitären Systems einerseits in Russland, andererseits in Italien und in Deutschland werden von vielen Vertretern der Totalitarismustheorie übersehen. Sie sprechen von einer Wesensgleichheit der bolschewistischen bzw. der stalinistischen Diktatur mit dem faschistischen und nationalsozialistischen Regime, ohne genügend zu würdigen, dass dem totalitären System im Westen die Krise der parlamentarischen Demokratie und in Russland die mangelnde demokratische Erfahrung der Bevölkerung zugrunde lag. Die verschiedenen Ursprünge des Totalitarismus in Russland einerseits und im Westen andererseits bestimmten selbstverständlich den unterschiedlichen Charakter dieser totalitären Systeme auch in ihrem reifen Stadium. Die Mehrheit der alten Bolschewiki, die sich jahrelang gegen die persönliche Diktatur Stalins in der Partei zur Wehr gesetzt hatte, konnte die Beweggründe italienischer und deutscher politischer Gruppierungen, die sich nach einem „Cäsar" sehnten und das Führerprinzip freiwillig akzeptierten, nicht verstehen. So konnten sie auch nicht das Wesen dieser Kraft erkennen, welche die Anhänger Mussolinis und Hitlers zu einem bedingungslosen Gehorsam bewog und den Widerstand der Gegner beider Diktatoren lähmte. Für diese bolschewistischen Theoretiker waren Mussolini und Hitler halbgebildete, „kleinbürgerliche Rebellen" und keineswegs „Cäsaren". Im Jahre 1940 schrieb Trockij:

> Die beiden Führer des Faschismus sind Vertreter des Kleinbürgertums, das in der gegenwärtigen Epoche unfähig ist, originale Ideen oder eine schöpferische Führung zu erzeugen [...] [Hitler] war ein deklassierter Kleinbürger, der sich weigerte, Arbeiter zu sein [...] Hitler war ein prätentiöser Entgleister mit psychischen Störungen.[109]

108 Vgl. dazu Heiden, *Adolf Hitler*, S. 320; Niekisch, Ernst: *Das Reich der niederen Dämonen*. Hamburg 1953, S. 87.

109 Trockij, Lev: *Stalin. Eine Biographie*. Reinbek b. Hamburg 1971, Band 2, S. 259 f.

Millionen von Italienern und Deutschen aus allen gesellschaftlichen Schichten glaubten allerdings aufrichtig an die cäsaristische Sendung Mussolinis und Hitlers.[110] Dieser für viele Kominterntheoretiker unbegreifliche Glaube wurde zu einer der wichtigsten Grundlagen, auf der die Herrschaft der beiden Diktatoren ruhte. Alan J.P. Taylor sagt in diesem Zusammenhang: Mussolini und Hitler hätten nur an sich selbst geglaubt. Sie seien von sich selbst fasziniert gewesen. Die Menschen, die an sie als an Übermenschen geglaubt hätten, hätten sie sich auch verdient.

## Schlusswort

Bei der vergleichenden Betrachtung der Entwicklungen Russlands und Westeuropas zu Beginn des 20. Jahrhunderts fällt insbesondere die Tatsache auf, dass diese beiden Teile Europas damals eigentlich in verschiedenen Epochen lebten. Die kommunistischen Theoretiker haben diese Ungleichzeitigkeit nicht gebührend berücksichtigt, was nicht ohne Einfluss auf ihre Auseinandersetzung mit dem Rechtsextremismus blieb. Gewisse Prozesse traten im Westen viel früher als in Russland zu Tage, zum Beispiel die Modernisierungskrise. Zu Beginn des 20. Jahrhunderts waren in Russland die Probleme, die sich aus der abrupten Entwurzelung großer Bevölkerungsmassen ergeben, beinahe unbekannt. Daher hatten die bolschewistischen Ideologen kein Verständnis für die rechtsextremistische Verklärung der eigenen Vergangenheit. Ziel der Bolschewiki war ein möglichst radikaler Bruch mit der russischen Tradition, in der sie vorwiegend Unterdrückung und Rückständigkeit sahen. Die bolschewistischen Ideologen waren tief davon überzeugt, dass Industrialisierung und Modernisierung den Interessen der unterprivilegierten Massen entsprächen; die Auflehnung der europäischen Massen gegen diese Prozesse wurde in Moskau als Zeichen der Rückständigkeit und mangelnden Aufklärung dieser Volksschichten interpretiert. Erst

---

110 Siehe dazu u.a. Heiden, *Adolf Hitler*, S. 344–349; Broszat, Soziale Motivation, S. 401 f.; Taylor, The Supermen, S. 224; Kershaw, Ian: *Der Hitler-Mythos. Volksmeinung und Propaganda im Dritten Reich.* Stuttgart 1980.

nach den großen Erschütterungen der Industrialisierung und Kollektivierung sah sich Russland allmählich mit den Problemen konfrontiert, welche die westlichen Gesellschaften bereits um die Jahrhundertwende bewegt und welche einen günstigen Nährboden für den Aufstieg der Rechtsextremisten geschaffen hatten. Nostalgische Verklärung der russischen Tradition und Sehnsucht nach den verlorenen Wurzeln erfasste nun auch immer breitere Schichten der russischen Bevölkerung. Die Beantwortung der recht interessanten Frage nach den Folgen der Modernisierungskrise für das heutige Russland reicht allerdings über den Rahmen dieser Abhandlung hinaus.

Neben solchen Erscheinungen wie der Modernisierungskrise, die in Russland zu einem späteren Zeitpunkt auftrat, gab es andererseits Entwicklungsprozesse, die Russland antizipierte, und die erst später auch für den Westen relevant werden sollten. So demonstrierte Russland mit einer Anschaulichkeit wie kaum ein anderes Land zuvor, welche Folgen die Tatsache hatte, dass sich die intellektuelle Elite dem bestehenden System völlig versagte, ein Vorgang, der Hand in Hand ging mit einer außerordentlichen Verklärung des Gleichheitsideals. Die Synthese der chiliastischen Pläne der russischen Intelligencija mit den Zielen des Marxismus führte zur Entstehung der bolschewistischen Partei der Berufsrevolutionäre, die keine Entsprechung im Westen besaß. Die Schaffung dieser Partei durch Lenin sollte für die Weltgeschichte eine nicht geringere Bedeutung als die sich zur gleichen Zeit im Westen abzeichnende Modernisierungskrise haben. Nach 1917 versuchten die Bolschewiki, die Welt sowohl für die Gleichheitsideale der russischen Intelligencija als auch für die marxistische Idee der proletarischen Revolution zu gewinnen. Diese Ideale fanden jedoch in der Zwischenkriegszeit im „kapitalistischen" Europa keineswegs die Resonanz, die von den Kommunisten erwartet worden war. Die europäischen Massen, in erster Linie in Italien und in Deutschland, wurden im Gegenteil von Bewegungen angezogen, die das Gleichheitsideal als Zeichen der Dekadenz ansahen und von der unüberbrückbaren Ungleichheit der Rassen und der Nationen sprachen. Die Verklärung der Ungleichheit und des hierarchischen Prinzips durch die Rechtsextremisten war – vor allem bei den Nationalsozialisten – mit einem zerstörerischen Drang nach Beherrschung oder Ausrottung der Menschen und der Nationen verbunden, die auf niedrigeren Stufen der von ihnen aufgestellten Hierarchie standen. Die daraus resultierende Vernichtungspolitik der Rechtsextremisten, in erster Linie der Nationalsozialisten, führte sowohl die Idee des nationalen Egoismus als auch das hierarchische Prinzip ad absurdum. Mindestens für Mittel- und Westeuropa wurden diese Ideale vorübergehend diskreditiert.

Die Mehrheit der Kominterntheoretiker hielt die Ablehnung des Gleichheitsideals durch die europäischen Unterschichten in der Zeit zwischen den Kriegen, wie bereits angedeutet, für ein Zeichen eines „falschen" Bewusstseins. Der spezifische Charakter der westeuropäischen Entwicklung, der diesem Verhalten der westeuropäischen Massen zugrunde lag, wurde von den Kominternideologen nicht genügend beachtet. Die Faschismustheorie der Komintern verband allerdings, worauf in dieser Untersuchung häufig hingewiesen wurde, ihre Missinterpretationen des Phänomens „Faschismus" mit erstaunlich zutreffenden Beobachtungen und Erkenntnissen. Als Experten in der revolutionären Technik und in der Massenbeeinflussung gehörten die Bolschewiki zu den ersten, die erkannten, wie viel die Rechtsextremisten von den Erfahrungen ihrer eigenen Revolution gelernt hatten. Nach der Errichtung der faschistischen Einparteiendiktatur in Italien lieferten die Kominterntheoretiker scharfsichtige Beiträge zur Analyse der besonderen Wesenszüge des faschistischen Regimes. Diese einsichtigen Betrachtungen wurden sicherlich dadurch erleichtert, dass die Bolschewiki aus eigener Erfahrung der 20er Jahre von Möglichkeiten und Beschränkungen einer Einparteiendiktatur wussten.

Die Periode zwischen 1929 und 1933 lässt sich als die unfruchtbarste Entwicklungsphase der Faschismusdiskussion innerhalb der Komintern bezeichnen. In diesem Zeitabschnitt setzte sich die stalinistische Denkweise sowohl bei der bolschewistischen Partei als auch innerhalb der Komintern durch. Ihre Kennzeichen waren Verachtung und Misstrauen gegenüber jeder Spontaneität im Denken und im Handeln, der Wunsch nach totaler Kontrolle sowohl politischer als auch geistiger Prozesse und die Fiktion einer „monolithischen" kommunistischen Weltbewegung, in der kein taktischer oder ideologischer Pluralismus zulässig war. Diese stalinistischen Grundsätze verursachten verhängnisvolle Fehler in der Einstellung der Komintern zum Nationalsozialismus in den Jahren 1929 bis 1933. Vielleicht der folgenschwerste unter ihnen, der allerdings in einzelnen Fällen auch in den vorhergehenden und in den nachfolgenden Perioden auftrat, war die schematische Verallgemeinerung des Begriffes „Faschismus" und seine gelegentliche Ausdehnung auf fast alle Gegner der Kommunisten. Durch diesen leichtfertigen Gebrauch des Begriffes „Faschismus" haben die Kommunisten in erster Linie sich selbst Schaden zugefügt, weil sie dadurch ihren gefährlichsten Feind, dem ursprünglich diese Bezeichnung gegolten hatte, verharmlosten. Die Kluft zwischen Realität und Bewusstsein sei damals ungewöhnlich groß gewesen, schreibt der sowjetische Historiker Lopuchov (1968) über die Periode von 1929 bis 1933 in der Faschismusdiskussion der Komintern.[111] Die wahllose Verwendung des Terminus „Faschismus" durch die kommunistischen Ideologen hat diesen politischen Begriff, der für die Erfassung der politischen Entwicklung Europas in der Zwischenkriegszeit unbedingt notwendig ist, diskreditiert. Es ist zweifellos das Verdienst Ernst Noltes, dass dieser Begriff von Neuem für ernste wissenschaftliche Untersuchungen verwendbar wurde (ich beziehe mich vor allem auf die Abhandlungen Noltes *Der Faschismus in seiner Epoche* von 1963 und *Die faschistischen Bewegungen. Die Krise des liberalen Systems und die Entwicklung der Faschismen* von 1966).

Für die kommunistische Faschismustheorie war das „kapitalistische" System die eigentliche „Brutstätte" des Faschismus. Durch diese These versuchten sich die kommunistischen Ideologen von jeder Verantwortung für das Entstehen der faschistischen Bewegungen und Regime freizusprechen. Jeden Versuch, die bolschewistische Revolution – neben dem Weltkrieg – als das erste Glied einer

---

111 Lopuchov, Boris: *Fašizm i rabočee dviženie v Italii 1919–1929gg.* Moskau 1968.

nichtabreißenden Kette von Gewalttaten zu deuten, die auch das Aufkommen des Faschismus verschuldet habe, wiesen die Bolschewiki mit Empörung zurück. Der Faschismus war für sie ausschließlich eine innere Angelegenheit des kapitalistischen Systems. Eine ähnliche Einseitigkeit zeichnet auch gewisse konservative und liberale Denker aus, die ihrerseits die Verantwortung demokratischer und konservativer Gruppierungen für den Aufstieg des Faschismus leugnen. Sie charakterisieren Kommunismus und Faschismus als Aufstand der Massen gegen die traditionelle europäische Ordnung und Kultur.[112] Diese These lässt aber die Tatsache außer Acht, dass es die Vertreter der kulturellen Elite Europas und nicht die Massen waren, die die Grundwerte der europäischen Kultur zuerst in Frage gestellt hatten. Nicht der Aufstand der Massen, sondern die Rebellion der intellektuellen Elite habe dem europäischen Humanismus die größten Schläge zugefügt, schrieb 1939 Georgij Fedotov.[113]

In Wirklichkeit lag die Verantwortung für die Erfolge des Rechtsextremismus in der Zwischenkriegszeit bei allen wichtigeren politischen Kräften der damaligen europäischen Gesellschaft. Allerdings in unterschiedlichen Ausmaßen. Die Verantwortung der oberen Schichten für die Machtergreifung des Faschismus und des Nationalsozialismus ist höher zu bewerten als die Verantwortung der Arbeiterparteien, die nicht die Möglichkeit hatten, darüber zu entscheiden, ob sie den Faschisten bzw. den Nationalsozialisten die Macht übergeben sollten oder nicht.

Die Kommunisten, die mit ihren weltrevolutionären Zielsetzungen der „alten bürgerlichen" Welt den Kampf angesagt hatten, teilten in der Zwischenkriegszeit in der Regel das Schicksal dieser „alten" Welt. Zunächst in Italien und dann in Deutschland befanden sie sich als Geschlagene und Verfolgte im gleichen Lager mit allen anderen politischen Parteien. Diese Niederlagen förderten den Lernprozess bei den Kommunisten und ließen sie erkennen, dass die Kluft

---

112 Siehe dazu u.a. Ortega y Gasset, José: *Aufstand der Massen*. Stuttgart 1957; Ritter, Gerhard: *Europa und die deutsche Frage. Betrachtungen über die geschichtliche Eigenart des deutschen Staatsgedankens*. München 1948, S. 52 f., 192–195.

113 Fedotov, Georgij: K smerti ili k slave, in: *Novyj Grad* Nr. 14, 1939, S. 102.

zwischen ihnen und den „bürgerlichen" Demokratien oder den sozialdemokratischen Parteien nicht so tief war, wie sie zunächst angenommen hatten. Eine der Folgen dieses Lernprozesses war die Bereitschaft der Kommunisten, in verschiedenen europäischen Ländern eine Volksfront einzugehen und Bündnisse mit den demokratischen Westmächten zu schließen.

Diese in der Mitte des Jahres 1934 konzipierte kompromissbereite, flexible und offene Außenpolitik wurde von der sowjetischen Führung auch in den Jahren 1936 bis 1938 fortgesetzt, also zu einer Zeit, in der der stalinistische Unterdrückungsapparat in Russland die sogenannten „großen Säuberungen" durchführte, die zu einem der blutigsten Kapitel der russischen Geschichte gehören. Im Gegensatz zu den Jahren 1929 bis 1933 vermochte Stalin also zur Zeit des „Großen Terrors" seine außenpolitische Taktik von der innenpolitischen scharf zu trennen. Diese scharfe Trennung verwirrte viele westliche Beobachter, die den terroristischen Charakter der stalinistischen Diktatur verkannten und sogar auf der Höhe der Terrorwelle Stalin für einen gemäßigten Pragmatiker hielten.[114] Stalin kehrte von der Politik der kollektiven Sicherheit erst nach dem Münchner Abkommen ab, als ihm klar wurde, welche Ausmaße die westliche Appeasementpolitik gegenüber dem Dritten Reich erreicht hatte. Diese Enttäuschung veranlasste ihn dazu, mit dem Westen in der Politik der Zugeständnisse an Hitler zu konkurrieren. Die westliche Appeasementpolitik erhielt nun ein Äquivalent im Osten. In den Jahren 1934 bis 1938 glaubte man in den westlichen Demokratien, man könne auf der Grundlage des Antikommunismus eine gewisse Gemeinsamkeit mit dem Dritten Reich herstellen. In den Jahren 1939 bis 1941 sah Stalin seinerseits Gemeinsamkeiten mit dem Dritten Reich insoweit, als dieses antiparlamentarische und „antiplutokratische" Züge aufwies. In Wirklichkeit stand das Dritte Reich in völligem Widerspruch sowohl zu den westeuropäischen Demokratien als auch zur Sowjetunion und war auf deren Unterwerfung vorprogrammiert. Dieses Vorhaben des Nationalsozialis-

114 Siehe dazu u. a. Davies, Joseph E.: *Mission to Moscow*. New York 1941.

mus war derart unfassbar, dass die wiederholten Bekundungen der nationalsozialistischen Führer über ihre Ziele in aller Regel als propagandistische Übertreibungen angesehen wurden. Erst allmählich verstand man in Russland wie im Westen, dass einer der wichtigsten Wesenszüge des Nationalsozialismus gerade die Übereinstimmung der Worte mit den Taten war.

Lev Trockij vertrat im Jahre 1936 die Auffassung, eine Koalition der Sowjetunion mit den Westmächten gegen das Dritte Reich sei undenkbar. Er sprach von der Solidarität der „imperialistischen" Mächte gegen die Sowjetunion und war davon überzeugt, dass beim Angriff Hitlers auf die Sowjetunion die Hoffnung auf westliche Hilfe vergeblich sein werde.[115] Die Westmächte sollten allerdings in den Jahren 1941 bis 1945 nicht nach der von Trockij aufgestellten Gesetzmäßigkeit handeln. Damit wurde eine der Grundthesen der orthodoxen Marxisten vom Konflikt zwischen „bürgerlichem" und „proletarisch-marxistischem" Lager als dem Grundkonflikt des 20. Jahrhunderts beträchtlich erschüttert. Der Rechtsextremismus, vor allem aber der Nationalsozialismus, vertrat ein drittes Prinzip, das in unversöhnlicher Gegnerschaft nicht nur zu allen Strömungen des Marxismus, sondern auch zu bestimmten Kräften innerhalb des „bürgerlichen" Lagers stand. Dies zu erkennen, fällt der kommunistischen Faschismusforschung immer noch schwer. So hielt die Erfahrung der Jahre 1941 bis 1945 die Stalinisten nicht davon ab, nach 1945 die Bezeichnung „faschistisch" wieder gegen ihre jeweiligen aktuellen Gegner zu verwenden, wodurch der Faschismusbegriff erneut zu einer reinen Propagandaformel herabsank. Erst infolge der Entstalinisierung begann sich die kommunistische Faschismusforschung allmählich von dieser nicht ungefährlichen Tendenz, die bereits zu so verheerenden Niederlagen der Kommunisten beigetragen hatte, zumindest partiell zu befreien.

115 Trockij, *Die verratene Revolution*, S. 222 f.

# Hitler und der Nationalsozialismus aus der Sicht Stalins und der Stalinisten[1]

Die Politik Stalins gegenüber Hitler und dem Nationalsozialismus bestand bis zum Ausbruch des deutsch-sowjetischen Krieges im Wesentlichen aus einer Reihe von Fehleinschätzungen, für die die Sowjetunion und die deutschen Kommunisten einen sehr hohen Preis bezahlen mussten. Zunächst muss man in diesem Zusammenhang die Deutschlandpolitik der stalinistischen Führung zu Beginn der 30er Jahre, also am Vorabend der nationalsozialistischen Machtübernahme, erwähnen. Sie war derart selbstzerstörerisch, dass sie der Forschung bis heute, ungeachtet der partiellen Öffnung der Archive, Rätsel aufgibt. Besonders verhängnisvoll sollte sich hier die Diffamierung der Sozialdemokraten auswirken, die viele stalinistische „Theoretiker" als eine faschistische Kraft bezeichneten, die sogar gefährlicher als der Nationalsozialismus sei. Dabei stützten sie sich auf die sogenannte „Zwillingsbrüdertheorie", die Stalin bereits im September 1924 entwickelt hatte und die folgendermaßen lautete:

> Der Faschismus ist eine sich auf die aktive Unterstützung der Sozialdemokratie stützende Kampforganisation der Bourgeoisie. Die Sozialdemokratie ist objektiv der gemäßigte Flügel des Faschismus. [...] Diese Organisationen schließen sich gegenseitig nicht aus, sondern ergänzen einander. Sie sind nicht Antipoden, sondern unmittelbare Nachbarn.[2]

Seit 1928, als die Fraktion Stalins den Kampf um die Nachfolge Lenins endgültig zu ihren Gunsten entschieden hatte, stellte die „Zwillingsbrüder-" bzw. „Sozialfaschismustheorie" ein unerschütter-

---

1 Geringfügig revidierte Fassung meines Beitrags, der im *Forum für osteuropäische Ideen- und Zeitgeschichte* (2/2009) erschienen ist.

2 Stalin, J.: Zur internationalen Lage, in: *Internationale Pressekorrespondenz* 30.9.1924, Nr. 127, S. 1684.

liches Dogma der stalinistischen Politik dar, das bis zum Frühjahr 1934 nicht angetastet werden durfte.[3] Dieses Dogma machte eine wirksame Auseinandersetzung der KPD mit der NSDAP, die seit 1930 von Erfolg zu Erfolg eilte, praktisch unmöglich, den durch die Diffamierung der SPD beraubten sich die Kommunisten des wichtigsten Verbündeten im Kampfe gegen Hitler und begaben sich in eine selbstverschuldete Isolation.

Viele deutsche Kommunisten waren sich darüber im Klaren, dass angesichts der stetig wachsenden nationalsozialistischen Gefahr eine solche Taktik der Selbstisolierung für die KPD lebensgefährlich war. Diesen ihren Überzeugungen verliehen sie durch viele spontane Aktionen Ausdruck, bei denen sie gemeinsam mit Sozialdemokraten gegen die Nationalsozialisten vorgingen. Solch ein „undiszipliniertes Verhalten" stieß unverzüglich auf Ablehnung und Verbote seitens der Führung der Komintern. Im Dezember 1931 erwähnte der KPD-Führer Thälmann ein Kooperationsangebot der kommunistischen Gewerkschaften im Ruhrgebiet an sozialdemokratische Gewerkschaftsfunktionäre. Dass ein solch fehlerhaftes Verhalten von Kommunisten überhaupt möglich gewesen sei, beweise, dass die KPD ihren prinzipiellen Kampf gegen die Sozialdemokratie noch nicht entschieden genug führe. Thälmann beschuldigte viele Kommunisten „vor den nationalsozialistischen Bäumen den sozialdemokratischen Wald nicht sehen zu wollen".[4]

---

3 Vgl. dazu u. a. Weingartner, Thomas: *Stalin und der Aufstieg Hitlers. Die Deutschlandpolitik der Sowjetunion und der Kommunistischen Internationale 1929-1934.* Berlin 1970; Lange, Peer: *Stalinismus versus „Sozialfaschismus" und „Nationalfaschismus".* Göppingen 1969; Poulantzas, Nicos: *Faschismus und Diktatur. Die Kommunistische Internationale und der Faschismus.* München 1973; Luks, Leonid: *Entstehung der kommunistischen Faschismustheorie. Die Auseinandersetzung der Komintern mit Faschismus und Nationalsozialismus 1921-1935.* Stuttgart 1935, S. 137-163; Komolova, N.P. Hrsg. *Komintern protiv fašizma. Dokumenty.* Moskau 1999; Drabkin, Ja. S. (Hrsg.): *Komintern i ideja mirovoj revoljucii. Dokumenty.* Moskau 1998, S. 710-715, 755; „Politsekretariat IKKI trebuet". Dokumenty Kominterna i kompartii Germanii 1930-1934 gg., in: *Istoričeskij archiv* 1 (1994), S. 148-174, hier S. 148-164.

4 Thälmann, Ernst: Einige Fehler in unserer theoretischen und praktischen Arbeit und der Weg zu ihrer Überwindung, in: *Die Kommunistische Internationale* 10.12.1931, S. 1897-1926, hier S. 1906.

Ihren Kampf gegen den „Faschismus“ verstand die Kominternführung auch am Vorabend der nationalsozialistischen Machtübernahme in erster Linie als Kampf gegen die SPD. So wurde die SPD auf dem XII. Plenum des Exekutivkomitees der Komintern im September 1932 als die „Wegbereiterin des Faschismus“ und die „wichtigste soziale Stütze der Bourgeoisie“ bezeichnet. Ein wirksamer Kampf gegen den Faschismus sei ohne die vorherige Zerschlagung der SPD unmöglich, erklärten übereinstimmend mehrere Führer der Komintern.[5]

Die Kominternführung, die allen Versuchen der deutschen Kommunisten, die Isolierung der KPD zu durchbrechen, Einhalt geboten hatte, zeigte dadurch, dass sie kein allzu großes Interesse an der Mitgestaltung der innerdeutschen Politik durch die KPD hatte. Dieser Sachverhalt lässt sich wohl nicht zuletzt dadurch erklären, dass die bolschewistischen Führer in der damaligen deutschen Entwicklung keine direkte Bedrohung für sich selbst sahen. Zumindest sahen sie den sowjetischen Staat, dessen Interessen für sie im Vordergrund standen, durch diese Entwicklung nicht bedroht. Seit 1919 sahen die Bolschewiki im deutschen Nationalismus keine Kraft mehr, die für Sowjetrussland hätte eine Gefahr darstellen können. Es galt nämlich damals in Moskau als Axiom, dass der deutsche Nationalismus sich ausschließlich gegen die Versailler Ordnung richte. Da die Bolschewiki sich selbst ebenfalls als Gegner dieser Ordnung betrachteten, hatten sie keine Einwände gegen die seit 1929/30 verschärfte Auseinandersetzung der Deutschen mit dem Versailler System. Man beschuldigte nur gelegentlich die deutschen Nationalisten, sie treten nicht radikal genug gegen dieses System auf. So warf einer der Kominternführer, Otto Kuusinen, auf dem XII. Plenum des Exekutivkomitees den „Faschisten“ vor, sie hätten nicht den Mut, von den Siegermächten den Anschluss Österreichs an das Deutsche Reich und die Wiederangliederung der deutschen Gebiete, die nach 1918 Polen zugefallen seien, zu fordern.[6] Die aggressive

5 *XII. Plenum IKKI. 27.VIII.1932-15.IX.1932. Stenografičeskij otčet.* Moskau 1933, Band 1-3, hier Band 1, S. 37, 124 f., 167 f.

6 Ebenda, Band 3, S. 126.

Sprache der deutschen Nationalisten sahen die bolschewistischen Führer nur als Fassade an, die die militärische und politische Ohnmacht Deutschlands verschleiern sollte. Es galt nämlich bei den sowjetischen Führern seit 1919 neben dem Axiom, dass der deutsche Nationalismus ausschließlich eine antiwestliche Spitze habe, ein zweites Axiom, dass die militärische Macht Deutschlands für Generationen gebrochen sei. Diese Überzeugung der sowjetischen Führung blieb bis zur nationalsozialistischen Machtergreifung unerschüttert. Obwohl die bolschewistischen Führer die Stärke der deutschen Industrie bewunderten, ließen sie außer Acht, dass gerade aufgrund dieses Industriepotentials Deutschland alle Voraussetzungen besaß, um seine Militärmaschinerie schnell wiederherzustellen.[7] Die sowjetischen Führer übersahen, dass die ganze Infrastruktur, die in Russland erst durch die Industrialisierung geschaffen werden musste, um Russland wieder zu einer Militärmacht ersten Ranges zu entwickeln, in Deutschland längst vorhanden war.

An die Machtübernahme Hitlers glaubte man in Moskau auch am Vorabend der nationalsozialistischen „Machtergreifung" nicht. So meinte einer der Kominternführer, Manuil'skij, auf dem XII. Plenum des EKKI im September 1932, dass eine Regierung Hitler den deutschen Kapitalismus nicht aus der Sackgasse führen könne. Die kluge

---

7 Siegrfried Bahne ist der Meinung, dass Stalins wichtigstes außenpolitisches Ziel zu Beginn der 30er Jahre die Verhinderung eines antisowjetischen Krieges gewesen sei. Für dieses Ziel habe er Unruhe, aber keine Revolution in Deutschland gebraucht. Die deutsche Innenpolitik habe Stalin nur insoweit interessiert, als dies mit der sowjetischen Sicherheit irgendwie in Zusammenhang gestanden habe. Die innere Zerrissenheit Deutschlands, nicht zuletzt infolge der Aktivität der KPD und der NSDAP, sei für Stalin eine Art Garantie für die sowjetische Westgrenze gewesen (Bahne, Siegfried: Die Kommunistische Partei Deutschlands, in: Matthias, Erich / Morsey, Rudolf (Hrsg.): *Das Ende der Parteien.* Düsseldorf 1960, S. 659). Mit diesen Thesen überschätzt Bahne die militärische Bedeutung, die Deutschland damals in den Augen Stalins hatte. Stalin betrachtete Deutschland keineswegs als Gefahr für die Sowjetunion, sondern im Gegenteil als ein Gegengewicht gegen die antisowjetisch eingestellten Westmächte. Er teilte z.B. nicht die Befürchtung vieler Bolschewiki, die seit Locarno an die Möglichkeit der Überwindung des deutsch-westlichen Gegensatzes glaubten. Stalin meinte, trotz Locarno werde der deutsch-westliche Konflikt bestehen bleiben (siehe dazu Fischer, Louis: *Men and Politics. An Autobiography.* London 1941, S. 144 f.).

deutsche Bourgeoisie lasse Hitler nicht an die Macht kommen, um ihre letzten Reserven nicht zu kompromittieren.[8] Da die Kominternführung nicht an die nationalsozialistische Machtübernahme glaubte, war sie davon überzeugt, dass sich die NSDAP in der Opposition bald verbrauchen werde. Das Ergebnis der Reichstagswahlen vom 6. November 1932 fasste man in Moskau als Bestätigung für diese These auf. Die Tatsache, dass die NSDAP bei diesen Wahlen im Vergleich zu den Reichstagswahlen vom 31. Juli 1932 einen Rückschlag erlitt (ihr Stimmenanteil verringerte sich von 37,3 auf 33,1%), wurde in der Komintern als der Anfang vom Ende des Nationalsozialismus aufgefasst. Die KPD, die fast 17% der Stimmen erhielt (im Juli 1932 noch 14,3%), wurde in der Komintern als der einzige Sieger der Wahl bezeichnet.[9] Im Endeffekt beschleunigte aber der von der Komintern so gefeierte Erfolg der deutschen Kommunisten den Untergang der KPD wie auch der gesamten marxistisch orientierten deutschen Arbeiterbewegung. Innerhalb der konservativen Elite der Weimarer Republik, die damals die Schlüsselpositionen im Staate kontrollierte, wuchs nun, angesichts der Stimmengewinne der KPD, die Bereitschaft, eine Allianz mit der NSDAP einzugehen.[10] Da der deutsche Staatsapparat zu Beginn der 30er Jahre, anders als der russische im Jahre 1917, noch relativ intakt war, waren die Nationalsozialisten nicht imstande, den Staat nach bolschewistischem Vorbild im Alleingang zu erobern. An die Macht konnten sie nur mit Hilfe von Nicht-Nationalsozialisten gelangen. Darüber ist sich die Mehrheit der Faschismusforscher einig.[11] So stellte der Kompromiss

---

8 Manuil'skij, D.: Das Ende der kapitalistischen Stabilisierung. Rede auf dem 12. Plenum des EKKI, in: *Die Kommunistischer Internationale* 15.11.1932, S. 1131.

9 Siehe dazu u. a.: Die KPD im Angriff, in: *Die Kommunistische Internationale* 15.12.1932, S. 1213 ff.

10 Der sozialdemokratische Publizist und Historiker Konrad Heiden beschreibt die Stimmung, die damals innerhalb des konservativen Lagers herrschte: „Der drohende Untergang des Nationalsozialismus verbreitet Untergangsstimmung im Bürgertum. Ein Gespenst geht um in Deutschland, das Gespenst des Kommunismus. Hitler spielt Selbstmord und alles ruft erschreckt: rettet den Retter" (Heiden, Konrad: *Adolf Hitler. Das Zeitalter der Verantwortungslosigkeit.* Zürich 1936, S. 236 f.).

11 Vgl. dazu u. a. Mommsen, Hans: Zur Verschränkung traditioneller und faschistischer Führungsgruppen in Deutschland bei Übergang von der Bewegungs- zur

mit den herrschenden Gruppierungen eine unabdingbare Voraussetzung für die sog. nationalsozialistische „Machtergreifung" dar. Um das Zustandekommen dieses Kompromisses zu beschleunigen, wies die nationalsozialistische Führung unablässig auf die angeblich allgegenwärtige „kommunistische Gefahr" hin. In seiner Rede vor dem Industrieklub in Düsseldorf am 27. Januar 1932 verkündete Hitler unter starkem Beifall, Deutschland verdanke nur der NSDAP seine Rettung vor dem Bolschewismus: „Wenn wir nicht wären, gäbe es schon heute in Deutschland kein Bürgertum mehr, die Frage: Bolschewismus oder nicht Bolschewismus wäre schon lange entschieden!"[12]

Ähnlich wie die Bolschewiki im Jahre 1917 die übertriebenen Ängste der russischen demokratischen Parteien vor dem sog. „rechten", „gegenrevolutionären" Staatsstreich geschickt ausgenutzt hatten, machten sich die Nationalsozialisten die übertriebenen Ängste der konservativen Schichten vor einer kommunistischen Revolution zunutze. Auf die Frage, ob die Gefahr einer kommunistischen Revolution in Deutschland wirklich zu Beginn der 30er Jahre bestand, gibt der konservative Politiker Hermann Rauschning, der kurz nach der nationalsozialistischen Machtübernahme mit Hitler gebrochen hatte, folgende Antwort:

> Kein Schicksal ist dem Deutschen Reich 1932/33 ferner gewesen als eine bolschewistische Revolution, ja auch nur eine politische Revolte von links! Gerade die Kreise, die heute die Legende von dem unmittelbar bevorstehenden bolschewistischen Umsturz verbreiten, wissen es am besten, und haben es durch ihre eigene Taktik bewiesen, daß in Deutschland ein Putsch nur mit der legalen Macht als Rückhalt im Hintergrunde möglich war.[13]

---

Systemphase, in: Schieder, Wolfgang (Hrsg.): *Faschismus als soziale Bewegung.* Hamburg 1976; Bracher, Karl Dietrich: *Die deutsche Diktatur. Entstehung, Struktur, Folgen des Nationalsozialismus.* Köln 1969, S. 185 ff., 208 f.; Thamer, Hans-Ulrich: *Verführung und Gewalt. Deutschland 1933-1945.* Berlin 1986, S. 222-230; Kershaw, Ian: *Hitler 1889-1936.* Stuttgart 1998, S. 512-527.

12 Domarus, Max: *Hitler. Reden und Proklamationen 1932-1945*, Band I,1. Wiesbaden 1973, S. 87.

13 Rauschning, Hermann: *Die Revolution des Nihilismus.* Zürich 1938, S. 25.

Die Ernennung Hitlers zum Reichskanzler wurde von der sowjetischen Führung nicht sofort als Zäsur aufgefasst. Die Tatsache, dass die Hitlersche Regierung eine Koalition zwischen der NSDAP, der DNVP und parteilosen Konservativen darstellte, wirkte auf Moskau beruhigend. Es gab in dieser Regierung mehrere Politiker, die man in der Sowjetunion seit Jahren kannte und die als Garanten der Fortsetzung der Rapallo-Politik angesehen wurden, so Außenminister Neurath oder Reichswehrminister Blomberg. Von diesen preußischen Konservativen, die in der Regierung eine absolute Mehrheit darstellten, erwartete man in Moskau einen mäßigenden Einfluss auf Hitler. Aber auch die deutschen Konservativen selbst hatten das Gefühl, sie seien der NSDAP in der neuen Koalitionsregierung eindeutig überlegen. Franz von Papen, der am Zustandekommen der neuen Regierung maßgeblich beteiligt gewesen war, sagte damals: "In zwei Monaten haben wir Hitler in die Ecke gedrückt ..."[14]

Sogar Trockij, der ansonsten die Lage in Deutschland so scharfsichtig beurteilte, schrieb in einer seiner ersten Stellungnahmen zur nationalsozialistischen Machtübernahme, Hitler befinde sich in der Hand Hugenbergs (des Führers der Deutschnationalen Volkspartei). Nicht der Emporkömmling Hitler, sondern die Vertreter des deutschen Kapitals und des deutschen Staatsapparates, so Trockij, hätten das letzte Wort in der deutschen Politik.[15]

Diese Sätze schrieb Trockij im Februar 1933 – noch vor dem Reichstagsbrand, in dessen Folge die Lage in Deutschland sich grundlegend verändern sollte.

Zu den wenigen Ausnahmen im Lager der Linken, die die damalige Situation in Deutschland adäquat beurteilten, gehörte August Thalheimer. Er bezeichnete unmittelbar nach dem 30. Januar 1933 die konservativen Gruppierungen als den schwächeren Partner der Allianz, die damals in Deutschland entstanden war. Er erkannte, dass das nächste Ziel Hitlers die Ausschaltung seiner konservativen Partner aus der Regierung und die Alleinherrschaft der NSDAP war.

---

14 Zit. nach Thamer, *Verführung und Gewalt*, S. 232.

15 Trockij, Lev: Vor der Entscheidung, in: Ders.: *Schriften über Deutschland*, hrsg. von H. Dahmer, Band 1-2. Frankfurt 1971, hier Band 2, S. 438-448.

Hitler verfüge gleichzeitig über eine Massenorganisation und über die Exekutivgewalt, so Thalheimer. Die Exekutivgewalt werde er gegen alle seine Gegner außerhalb der Regierung einsetzten, er werde deren Organisationen auflösen und vernichten. Andererseits würden seine Massenorganisationen und seine Volkstümlichkeit dazu verwendet werden, auf seine konservativen Koalitionspartner Druck auszuüben.[16] Es sehe so aus, so lautet die Voraussage Thalheimers, als ob der Nationalsozialismus nur Monate zur Eroberung der Alleinherrschaft brauchen werde, wofür Mussolini in Italien Jahre gebraucht habe.

In der Tatsache, dass die Nationalsozialisten an die Macht gekommen waren, ohne zuvor die deutschen Arbeiterparteien in einem Bürgerkrieg geschlagen zu haben, sah die Kominternführung einen zusätzlichen Grund für Optimismus. In Italien hatten sich die Dinge zur Zeit des sog. faschistischen Marsches auf Rom anders verhalten. Mussolini kam nach einem zweijährigen Bürgerkrieg an die Macht, in dem es den Faschisten gelungen war, die Infrastruktur der italienischen Arbeiterbewegung weitgehend zu zerstören. Die organisatorische Infrastruktur der deutschen Arbeiterbewegung hingegen blieb zur Zeit der nationalsozialistischen Machtübernahme beinahe intakt. 13 Millionen Wähler stimmten bei den letzten Wahlen vor der Zäsur vom 30. Januar 1933 für beide deutsche Arbeiterparteien, 6 Millionen davon für die KPD. Die Zerstörung dieser gewaltigen Massenorganisationen durch eine einfache Anordnung von oben hielt man in Moskau für ausgeschlossen. Als die KPD unmittelbar nach dem Reichstagsbrand von der Regierung verboten wurde, waren viele Kominternführer davon überzeugt, dass die KPD sich auch in der Illegalität erfolgreich gegen das Regime wehren würde.[17] Einer der Kominternführer, Knorin, schrieb im März 1933:

> Sogar der zehnjährige Terror Mussolinis hat es nicht vermocht, die Italienische Kommunistische Partei zu vernichten. Umso weniger

---

16 Thalheimer, August: Die politische Lage, in: *Gegen den Strom*, Nr. 4, 1933.

17 Vgl. dazu u. a. Heckert, Fritz: Was geht in Deutschland vor?, in: *Die Kommunistische Internationale* 15.5.1933, S. 134.

> können Unterdrückungsmaßnahmen die Deutsche Kommunistische Partei vernichten, den Willen von 6 Millionen Werktätigen Deutschlands brechen, die bereit sind, für die Vernichtung des kapitalistischen Systems zu kämpfen.[18]

Auch Trockij dachte zunächst ähnlich. Zwar wurde er von der Machtübernahme Hitlers, im Gegensatz zu den Stalinisten, nicht überrascht. Er hatte sie schon seit Jahren als möglich vorausgesehen. Sogar die Form dieser Machtübernahme – eine freiwillige Übergabe der Regierungsverantwortung an Hitler durch die herrschenden Gruppierungen – wurde von Trockij als politische Eventualität vorausgesagt.[19] Dennoch war er davon überzeugt, dass ein solcher Aufstieg des Nationalsozialismus zur Macht in Deutschland unausweichlich einen Bürgerkrieg auslösen werde. In seinen ersten Reaktionen auf die Ernennung Hitlers zum Reichskanzler war noch keine Niedergeschlagenheit zu verspüren. Bis zum Reichstagsbrand hielt er die revolutionäre Kraft des deutschen Proletariats für ungebrochen und meinte, die entscheidende Auseinandersetzung stehe in Deutschland erst noch bevor. Die blitzschnelle Zerstörung der deutschen Arbeiterparteien durch den nationalsozialistischen Terror, der nach dem Reichstagsbrand eine organisierte Form angenommen hatte, überraschte Trockij vollkommen. Diese katastrophale Niederlage bezeichnete er im Juni 1933 als die größte Niederlage in der Geschichte der Arbeiterbewegung.[20] Trockij verurteilte nun die Stalinisten für ihre Unfähigkeit, das Ausmaß ihrer eigenen Niederlage in Deutschland richtig einzuschätzen. Eine von Illusionen verdeckte Niederlage bedeute den Untergang, schrieb er. Das Versprechen der KPD, sie werde den revolutionären Kampf gegen den Faschismus auch in der Illegalität fortsetzten, kommentierte Trockij:

---

18 Knorin, Wilhelm: Das Barometer zeigt auf Sturm, in: *Die Kommunistische Internationale*, März 1933, S. 31.

19 Trockij: Wie wird der Nationalsozialismus geschlagen, in: *Schriften über Deutschland*, Band 1, S. 164 f.

20 Trockij: Deutsche Perspektiven, in: *Schriften über Deutschland*, Band 2, S. 586.

Die stalinistische KPD, die in der Legalität völlig versagt hätte, werde in der Illegalität genauso versagen.[21]

Nun begannen allmählich auch die Stalinisten zu begreifen, wie sehr sie die Gefährlichkeit des Nationalsozialismus unterschätzt hatten. Im August 1933 konnte man im Presseorgan der Komintern *Rundschau* folgende Worte lesen: „Den Weg, den der italienische Faschismus unter den kompliziertesten Manövern in fünf Jahren durchlaufen hatte, durchlief der deutsche Faschismus in fünf Monaten."[22]

Trotz dieser Erkenntnis war die stalinistische Führung der Komintern nicht bereit, auch nur die geringsten Fehler in der Taktik der KPD oder der Komintern in den Jahren 1930-33 zuzugeben. Diese Taktik war nach Ansicht Moskaus in allen ihren Einzelheiten richtig gewesen. Die KPD habe die Entwicklung in allen Details vorausgesagt und habe alles unternommen, was im Bereich des Möglichen gestanden habe, um die nationalsozialistische Machtübernahme zu verhindern.[23] Die Partei, die an der Machtergreifung Hitlers vorwiegend Schuld sei und die durch diese Machtergreifung die größte Niederlage erlitten habe, sei die SPD. Die SPD, die bereits verboten war und deren Führer sich bereits in den Konzentrationslagern bzw. im Exil befanden, wurde von den Stalinisten weiterhin als die Hauptstütze der deutschen Bourgeoisie bezeichnet![24] Eine Zusammenarbeit mit den Sozialdemokraten kam für die Kominternführung auch ein Jahr nach der nationalsozialistischen Machtübernahme nicht in Frage. An der Sozialfaschismus-Theorie durfte bis Anfang 1934 nicht gerüttelt werden.

---

21 Trockij, *Schriften über Deutschland*, Band 2, S. 524 ff., 605.

22 Das wahre Gesicht des deutschen Faschismus, in: *Rundschau über Politik, Wirtschaft und Arbeiterbewegung* (im Folgenden *Rundschau*) 25.8.1933, Nr. 30, S. 1119.

23 Siehe dazu u. a. Heckert, Was geht in Deutschland vor?

24 Dutt, Palme: Die internationale Lage und der Kampf in Deutschland, in: *Rundschau* 11.3.1933, Nr. 4, S. 81; *XIII. Plenum IKKI. XI. 1933. Stenografičeskij otčet.* Moskau 1934, S. 21.

***

Zum Verhängnis für Stalin und die Stalinisten wurden fortwährende Parallelen, die sie zwischen Hitler und Mussolini zogen.

Die Ideenwelt, aus der der Nationalsozialismus kam, war den Bolschewiki noch weniger vertraut als der ideologische Hintergrund Mussolinis bzw. des italienischen Faschismus. Aus diesem Grund gelang es den Bolschewiki nur langsam, die Gefährlichkeit des Nationalsozialismus, welche diejenige des italienischen Faschismus bei weitem überstieg, richtig einzuschätzen.

Der Aufmerksamkeit der Kommunisten entging zunächst auch die Tatsache, dass sie in den Nationalsozialisten und vor allem in ihrem Führer einen Kontrahenten erhielten, der im Gegensatz zu den italienischen Faschisten das buchstäblich zu verwirklichen beabsichtigte, was er versprach.[25] Mussolinis Wille zur Macht und seine Verehrung der Gewalt waren häufig reine Rhetorik. Tatsächlich war er zu Kompromissen bereit, der rücksichtlose Fanatismus Hitlers war ihm fremd.[26]

Die Bolschewiki meinten zunächst, dass Hitler sich ähnlich wie Mussolini nach dem Marsch auf Rom, mit den politischen Sach-

---

25 Vgl. Bullock, Alan: *Hitler. Eine Studie über Tyrannei.* Düsseldorf 1967, S. 357; Fest, Joachim C.: *Hitler. Eine Biographie.* Frankfurt/Main 1973, S. 524 ff.; Kedward, Henry, R.: *Fascism in Western Europe 1900-1945.* Glasgow 1969, S. 115; Friedrich, Carl J. und Brzezinski, Zbigniew: *Totalitarian Dictatorship and Autocracy.* Cambridge/Mass. 1965, S. 114; Bracher, Karl Dietrich: *Zeitgeschichtliche Kontroversen. Um Faschismus, Totalitarismus, Demokratie.* München 1976, S. 79-100.

26 Der italienische Faschismusforscher Alberto Aquarone vertrat 1965 die Ansicht, dem italienischen Faschismus sei es nie gelungen, einen totalitären Staat zu errichten. Obwohl die Faschisten ihren Staat als totalitären Staat bezeichnet hätten, sei dieser Staat bis zum Schluss dynastisch und katholisch geblieben, d. h. nicht totalitär. Die Treue vieler italienischer Institutionen und Kräfte zur Dynastie beziehungsweise zur Kirche hätte den totalitären Anspruch des Faschismus praktisch unwirksam gemacht (Aquarone, Alberto: *L'organizzazione dello Stato totalitario.* Turin 1965); siehe in diesem Zusammenhang auch: Bracher, *Zeitgeschichtliche Kontroversen,* S. 62-78; Petersen, *Hitler-Mussolini. Die Entstehung der Achse Berlin-Rom 1933-1936.* Tübingen 1973, S. 155-162; Kedward, *Fascism in Western Europe,* S. 115; Hildebrand, Klaus: Innenpolitische Antriebskräfte der nationalsozialistischen Außenpolitik, in: Funke, *Hitler, Deutschland und die Mächte,* S. 223-238.

zwängen Deutschlands und Europas abfinden werde und dass seine radikalen Versprechungen sich genauso wie die Mussolinis als leere Rhetorik erweisen würden.

Etwa ein Jahr nach der nationalsozialistischen Machtübernahme, auf dem XVII. Parteitag der Bolschewiki im Januar 1934, sagte Stalin:

> Gewiß, wir sind weit davon entfernt, vom faschistischen Regime in Deutschland entzückt zu sein. Doch handelt es sich hier [bei der Verschlechterung der deutsch-sowjetischen Beziehungen] nicht um den Faschismus, wie allein die Tatsache zeigt, daß der Faschismus zum Beispiel in Italien für die UdSSR kein Hindernis war, die besten Beziehungen zu diesem Land herzustellen [...]. Nein, nicht darum handelt es sich. Es handelt sich um die Änderung in der Politik Deutschlands. Es handelt sich darum, daß [...] in Deutschland ein Kampf zwischen zwei politischen Linien begonnen hat, zwischen der alten Politik, die in den bekannten Verträgen der UdSSR mit Deutschland ihren Ausdruck gefunden hatte, und der ´neuen´ Politik, die im wesentlichen an die Politik des ehemaligen deutschen Kaisers erinnert.[27]

Stalin rief also Hitler dazu auf, sich ähnlich wie Mussolini, aber auch ähnlich wie die Bolschewiki zu verhalten: trotz der ideologischen Ausprägung des Regimes eine pragmatische Außenpolitik zu betreiben. Insoweit unterschätzte Stalin die ideologischen Zwänge, denen die Politik Hitlers unterworfen war, den Stellenwert, den in seinem außenpolitischen Programm die Bolschewismus- und Russlandfeindlichkeit einnahm.

Das russische Chaos eröffne der deutschen Außenpolitik den Weg zu ihrem wichtigsten Ziel – der Gewinnung des Raumes im Osten, schrieb Hitler 1928 in seinem sogenannten „Zweiten Buch".[28] Mit atemberaubender Konsequenz begann er seine bereits in den 20er Jahren formulierten außenpolitischen Ziele unmittelbar nach der Machtübernahme zu verwirklichen.

---

27 Stalin, Josef: Rechenschaftsbericht an den XVII. Parteitag, in: Ders.: *Werke*, Band 1-13. Berlin 1952 ff, hier Band 13, S. 270.

28 *Hitlers Zweites Buch. Ein Dokument aus dem Jahre 1928*, eingeleitet und komment. v. G. L. Weinberg. Stuttgart 1961.

Die Kommunisten träumten zwar auch von einer radikalen Veränderung der Weltordnung, sie setzten aber dabei keine konkreten Fristen. Als geschichtliche Deterministen waren sie davon überzeugt, dass der Sieg des Kommunismus im weltweiten Maßstab ohnehin unvermeidlich sei. Um diesen Sieg herbeizuführen, mussten sie nicht unbedingt alles auf eine Karte setzen. Bei Hitler verhielten sich die Dinge anders. Er hielt sich selbst für den einzigen Politiker der imstande sei, derart umfassende Aufgaben wie die Eroberung des „Lebensraums im Osten" oder die von ihm mehrmals angedrohte „Vernichtung der jüdischen Rasse in Europa" zu erreichen. Bei einer geheimen Besprechung mit Propagandaleitern der Partei im Oktober 1937 führte er aus:

> Er [Hitler], habe nach menschlichem Ermessen nicht mehr lange zu leben. In seiner Familie würden die Menschen nicht alt [...]. Es sei daher notwendig, die Probleme, die gelöst werden müßten (Lebensraum!), möglichst bald zu lösen, damit dies noch zu seinen Lebzeiten geschehe. Spätere Generationen würden dies nicht mehr können. Nur seine Person sei dazu in der Lage".[29]

Auf dieses Streben Hitlers, seine außenpolitischen Endziele, die auf eine grundlegende Umgestaltung der Weltordnung hinausliefen, unbedingt zu seinen Lebzeiten zu erreichen, führen viele Autoren die fortwährende Radikalisierung der nationalsozialistischen Außenpolitik zurück. Hitlers außenpolitisches Verhalten entsprach weitgehend dem Modell, das später von Henry A. Kissinger ausgearbeitet wurde, als dieser die Außenpolitik einer revolutionären Macht charakterisierte. Diese Macht sei im Grunde zur Selbstbeschränkung nicht fähig. Die Diplomatie im traditionellen Sinne, deren Wesen Kompromiss und Anerkennung der eigenen Grenzen seien, werde vom revolutionären Staatswesen praktisch aus den Angeln gehoben, da dieses unentwegt nach der Verwirklichung seiner Endziele strebe.

---

29 Zit. nach Thamer, *Verführung und Gewalt*, S. 562.

Nicht zuletzt darauf waren das rasante Tempo und die Konsequenz zurückzuführen, mit denen die Nationalsozialisten auf den Krieg hinarbeiteten. Vertragsbruch gehörte dabei zu ihren wichtigsten „Prinzipien". Schon 1937 – inmitten der Appeasementpolitik – bemerkte der Hitler-Biograph Konrad Heiden, Hitler sei niemand, mit dem ein Vernünftiger Verträge schließe, er sei vielmehr ein Phänomen, das man entweder erschlage oder von dem man sich erschlagen lasse.[30]

***

Stalin unterschätzte zunächst nicht nur die Gefährlichkeit des außenpolitischen Programms Hitlers, sondern auch die innere Stärke des nationalsozialistischen Regimes. So vertrat er in seiner Rede auf dem 17. Kongress der KPdSU im Januar 1934 die Meinung, der Sieg der NSDAP zeige nicht nur die Schwäche des deutschen Proletariats, sondern auch die Schwäche der deutschen Bourgeoisie, die nicht mehr mit den alten parlamentarischen Methoden regieren könne.[31] Man hoffte in Moskau im Jahre 1933 und in der ersten Hälfte des Jahres 1934, die nationalsozialistische Diktatur werde an ihren inneren Gegensätzen, vor allem an den Gegensätzen innerhalb ihrer heterogenen Massenbasis zugrunde gehen. Die Enttäuschung der SA-Leute und anderer radikaler Elemente innerhalb der nationalsozialistischen Bewegung über das Ausbleiben der „zweiten Revolution" wurde von einigen kommunistischen Ideologen optimistisch als eine Zerfallserscheinung des nationalsozialistischen Regimes gedeutet.[32]

Die Leichtigkeit, mit der Hitler sich seiner innenpolitischen Gegner zur Zeit des „Röhm-Putsches" entledigt hatte, zeigte Stalin, wie verfehlt seine Spekulationen auf die innere Schwäche des nationalsozialistischen Regimes waren. Er erkannte nun endgültig die Ge-

30 Heiden, *Adolf Hitler. Ein Mann gegen Europa*. Zürich 1937, S. 347.
31 Rešin, L. u. a. (Hrsg.): *1941 god.* V dvuch knigach. Moskau 1998, Band 2, S. 510.
32 Siehe u.a. Das wahre Gesicht des deutschen Faschismus, in: *Rundschau* 25.8.1933, Nr. 30, S. 1119.

fährlichkeit dieses neuen Gegners.[33] Nicht mit Kompromissen, sondern nur mit Gewalt könne man der Aggressivität der Faschisten begegnen, sagte er im Gespräch mit dem englischen Schriftsteller Herbert George Wells am 23. Juli 1934.[34] Jetzt erkannte Stalin das, was Trockij bereits unmittelbar nach der Errichtung der nationalsozialistischen Diktatur eingesehen hatte.[35] Die Taktik, welche Stalin anwenden wollte, um den rechtsextremen Regimen Einhalt zu gebieten, sah allerdings anders aus, als die, die Trockij vorschwebte. Trockij sah im europäischen Proletariat den wichtigsten und zuverlässigsten Verbündeten der Sowjetunion. In seinem Buch *Die Verratene Revolution* (1936) vertrat er die These, dass nur eine siegreiche Revolution die Niederlage der Sowjetunion im nächsten Krieg verhindern könne:

> Das Schicksal der U.S.S.R. wird letzten Endes nicht auf der Generalstabskarte entschieden, sondern auf der Karte der Klassenkämpfe. Nur das europäische Proletariat, das seiner Bourgeoisie, auch im Lager der ‚Friedensfreunde' unversöhnlich trutzt, wird die U.S.S.R. vor einer Zerschmetterung oder einem Dolchstoß in den Rücken seitens ihrer ‚Verbündeten' bewahren können. Ja, sogar eine militärische Niederlage der U.S.S.R. wäre im Falle des Sieges des Proletariats in anderen Ländern nur eine kurze Episode.[36]

Stalin teilte den Glauben Trockijs an die Kraft des europäischen Proletariats nicht. Die italienische und die deutsche Arbeiterbewegung hatten angesichts der Offensive der Rechtsextremisten zur Genüge

---

33 Aus dem Bericht des 1937 in den Westen geflohenen Offiziers des sowjetischen Geheimdienstes (Walter) Krivickij geht hervor, dass die Art, wie Hitler sich seiner innenpolitischen Gegner entledigt hatte, Stalin imponierte (Krivickij, W.: *I was Stalin's agent*. London 1939, S. 29).

34 Stalin, Iosif: *Sočinenija*, Band 14-16. 1934-1945. Stanford/California 1967, hier Band 14, S. 27.

35 Siehe dazu u. a. Trockij: Hitler und die Rote Armee, in: *Schriften über Deutschland*, Band 2, S. 502. Die These Sven Allards Stalin habe sehr früh erkannt, dass Hitler nicht nur eine Revanche für den verlorenen Krieg, sondern auch eine europäische Hegemonie anstrebte (Allard, Sven: *Stalin und Hitler. Die sowjetrussische Außenpolitik 1930-1941*. Bern 1974, S. 30) ist kaum begründet. Für diese Erkenntnis brauchte Stalin nämlich etwa zwei Jahre länger als Trockij.

36 Trockij, Lev: *Die verratene Revolution*. Zürich 1958, S. 226.

ihre Ohnmacht gezeigt. Daher erhielt die vom prowestlichen Flügel der bolschewistischen Partei konzipierte Bündnispolitik mit den Westmächten, die der Expansion Deutschlands, Japans und Italiens begegnen sollte, allmählich vorrangige Bedeutung auch in der außenpolitischen Konzeption Stalins. Stalin griff also auf das traditionelle Mittel zurück, mit dem Russland bereits ein halbes Jahrhundert zuvor der Expansion Deutschlands entgegengetreten war. In diesem Zusammenhang ist ein Brief Stalins vom 19. Juli 1934 an das Politbüro sehr aufschlussreich. Stalin äußerte sich dort negativ über die Absicht der Redaktion des Parteiorgans *Bol'ševik*, den Aufsatz Friedrich Engels' über die Außenpolitik des Zarenreiches zu veröffentlichen. Engels hätte sich geirrt, so Stalin, als er das Zarenreich als die größte Gefahr für den europäischen Frieden und als die größte Bastion der Reaktion in Europa bezeichnet hätte. Diese Thesen Engels' seien eindeutig übertrieben. Engels habe die Gefahr unterschätzt, die durch die deutsche Annexion von Elsass-Lothringen für den europäischen Frieden entstanden sei.[37] Auch Engels' These, das Streben des Zarenreiches nach der Eroberung Konstantinopels habe die größte Gefahr für den Frieden dargestellt, könne nicht akzeptiert werden. Diese These hätte den deutschen Sozialdemokraten ihren „Sündenfall" vom 4. August 1914 ermöglicht, als sie für die Kriegskredite gestimmt hätten, um Deutschland gegen die „russischen Barbaren" zu verteidigen. Engels wurde von Stalin auch dafür kritisiert, dass er die deutschen Sozialisten aufgefordert hatte, im Falle eines deutsch-russischen Krieges für Deutschland Partei zu ergreifen. Engels habe sogar einen Sieg Deutschlands über Russland als Sieg der Revolution bezeichnet, tadelte Stalin den Klassiker des Marxismus.[38] Für Stalin stellte also nicht das Zarenreich, sondern Deutschland vor 1914 die größte Gefahr für den Weltfrieden dar. Indirekt wollte Stalin darauf hinweisen, dass die damalige Situation sich nun wiederhole. Deutschland werde nun wieder zum aggres-

---

37 Stalin: O stat'e Engel'sa „Vnešnjaja politika russkogo carizma", in: Ders.: *Sočinenija*. Moskau 1946-1951, Band 14, S. 7 ff

38 Ebenda, S. 9 f.; siehe dazu auch Chlevnjuk, O.V. ( Hrsg.): *Stalin i Kaganovič. Perepiska 1931-1936* gg. Moskau 2001, S. 419.

sivsten Staat in Europa. Dieser Aggressivität wollte Stalin, ähnlich wie das Zarenreich, in erster Linie durch eine Koalition mit dem durch Deutschland bedrohten Frankreich begegnen. Auch der damalige französische Außenminister Barthou trat energisch für eine französisch-sowjetische Annäherung ein. Ernst Niekisch nennt in seinem 1936 geschriebenen Buch „Das Reich der niederen Dämonen" Barthou den letzten französischen Politiker, der die Tradition Clemenceaus fortgesetzt und Deutschland zu bremsen versucht hätte. Das Thema Nr. l der europäischen Politik sei für Barthou Versailles und nicht der Bolschewismus gewesen[39]. Barthou und die sowjetische Führung hätten in Hitler den größten und den gemeinsamen Feind erkannt.

Die französische und die sowjetische Regierung warben nun für die Idee eines kollektiven Sicherheitspaktes in Europa, um die Aggressivität des Dritten Reiches einzudämmen. Die Sowjetunion trat im September 1934 in den Völkerbund ein.

Durch die Schaffung einer breiten antifaschistischen Front wollten die Kommunisten den Rechtsextremismus mit der gleichen Waffe schlagen, mit der er sie zuvor geschlagen hatte: dadurch, dass sie den Feind zu isolieren versuchten und ihn als koalitionsunfähig hinstellten.

Diesem Ziel diente auch die seit Frühjahr 1934 bekundete Bereitschaft der Kommunisten, mit den bis dahin als „Sozialfaschisten" diffamierten Sozialdemokraten im Rahmen der Volksfrontbewegung zusammenzuarbeiten. Die Sozialfaschismustheorie wurde jetzt als Fehler angesehen und auf dem 7. Kongress der Komintern im Juli/August 1935 offiziell verurteilt.[40]

---

39 Niekisch, Ernst: *Das Reich der niederen Dämonen.* Hamburg 1953, S. 245.

40 Siehe dazu u.a. *VII. Congress of the Communist International. Abridged Stenographic Report of Proceedings.* Moskau 1939; Dimitroff, Georgi: Pis´mo v kommissiju po vtoromu punktu porjadka dnja v kongresse, in: *Voprosy istorii KPSS* 7 (1965), S. 83 ff; Ders.: *Tagebücher 1933-1943,* hrsg. von B.H. Bayerlein. Berlin 2000, S. 97 f.; Leibson, B. / Schirinja, K.: Der VII. Weltkongreß der Kommunistischen Internationale, in: *Probleme des Friedens und des Sozialismus* 1965, S. 679; Dieselben: *Povorot v politike Kominterna.* Moskau 1975, S. 90-106; Borkenau, Franz: *The Communist International.* London 1938, S. 380 f.; Weingartner, *Stalin,* S. 273; Luks, *Entstehung,* S. 174-180.

Diese antifaschistische, an die westlichen Demokratien angelehnte Politik stellte indes nicht die einzige Option dar, mit der Stalin operierte. Er hat auf die deutsche Karte niemals verzichtet und eruierte in Berlin, auch in der Zeit der Blüte der Politik der kollektiven Sicherheit und der Volksfrontstrategie die Frage, ob eine Erneuerung des Rapallo-Kurses für Berlin in Frage komme. Diesem Thema hat der Prager Historiker Ivan Pfaff eine längere Abhandlung gewidmet, in der er Folgendes schreibt:

> Seit Mitte Juli 1935 intensivierte Moskau geheime Anstrengungen, um zu einer bilateralen Verständigung mit Berlin ohne Rücksicht auf die ‚Allianzachse' Paris-Prag-Moskau zu gelangen. [...] Es lässt sich beinahe sagen, dass es 1934-1937 parallel zu jeder Völkerbundsrede [des Volkskommissars für Äußeres] Litvinovs in Genf durch einen seiner Konkurrenten [...] und persönlichen Vertrauten Stalins in Moskau oder Berlin zu einem Versuch kam, das direkte Gegenteil dessen zu erreichen, wofür sich Litvinov in Genf und gegenüber Paris und Prag so eifrig bemüht hatte. [...] Dass es in dieser Periode zu keinem deutsch-sowjetischen Abkommen kam, [...] ist ausschließlich auf Hitlers fanatischen Antikommunismus [...] zurückzuführen.[41]

Wenn man bedenkt, dass in der gleichen Zeit die stalinistischen Terrororgane Tausende von Vertretern der sowjetischen Machtelite wegen ihrer angeblichen Kontakte mit den deutschen Faschisten liquidierten, mutet dieses Werben Stalins um die Gunst Hitlers besonders bizarr an.

Diese Annäherungsversuche Stalins an Berlin waren nicht zuletzt durch seine Zweifel an der Entschlossenheit der Westmächte verursacht, die Aggressivität des Dritten Reiches effizient zu bekämpfen. Dies insbesondere nach dem Tod des Urhebers der Konzeption der kollektiven Sicherheit Barthou, der im Oktober 1934 einem Attentat zum Opfer fiel. Dem Nachfolger Barthous, Laval, war das Bündnis mit der Sowjetunion recht unwillkommen. Er unterschrieb zwar im Mai 1935 den von Barthou vorbereiteten französisch-sowjetischen Beistandspakt, tat dies aber ohne Begeisterung. Auch in London war

---

41 Pfaff, Ivan: Die deutsche Karte Moskaus (1934-1938), in: *Forum für osteuropäische Ideen- und Zeitgeschichte*, 10 (2006), Heft 2, S. 9-36, hier S. 13, 28.

die Bereitschaft, dem aggressiven Vorgehen Hitlers Einhalt zu gebieten, nicht allzu stark ausgeprägt. Während des Besuchs des englischen Außenministers Eden in Moskau im März 1935 versuchten Stalin und Litvinov diesen von der Gefahr zu überzeugen, die sowohl von Deutschland als auch von Japan ausgehe. Großbritannien sei von der Aggressivität des Dritten Reiches keineswegs so überzeugt, wie die sowjetische Regierung, erwiderte Eden.[42] Zu den wenigen prominenten Gegnern der Appeasementpolitik in der politischen Klasse Englands gehörte der ehemalige harte Gegner des sowjetischen Staates – Winston Churchill. Mit seinen Ansichten war aber Churchill zum damaligen Zeitpunkt im politischen Establishment seines Landes relativ isoliert.[43]

Endgültig kehrte Stalin von der Politik der kollektiven Sicherheit nach dem Münchner Abkommen ab, das den Höhepunkt der westlichen Politik der beinahe uneingeschränkten Nachgiebigkeit Hitler gegenüber symbolisierte. In seinem Rechenschaftsbericht auf dem 18. Parteitag der Bolschewiki am 10. März 1939 griff Stalin in erster Linie die Westmächte und nicht das Dritte Reich an. Er beschuldigte die westlichen Demokratien, dass sie Deutschland zu einem Krieg gegen die Sowjetunion treiben wollten. Sie seien daran gewöhnt, fremde Hände die Kastanien aus dem Feuer holen zu lassen.[44]

Fünf Monate später wurde der Hitler-Stalin-Pakt unterzeichnet, der Hitler die Entfesselung des Zweiten Weltkrieges erheblich erleichterte. Die sowjetische Rückendeckung trug zu den beispiellosen militärischen Erfolgen der Wehrmacht in den Jahren 1939-40 nicht

---

42 Siehe dazu *Dokumenty vnešnej politiki SSSR*, Band 18. Moskau 1973, S. 242; Rešin, *1941 god*, Band 2, S. 519-522.

43 Der sowjetische Botschafter in London, Majskij, berichtet über ein Gespräch, das er Ende 1935 mit Churchill führte. Churchill sagte, dass es in England politische Kreise gebe, die Hitler Aktionsfreiheit im Osten gestatten wollten. Er hielt das deutsch-englische Flottenabkommen vom Juni 1935 für einen großen Fehler. Er glaube, im Gegensatz zu vielen englischen Politikern nicht, dass Kompromisse mit Hitler möglich seien. Am Ende des Gesprächs betonte Churchill, die britischen Interessen erforderten ein starkes und gut gerüstetes Russland, das ein Gegengewicht gegenüber Deutschland und Japan bilden könne (*Dokumenty vnešnej politiki SSSR*, Band 18, S. 586).

44 Rešin, *1941 god*, Band 2, S. 571-576.

unwesentlich bei. Westliche Appeasementpolitik erhielt nun ein Äquivalent im Osten. In den Jahren 1934-38 glaubte man im Westen, man könne auf der Grundlage des Antikommunismus eine gewisse Gemeinsamkeit mit dem Dritten Reich finden. In den Jahren 1939-41 sah Stalin seinerseits Gemeinsamkeiten mit dem Dritten Reich auf der Grundlage der gemeinsamen Gegnerschaft zum Parlamentarismus und zu der sogenannten „Plutokratie". Georgi Dimitroff notiert folgende Worte Stalins vom 7. November 1939: „In Deutschland sind die kleinbürgerlichen Nationalisten zu einer jähen Wendung fähig, sie sind flexibel – nicht mit der kapitalistischen Tradition verbunden – im Unterschied zu den bürgerlichen Führern vom Typus Chamberlain usw."[45]

Der Feldzug Moskaus gegen den Faschismus wurde nun praktisch eingestellt. Diesen neuen Kurs der kommunistischen Politik begründete Stalin folgendermaßen:

> Bis zum Krieg war es völlig richtig, dem Faschismus das demokratische Regime entgegenzusetzen. Während des Krieges zwischen den imperialistischen Mächten ist das schon nicht mehr richtig. Die Unterscheidung der kapitalistischen Länder in faschistische und demokratische hat ihren bisherigen Sinn verloren. Der Krieg hat einen grundlegenden Bruch herbeigeführt.[46]

In der sowjetischen Presse wurde nun die neue deutsch-sowjetische Kooperation als ein historischer Wendepunkt und als eine Wiederanknüpfung an die traditionelle deutsch-russische bzw. deutsch-sowjetische Zusammenarbeit interpretiert. Am 31. Oktober 1939 erklärte Molotov, die Westmächte führten nun einen ideologischen Krieg gegen Deutschland. Dadurch kehrten sie ins Stadium der mittelalterlichen Religionskriege zurück. Eine Ideologie könne aber nicht mit Gewalt vernichtet werden, weshalb ein Krieg gegen den „Hitlerismus" jeder Rechtfertigung entbehre. Der wahre Grund des Krieges der Westmächte gegen Deutschland sei weder das Streben

45 Dimitroff, *Tagebücher*, S. 281.

46 Ebenda, S. 273; siehe dazu auch Firsov, F.I.: Archivy Kominterna i vnešnjaja politika SSSR v 1939-1941 gg., in: *Novaja i novejšaja istorija* 6 (1992), S. 12-35.

nach der Vernichtung des Faschismus noch die Restauration Polens, sondern die Furcht, Deutschland könnte einen Anspruch auf die Kolonien erheben, auf deren Ausbeutung der Wohlstand der Westmächte beruhe.[47] „Was habt ihr Proletarier von diesem Krieg zu gewinnen?" fügte am 6. November 1939 das Exekutivkomitee der Komintern in einem gegen den Krieg gerichteten Manifest hinzu:

> Glaubt jenen nicht, die Euch unter dem Vorwand der Verteidigung der Demokratie auffordern, den Krieg zu unterstützen [...]. Sie kämpfen nicht für die Freiheit der Nationen, sondern um deren Versklavung, nicht um die Demokratie vor dem Faschismus zu retten, sondern für den Triumph der Reaktion.[48]

In seinen Dankworten an Hitler und Ribbentrop anlässlich ihrer Glückwünsche zu seinem 60. Geburtstag schrieb Stalin am 24.12.1939: „Die mit Blut besiegelte Freundschaft der Völker Deutschlands und der Sowjetunion hat alle Aussicht langandauernd und beständig zu werden." [49]

Stalin erlag nun, ähnlich wie früher Chamberlain und Daladier, der Illusion, man könne mit Hitler Verträge schließen, da dessen außenpolitische Ziele begrenzter Natur seien. Als der britische Botschafter in Moskau, Sir Stafford Cripps, Stalin am 1. Juli 1940 zu überzeugen suchte, Hitler werde sich früher oder später auch gegen die Sowjetunion wenden, weil sein eigentliches Ziel die Weltherrschaft sei, reagierte Stalin skeptisch:

> Man soll nicht an alles glauben, was [manche Propagandisten] laut verkünden. Es ist nicht ausgeschlossen, dass einige Nationalsozialisten von der Weltherrschaft träumen, es gibt aber in Deutschland auch vernünftige Menschen, die verstehen, dass Deutschland nicht stark genug ist, um die Welt zu beherrschen.[50]

---

47 Braunthal, Julius: *Geschichte der Internationale*. Hannover 1963. Band 2, S. 527.
48 Ebenda, S. 529.
49 Dimitroff, *Tagebücher*, S. 286.
50 *Dokumenty vnešnej politiki 1940-22 ijunja 1941.* Moskau 1995-1998, tom 23, kniga 1, S. 396.

Mit diesem Glauben an die politische Vernunft der NS-Führung ließ Stalin die Tatsache außer Acht, dass totalitäre Politiker sich durch Sachzwänge und objektive Hindernisse keineswegs einschränken lassen. Er selbst hatte dies einige Jahre zuvor unter Beweis gestellt, als er der russischen Bauernschaft durch die Kollektivierung der Landwirtschaft und der sowjetischen Machtelite durch den „Großen Terror" das Rückgrat gebrochen hatte. Er zeigte also, dass auch die radikalsten Pläne verwirklicht werden können, wenn nur eine ausreichende Rücksichtslosigkeit vorhanden ist. Dass Hitler ebenfalls danach strebte, seine radikalsten Ziele nicht nur zu verkünden, sondern auch zu verwirklichen, wurde von Stalin zunächst unterschätzt. Erst nach dem 22. Juni 1941 wurde er eines Besseren belehrt.

Schenkt man dem hohen Funktionär des sowjetischen Geheimdienstes Sudoplatov Glauben, so versuchte aber die sowjetische Führung sogar nach dem Hitlerschen Überfall auf die Sowjetunion die NS-Führung zu beschwichtigen. Sudoplatov sollte Ende Juni 1941 im Auftrage Lavrentij Berijas mit dem bulgarischen Botschafter in Moskau Stamenov die Bedingungen sondieren, die Hitler zu einer Beendigung des Krieges veranlassen könnten. Stamenov sollte sich bei den Deutschen erkundigen, ob sie sich mit solchen Gebieten wie „das Baltikum, die Ukraine, Bessarabien, Bukowina und die karelische Landenge begnügen würden. Wenn nicht, welche zusätzlichen Gebiete würde Deutschland beanspruchen?"[51]

Es ist nicht ausgeschlossen, dass Hitler sich auf dieses Angebot Stalins bezog, als er in seinen Monologen im Führerhauptquartier am 12. Juli 1941 Folgendes sagte: „Dieser schlaue Kaukasier ist bereit, das europäische Rußland dranzugeben, wenn er fürchten muß, sonst das ganze zu verlieren".[52]

Sollte der Bericht Sudoplatovs der Wirklichkeit entsprechen, würde dies erneut beweisen, wie sehr Stalin die ideologischen Zwänge, die das Verhalten Hitlers bestimmten, unterschätzte.

---

51 Rešin, *1941 god*, Band 2, S. 487-90, 507 f.

52 *Adolf Hitler. Monologe im Führerhauptquartier 1941-1944*. Aufgezeichnet von Heinrich Heim, hrsg. von Werner Jochmann. München 2000, S. 42.

Den Krieg gegen die Sowjetunion erlebte Hitler als eine Art innere Befreiung. Endlich brauchte er sich nicht mehr zu verstellen, auf Kompromisse mit dem verhassten ideologischen Gegner einzugehen: „Ich fühle mich, seit ich mich zu diesem Entschluß durchgerungen habe, innerlich frei", schrieb Hitler unmittelbar vor dem Angriff auf die Sowjetunion an Mussolini.[53]

Hitler habe nun nicht mehr taktische Lösungen, sondern nur „Endlösungen" gesucht, so der Hitler-Biograph Joachim C. Fest.[54] Die sogenannte zweite nationalsozialistische Revolution, die Hitler unmittelbar nach der Machtergreifung gebremst hatte, brach nun mit voller Wucht aus. Zu den ersten Opfern dieser neuen Phase der nationalsozialistischen Revolution sollten die sowjetischen Juden und die sowjetischen Kriegsgefangenen werden.

Stalin brauchte lange 11 Tage, um sich an die von ihm terrorisierte sowjetische Bevölkerung mit einer Bitte um Hilfe zu wenden. Nun waren die Würfel gefallen. Jetzt wurde Stalin, ähnlich wie vorher Churchill und Roosevelt klar, dass Kompromisse mit Hitler nicht möglich seien.

Stalinistische Propagandisten versuchten jetzt an die Klasseninstinkte der deutschen Proletarier, auch der Soldaten der Wehrmacht, zu appellieren, um sie zum Sturz des eigenen Regimes zu bewegen. Als diese Hoffnung auf die Klassensolidarität ihren illusionären Charakter offenbarte, konzentrierte sich die sowjetische Propaganda dann in erster Linie auf das Schüren des Hasses gegen die deutschen Invasoren. Dimitroff berichtet über folgende Aussage Stalins vom Januar 1943:

> Offenbar ist die Mehrheit der deutschen Arbeiter nicht abgeneigt, *herrschende Nation* zu sein. Eine Minderheit ist dagegen, doch sie wird unterdrückt. Die deutschen Soldaten begeben sich noch nicht reihenweise in Gefangenschaft. Noch härtere Lektionen durch die

---

53 *Akten zur Deutschen Auswärtigen Politik 1918-1945. Aus dem Archiv des Auswärtigen Amtes*, Serie D, Band I, 2, Göttingen 1969, S. 892.

54 Fest, *Hitler*, S. 885; siehe dazu auch Nolte, *Der Faschismus in seiner Epoche.* München 1963, S. 436; Kershaw, *Hitler 1936-1945.* Stuttgart 2000, S. 512, 784, 841 f.

> Rote Armee sind erforderlich, damit der Zersetzungsprozess beginnt.[55]

Zu den wirksamsten sowjetischen Propagandisten wurde nun der Schriftsteller Ilja Ehrenburg, der von Joseph Goebbels zum Sinnbild des „Deutschenhasses" stilisiert wurde.[56] Die antideutschen Ressentiments Ehrenburgs erklärte der Propagandaminister des NS-Regimes durch dessen jüdische Herkunft. In Wirklichkeit unterschied sich aber der Standpunkt Ehrenburgs in keiner Weise von den Positionen unzähliger sowjetischer Schriftsteller und Publizisten nichtjüdischer Herkunft. So schrieb Aleksej Tolstoj im Juli 1941: „Hitler und seine Armee zu besiegen und zu vernichten, die Tod und Sklaverei [...] bringen. Dafür brauchen wir Hass [...], heiligen Hass, der verbindet und erhöht." [57]

Michail Šolochov verfasste einen Artikel, der den Titel „Die Wissenschaft vom Hass" trug und Konstantin Simonov ein Gedicht mit dem Aufruf „Töte ihn!"[58]

Stalin beschränkte sich allerdings in seiner Kriegspropaganda nicht nur auf das Schüren des Deutschenhasses. Erneut operierte er mit mehreren Optionen, und eine von ihnen hieß: Appell an das deutsche Nationalgefühl, um einen Zwist zwischen dem NS-Regime und den national gesinnten Gruppierungen in Deutschland zu säen. In seiner Rede vom 6. November 1941 stellte er die These auf, dass es sich bei den Nationalsozialisten nicht um Nationalisten handele:

> Solange sich die Hitlerleute damit befassten, die deutschen Länder zusammenzuführen [...], konnte man sie mit einer gewissen Berechtigung für Nationalisten halten. Mit ihrem Übergang zur Eroberung

55 Dimitroff, *Tagebücher*, S. 641.

56 Siehe dazu u. a. Fresinskij, Boris: Ilja Ehrenburg und Deutschland, in: Eimermacher, Karl / Volpert, Astrid / Bordjugov, Gennadij (Hrsg.): *Stürmische Aufbrüche und enttäuschte Hoffnungen. Russen und Deutsche in der Zwischenkriegszeit.* München 2006, S. 291-327, hier S. 320.

57 Gorjaeva, Tatjana: „Wenn morgen Krieg ist". Zum Feindbild in der sowjetischen Propaganda 1941-1945, in: Eimermacher, Karl / Volpert, Astrid / Bordjugov, Gennadij (Hrsg.): *Verführung der Gewalt. Russen und Deutsche im Ersten und Zweiten Weltkrieg.* München 2005, S. 427-468, hier S. 434.

58 Ebenda, S. 438, 443.

> fremder Länder [...], mit ihrem Streben nach der Weltherrschaft hatte allerdings die Hitler-Partei aufgehört nationalistisch zu sein. Sie ist nun eine imperialistische, auf Eroberung und Unterwerfung fremder Völker fixierte Partei geworden.[59]

Diese Unterscheidung zwischen dem Nationalismus und dem Nationalsozialismus, die bei den westlichen Verbündeten Moskaus für Verwirrung sorgte, versuchte der Volkskommissar für Äußeres Molotov in seinem Brief an den sowjetischen Botschafter in London Majskij folgendermaßen zu deuten:

> Stalin wollte hier ausdrücken, dass selbst vom Standpunkt des deutschen Nationalismus die gegenwärtige Eroberungspolitik der Hitlerschergen als verhängnisvoll für Deutschland betrachtet werden muss, dass die Partei der Nationalsozialisten eine [...] imperialistische und nicht nationalistische ist. Damit wollte Stalin Verwirrung in den Reihen der Hitleranhänger stiften und Unstimmigkeiten zwischen der Hitlerregierung und den nationalistisch eingestellten Schichten des deutschen Volkes bewirken.[60]

Der Flirt mit der deutschen Nationalidee spiegelt sich auch in der Gründung des Nationalkomitees Freies Deutschland im Juli 1943 und des Bundes der Deutschen Offiziere, der im September mit dem NKFD fusionierte, wider. Im NKFD und im BDO waren nun mehrere nationalgesinnte preußische Konservative vertreten, und deutschnationale Töne ließen sich in den Verlautbarungen des Komitees deutlich vernehmen. Hartgesottene Stalinisten aus der KPD, die im NKFD tonangebend waren, begannen sich nun auf Befehl von oben statt eines internationalistisches immer häufiger eines nationalen Vokabulars zu bedienen. Am 26. Juli 1943 fragte der britische Botschafter in Moskau, Kerr, Molotov, welchen Zweck die UdSSR mit der Gründung des Komitees verfolge. Dies seien rein propagandistische Ziele, versuchte Molotov seinen Gesprächspartner zu beruhi-

---

59 Stalin, *Sočinenija,* Band 15, 1941-194. Stanford/California 1967, S. 21.

60 Lauffer, Joachim P. / Kynin, Georgij P. unter Mitarbeit von Knoll, Viktor (Hrsg.): *Die UdSSR und die deutsche Frage 1941-1948. Dokumente aus dem Archiv für Außenpolitik der Russischen Föderation.* Band 1: 22. Juni 1941 bis 8. Mai 1945. Berlin 2004, S. 11 f.

gen.[61] Die Ängste der Westalliierten blieben aber bestehen. Der stellvertretende Volkskommissar für Auswärtige Angelegenheiten Litvinov, schrieb am 9. Oktober 1943 an Molotov: „In einigen Kreisen im Ausland ist der Eindruck entstanden, dass wir beabsichtigen mit Deutschland bedeutend milder umzugehen, als andere Staaten der Vereinten Nationen, wobei uns in dieser Hinsicht die absurdesten Nachkriegspläne unterstellt werden".[62]

Stalins Flirt mit der deutschen Nationalidee diente aber in der Tat, und hier muss man Molotovs Aussage im Gespräch mit dem britischen Botschafter ernst nehmen, in erster Linie propagandistischen Zwecken. Denn die einzigen politischen Kreise in Deutschland, von denen er erwartete, dass sie die deutsche Politik in seinem Sinne gestalten würden, waren kommunistische Emigranten, die in der Sowjetunion eine langjährige strenge Disziplinierungsschule unter der Bewachung der sowjetischen Terrororgane durchlaufen haben. Das unterwürfige Verhalten gegenüber dem Kreml-Despoten war zu ihrer zweiten Natur geworden. Sie stellten den alles entscheidenden Kern des NKFD sowie der am 10. Juni 1945 neugegründeten KPD, der SED und schließlich der DDR-Führung dar.

Dessen ungeachtet hörte Stalin nicht auf, um die nationalistisch gesinnten deutschen Gruppierungen zu werben. Er tat dies auch nach der Zerschlagung des Dritten Reiches. Über ein besonders kurioses Kapitel dieses Kurses berichtet der politische Berater der Sowjetischen Militäradministration in Deutschland Vladimir Semenov. So soll Stalin im März 1948 bei seinem Treffen mit der SED-Führung folgende Überlegungen entwickelt haben:

> Glauben Sie nicht, dass es an der Zeit wäre, die Trennlinie zwischen den ehemaligen Nazis und Nichtnazis aufzuheben? Vielleicht sollte man ehemaligen Mitgliedern der Nazipartei, die keine Verbrechen gegen das deutsche Volk oder gegen andere Völker auf sich geladen haben, alle aktiven und passiven Bürgerrechte zurückgeben, damit sie am Aufbau Deutschlands teilnehmen können? In der Nazipartei waren immerhin über zehn Millionen Menschen [...]. Das ist eine

61 Ebenda, S. 132.
62 Ebenda, S. 194.

> große Zahl [...]. Geben wir den ehemaligen Nazis die Möglichkeit, wenn sie es wollen, eine eigene Partei zu gründen, natürlich eine demokratische [...]. An ihre Spitze könnte ein bekannter Nazi treten.[63]

Semenovs Bericht lässt sich durch zahlreiche, vor kurzem zugänglich gewordene Dokumente bestätigen. Nur beim Datum hat sich der sowjetische Diplomat geirrt. Die erste Unterredung zu diesem Thema fand nicht im März 1948, sondern bereits am 31. Januar 1947 statt. Stalin sagte damals: Es habe in der Nazipartei doch auch patriotische Elemente gegeben. Man müsse diese für die eigene Sache anwerben. Vielleicht solle man jemanden aus der mittleren Führungsebene der ehemaligen Nazipartei oder einen der ehemaligen Führer nehmen. Man solle für die ehemaligen Nazis irgendeine Partei gründen, die geeignet wäre, Patrioten und nichtaktive Elemente aus der ehemaligen nationalsozialistischen Partei einzubinden. Dann würden sie nicht mehr befürchten, von den Sozialisten vernichtet zu werden. Man könne diese Partei „National-Demokratische Partei" oder ähnlich nennen.

Diese Überlegungen des Kreml-Herren konsternierten die SED-Führer außerordentlich. Eine solche Vorgehensweise würde die SED vor erhebliche Probleme stellen, sagte Wilhelm Pieck. Die SED kämpfe „gegen die Nazitheorien und das gesamte nazistische Erbe", fügte Otto Grotewohl hinzu. Stalin erwiderte: „Richtig. Doch müssen [die ehemaligen Nazis in diesen] Kampf einbezogen werden".[64]

Die „theoretischen" Überlegungen Stalins wurden dann in die Praxis umgesetzt, und zwar ungeachtet mancher Bedenken und Widerstände der SED-Führer. Die von Stalin favorisierte National-Demokratische Partei wurde letztendlich gegründet.

Etwa zwei Jahre nach den versöhnlichen Äußerungen Stalins über den bezwungenen nationalsozialistischen Gegner begann in der Sowjetunion eine antikosmopolitische Kampagne, die in ihrer Diktion erstaunliche Ähnlichkeiten mit dem nationalsozialistischen

---

63 Semenov, Vladimir S.: *Von Stalin bis Gorbatschow. Ein halbes Jahrhundert in diplomatischer Mission* 1939-1991. Berlin 1995, S. 253 f.

64 Lauffer u. a., *Die UdSSR und die deutsche Frage*, Band 3, S. 143 f.

Vokabular aufwies. Bestand zwischen dem Entgegenkommen Stalins gegenüber den ehemaligen Nationalsozialisten und seiner immer schärferen Auseinandersetzung mit den Juden ein innerer Zusammenhang? Diese Frage lässt sich nicht eindeutig beantworten. Eindeutiger hingegen ist ein anderer Zusammenhang: Stalins Werben um die national-gesinnten Kräfte in Deutschland sowie die Stilisierung Moskaus zum wichtigsten Verfechter der deutschen Einheit unter allen Siegermächten diente einerseits der Vereitelung der Pläne der Westmächte, einen Westblock unter Einschluss Westdeutschlands zu bilden. Zugleich sollte die nationalistische Phraseologie den wahren Charakter des sowjetischen Besatzungsregimes und des politischen Systems, das Moskau in Deutschland errichtete, verschleiern. Wie bekannt, führte diese Verschleierungstaktik nicht zum gewünschten Erfolg, denn die Mehrheit der Deutschen war sich über das Wesen des sogenannten „demokratischen" Systems sowjetischer Prägung durchaus im Klaren.

# Vasilij Grossmans Roman *Leben und Schicksal* und die Paradoxien des sowjetischen Sieges über das Dritte Reich

Der Roman des 1964 verstorbenen russischen Schriftstellers Vasilij Grossman *Leben und Schicksal* wird nicht selten als Jahrhundertroman bezeichnet, und dies mit gutem Grund. In diesem Werk, in dessen Mittelpunkt die Schlacht von Stalingrad steht, spiegelt sich in einer ungewöhnlichen Prägnanz die zweifache Katastrophe des 20. Jahrhunderts wider, die durch solche Begriffe wie Auschwitz und „Archipel Gulag" symbolisiert wird. Warum waren diese Katastrophen möglich? Was sicherte sowohl dem Nationalsozialismus als auch dem Stalinismus ihren vorübergehenden Triumph? All diese Fragen werden in Grossmans Buch thematisiert.

Als Grossman seinen Roman Anfang der sechziger Jahre abgeschlossen hatte, hoffte er, dass es ihm gelingen würde, das Buch, das in schonungsloser Weise mit der Hitlerschen und mit der Stalinschen Tyrannei abrechnet, in der Sowjetunion zu publizieren. Dies war immerhin die Zeit des 22. Parteitages der KPdSU, auf dem Chruščev, anders als auf dem 20. Parteitag fünf Jahre zuvor, den stalinistischen Terror nicht in einer geheimen Rede, sondern öffentlich anprangerte. Dies war die Zeit, in der die Moskauer Zeitschrift *Novyj mir* die Erzählung Aleksandr Solženicyns über einen Tag im Leben eines Gulag-Häftlings („Ein Tag im Leben von Ivan Denisovič") veröffentlichte.

Dessen ungeachtet rief der Roman Grossmans Entsetzen bei den sowjetischen Partei- und Kulturfunktionären hervor. Im Gespräch mit dem Schriftsteller erklärte der Chefideologe der Partei, Suslov, der Roman sei für die Sowjetmacht noch schädlicher als Pasternaks *Doktor Živago*.[1] Einer der Kulturfunktionäre, der die Veröffentli-

---

1 Lipkin, Semen: *Žizn'i sud'ba Vasilija Grossmana*. Moskau 1990, S. 68; Lazarev, L.: Duch svobody, in: Grossman, Vasilij: *Žizn' i sud'ba*. Moskau 1990, S. 655 f.; Gar-

chung des Romans kategorisch ablehnte, sagte, das Buch spiegele zwar bestimmte Seiten der stalinistischen Realität wider, man müsse aber noch etwa 250 Jahre damit warten, es zu publizieren.[2] Das Manuskript des Romans wurde vom KGB beschlagnahmt. Es grenzt an ein Wunder, dass das Buch trotz aller Versuche der Behörden, es für 250 Jahre, d.h. für immer, in der Versenkung verschwinden zu lassen, letztendlich doch die Leser erreichte. Für den Autor geschah dies allerdings zu spät. Der Roman wurde erst 16 Jahre nach seinem Tod im „Tamizdat" (im Exil) veröffentlicht.

Der Roman befasst sich zwar in erster Linie mit der Schlacht von Stalingrad, die Darstellung dieser militärischen Auseinandersetzung wird allerdings durch eine beeindruckende und tiefgreifende Gesamtanalyse des damaligen Wendepunktes der Geschichte begleitet. Denn in Stalingrad entschied sich wohl das Schicksal der ganzen Welt. Hätte die Wehrmacht diese Schlacht gewonnen, so hätte dies wahrscheinlich das nationalsozialistische Besatzungsregime auf dem europäischen Kontinent für Jahre gefestigt, und dies hätte das vorläufige Ende der europäischen Zivilisation, wie wir sie kennen, bedeutet. Vasilij Grossman schreibt:

> Faschismus und Mensch konnten nicht gemeinsam existieren. Wenn der Faschismus siegte, würde der Mensch aufhören zu existieren, es würden nur innerlich verformte, menschenähnliche Wesen übrigbleiben. Doch wenn der Mensch siegte, ausgestattet mit Freiheit, Vernunft und Güte, würde der Faschismus untergehen, und diejenigen, die sich ihm unterworfen hatten, würden wieder zu Menschen werden. (Wassilij Grossman, *Leben und Schicksal*, hrsg. v. Efim Etkind und Simon Markish. München und Hamburg 1984, im Folgenden: *Leben und Schicksal*, S. 94 f.)

Die Paradoxie von Stalingrad bestand allerdings darin, dass hier ausgerechnet ein Regime die Belange der gesamten zivilisierten Menschheit verteidigte, das auf einem ähnlich hohen Leichenberg

---

rard, John / Garrard, Carol: *The Bones of Berdichev. The Life and Fate of Vasily Grossman*. New York 1996, S. 279 f., 357-360.

2 Lipkin, *Žizn' i sud'ba*, S. 63-65; Lazarev, Duch svobody, S. 655; Garrard / Garrad, *Bones of Berdichev*, S. 355.

aufgebaut worden war wie das nationalsozialistische und das, ebenso wie das Dritte Reich, die tyrannische Willkür versinnbildlichte. Man hätte in diesem Zusammenhang die Worte Grossmans paraphrasieren und sagen können: Stalinismus und Mensch konnten nicht gemeinsam existieren. Wenn der Stalinismus siegte, würde der Mensch aufhören zu existieren.

Indes nahm an der Schlacht von Stalingrad neben den beiden unmenschlichen Regimen noch ein anderer Akteur teil, der, ähnlich wie das stalinistische System, um sein Überleben kämpfte und der den Charakter dieser Schicksalsschlacht ebenfalls entscheidend prägte – dies war die sowjetische Gesellschaft. Und es bestand keineswegs eine Übereinstimmung zwischen ihr und dem System, das sie nach außen repräsentierte. In den dreißiger Jahren führte die stalinistische Despotie einen brutalen Terrorfeldzug gegen das eigene Volk, der sich zunächst gegen die Landbevölkerung gerichtet hatte und sich danach – während des Großen Terrors von 1936-1938 – auf alle Schichten der Gesellschaft erstreckte. Dabei waren die Übergänge zwischen Tätern und Opfern fließend. Auch unzählige Massenmörder gerieten in das Räderwerk der von ihnen selbst aufgebauten Terrormaschinerie. Inmitten einer Friedenszeit erklärte also das Regime seinem eigenen Volk den Krieg, und viele Facetten dieses Vernichtungsfeldzugs, der die Gesellschaft nicht nur physisch, sondern auch moralisch gebrochen hatte, werden im Roman Grossmans minuziös geschildert.

Wenn man all das bedenkt, so ist der Ausgang der Schlacht von Stalingrad umso erstaunlicher. Eine in den dreißiger Jahren bis zum äußersten drangsalierte und gedemütigte Nation vermochte nun, ungeachtet eines beispiellosen militärischen Debakels in den ersten Monaten des deutsch-sowjetischen Krieges, zum zweiten Mal, und zwar noch nachhaltiger als bei der Schlacht von Moskau (Dezember 1941), der siegesgewohnten Wehrmacht eine empfindliche Niederlage zuzufügen. Dabei darf man nicht vergessen, dass dem Dritten Reich und seinen Verbündeten zum damaligen Zeitpunkt das gesamte rücksichtslos ausgebeutete wirtschaftliche und menschliche Potential beinahe des ganzen europäischen Kontinents zur Verfügung stand. Darüber hinaus gelang es den deutschen Truppen auch etwa 2 Millionen Quadratkilometer des sowjetischen Territoriums zu besetzen, das vor dem Krieg von mehr als 80 Millionen Menschen bewohnt war (40% der Bevölkerung) und etwa die Hälfte der sowjetischen Industrieproduktion lieferte.[3]

Warum war dann der unbesetzt gebliebene Teil der Sowjetunion innerhalb kürzester Zeit imstande, so viele Rüstungsgüter zu produzieren wie das Dritte Reich samt seiner Satellitenstaaten?[4] Warum war die Rote Armee in der Lage, trotz beispielloser Niederlagen im Sommer/Herbst 1941 und im Sommer 1942, um die Jahreswende 1942/43 die wohl entscheidendste Schlacht dieses Krieges zu gewinnen? Materielle, messbare Faktoren allein wären für diesen Sieg keineswegs ausreichend gewesen. Die moralische Komponente spielte hier eine vielleicht noch wichtigere Rolle.

Nach dem deutschen Überfall auf die Sowjetunion schloss die russische Gesellschaft eine Art Waffenstillstand mit ihrem bis dahin wohl größten Widersacher - dem eigenen Regime. Es stellte sich nun heraus, dass sie mit einem noch schlimmeren Feind - was zunächst unvorstellbar schien - konfrontiert war. Denn Hitlers Ziel war nicht nur eine weitgehende Dezimierung und Versklavung der überfallenen Nation, sondern auch die gänzliche Zertrümmerung ihrer Staatlichkeit. Als man dies begriff, kam eine Kollaboration mit dem Dritten Reich für die überwältigende Mehrheit der Russen nicht in Frage. Die Kollaborateure stellten während des gesamten Krieges nur ein Randphänomen innerhalb der Gesellschaft dar. Es blieb ihr im Grunde keine andere Wahl als die Unterstützung des eigenen Regimes. Dies war allerdings keine vorbehaltlose Unterstützung. Das Regime musste seine Kontrollmechanismen über die Gesellschaft etwas lockern und ein gewisses Ausmaß an Eigeninitiative akzeptieren. 1941-42 fand in Russland ein Vorgang statt, den

---

3 Geller, Michail und Nekrič, Aleksandr: *Utopija u vlasti. Istorija Sovetskogo Sojuza s 1917 goda do našich dnej.* London 1982, Band 1-2, hier Band 2, S. 109; Boog, Horst u. a.: *Der Angriff auf die Sowjetunion.* Frankfurt am Main 1996, S. 867 f.

4 Vgl. dazu Kulešov, S. V. u. a.: *Naše otečestvo.* Moskau 1991, Band 1-2, hier Band 2, S. 415; Boog u. a., Der Angriff, S. 869 ff.

der Moskauer Historiker Michail Gefter während der Gorbačevschen Perestrojka als „spontane Entstalinisierung" bezeichnete[5] und der sich im Roman Grossmans anschaulich spiegelt. Viele seiner Helden prangern den Terror der dreißiger Jahre, die Zwangswirtschaft und die propagandistische Lüge an und träumen von einer Auflösung der Kolchosen und von der Pressefreiheit. Einer von ihnen sagt:

> Könnt ihr euch vorstellen, was das ist, die Pressefreiheit? Da öffnet ihr an einem friedlichen Nachkriegsmorgen die Zeitung und findet darin – statt eines jubelnden Leitartikels, statt der Briefe der Werktätigen an den großen Stalin [...] –, wisst ihr, was ihr statt dessen in der Zeitung findet? Information! Könnt ihr euch eine solche Zeitung vorstellen? Eine Zeitung, die Information liefert! (*Leben und Schicksal*, S. 289)

„Oh, die wunderbare, klare Kraft eines offenen Gesprächs, die Kraft der Wahrheit!" (Ebenda, S. 301), kommentiert Grossman Gespräche dieser Art, die damals nicht nur in der fiktiven Welt des Romans, sondern auch in der sowjetischen Wirklichkeit stattfanden. So beschreibt z. B. der bekannte polnische Dichter Aleksander Wat, der die Kriegszeit in der Sowjetunion verbrachte, die Atmosphäre dieser Jahre:

> Es gab keine Slogans, keine Losungen, keinen Kommunismus. [... Alle] glaubten, wenn diese Woge der Millionen Helden und Märtyrer von der Front zurückkäme, dann könnte kein Stalin mehr etwas ausrichten, dann würde Russland sich ändern, und zwar von Grund auf.[6]

---

5 Gefter, Michail: *Iz tech i ėtich let.* Moskau 1991, S. 418.

6 Wat, Aleksander: *Jenseits von Wahrheit und Lüge*. Frankfurt am Main 2000, S. 586, 591. Vgl. dazu auch Lipkin, *Žizn' i sud'ba*, S. 48-51; Garrard / Garrad, *Bones of Berdichev*, S. 159-166.

„Nur freie Menschen waren imstande, ihre Heimat zu verteidigen", kommentiert der Moskauer Literaturwissenschaftler Lazar' Lazarev den zentralen Gedanken des Romans *Leben und Schicksal*.[7]

Die Gesellschaft, der die Stalin-Riege in den 1930er Jahren praktisch das Rückgrat gebrochen hatte, hatte nun in der Stunde der tödlichen Bedrohung nicht nur für das stalinistische Regime, sondern auch für den russischen Staat als solchen, zumindest ein Stückchen ihrer Würde wiedererlangt.

„Welch stürmische Freiheit atmen wir nun ein", schrieb die Dichterin Ol'ga Berggol'c im Winter 1942 im belagerten und durch den Hunger furchtbar dezimierten Leningrad.[8]

Das Regime, das seit dem 22. Juni 1941 mit einer beispiellosen Gefahr konfrontiert war, hatte keine andere Wahl als die halbherzige Duldung dieser partiellen Emanzipation seiner Untertanen, die nun als Verteidiger ihrer bedrohten Heimat zu einem neuen Selbstbewusstsein gelangten. Zu diesem Selbstbewusstsein trug auch zusätzlich die Tatsache bei, dass sie vor den Toren Moskaus und Leningrads wie auch in Stalingrad nicht nur ihr eigenes Land, sondern die gesamte von der Nationalsozialismus bedrohte Welt verteidigten. Dazu sagte Winston Churchill am Tag des deutschen Überfalls auf die Sowjetunion: „Der Kampf jedes Russen [...] ist der Kampf aller freien Menschen und aller freien Völker in allen Teilen der Welt".[9]

In Stalingrad kam es zu einer Konfrontation zwischen dem moralischen Überlegenheitsgefühl der Verteidiger und dem Gefühl der rassischen Überlegenheit der Angreifer, das die nationalsozialistischen Propagandisten und manche deutsche Militärführer den Soldaten der Wehrmacht zu vermitteln suchten. So führte z.B. General-

---

7 Lazarev, Duch svobody, S. 655; vgl. dazu auch Lipkin, *Žizn' i sud'ba*, S. 48-51; Garrard / Garrard, *The Bones of Beridichev*, S. 159-166; Zarusky, Jürgen: Vasilij Grossmans *Leben und Schicksal* – zur Entstehung und historischen Konzeption eines Jahrhundertromans, in: Anton, Florian / Luks, Leonid (Hrsg.): *Deutschland, Russland und das Baltikum. Beiträge zu einer Geschichte wechselvoller Beziehungen. Festschrift zum 85. Geburtstag von Peter Krupnikow.* Köln 2005, S. 245-276, hier S. 266-270.

8 Zit. nach Lazarev, Duch svobody, S. 668.

9 Churchill, Winston: *Der Zweite Weltkrieg.* Bern 1951, Band 3, 1, S. 443 f.

feldmarschall von Reichenau, der Oberbefehlshaber der 6. Armee, die später unter dem Oberbefehl von Paulus in Stalingrad kämpfte, im Oktober 1941 aus:

> Der Soldat ist im Ostraum nicht nur ein Kämpfer nach den Regeln der Kriegskunst, sondern auch ein Träger einer unerbittlichen völkischen Idee und Rächer für alle Bestialitäten, die Deutschen und artverwandtem Volkstum zugefügt wurden. Deshalb muss der Soldat für die Notwendigkeit der harten, aber gerechten Sühne am jüdischen Untermenschentum volles Verständnis haben.[10]

Die Nationalsozialisten verachteten Schwäche und versuchten, jedes Mitgefühl für die Schwachen, für die aus ihrer Sicht rassisch Unvollkommenen, auszurotten. Die Beseitigung des sogenannten „lebensunwerten Lebens" hielten sie für ihre eigentliche Mission. Gerade als die Schlacht um Stalingrad tobte, entwickelte ihre Vernichtungsmaschinerie eine beispiellose Effizienz. Damals fand die sog. „Aktion Reinhardt" statt – die massenhafte Vergasung der Juden in den Vernichtungslagern Treblinka, Sobibór, Bełżec, Chełmno und Auschwitz-Birkenau. Ihrem auf der Wannsee-Konferenz vom Januar 1942 formulierten Ziel der „Endlösung der jüdischen Frage" schien sich das NS-Regime innerhalb kürzester Zeit angenähert zu haben. Die Vision von einer Welt ohne Juden entwickelt im Roman Grossmans Adolf Eichmann. Dabei muss man hervorheben, dass Grossman seinen Roman 1960 abgeschlossen hatte, also ein Jahr vor dem Jerusalemer Eichmann-Prozess, der diesen „Experten" für die Endlösungsfrage weltweit bekannt machte.

Grossman legt Eichmann folgende Worte in den Mund:

> Stellen sie sich vor, in zwei Jahren sitzen wir wieder gemütlich hier am Tisch und können sagen: ‚In zwanzig Monaten haben wir ein Problem gelöst, das die Menschheit in zwanzig Jahrhunderten nicht lösen konnte!' (*Leben und Schicksal*, S. 504)

---

10 Boog u. a., *Der Angriff*, S. 1246.

Die Vollstrecker des Holocaust, die die Schöpfung nun nach rassischem Prinzip revolutionär umgestalten wollten, berauschten sich an ihrer eigenen Stärke, sie fühlten sich gottähnlich. Dazu schreibt der polnische Soziologe und Publizist Paweł Śpiewak: Der Holocaust sollte nicht nur dem Judentum, sondern auch dem christlichen Europa ein Ende setzen. Dies sei der zweite Sündenfall gewesen.[11]

In Stalingrad erwies sich allerdings, dass das Gefühl der rassischen Überlegenheit dem Gefühl der moralischen Überlegenheit nicht standhalten konnte. Und gerade in der Hölle von Stalingrad, in der Stunde der Niederlage des Dritten Reiches, begann sich in Deutschland ein Prozess zu vollziehen, den Grossman folgendermaßen beschreibt:

> Die Hochnäsigen und Hochmütigen waren ruhig geworden; die Prahler hatten aufgehört zu prahlen [...]. Es gab aber auch besondere Veränderungen, die ihren Anfang nahmen in den Köpfen und Seelen der deutschen Menschen, die von der Unmenschlichkeit des Nationalstaates gefesselt und verzaubert waren [...]. Wer von den Dahinsiechenden und dem Untergang Geweihten konnte verstehen, dass dies die ersten Stunden der Vermenschlichung des Lebens vieler Millionen Deutscher nach einem Jahrzehnt der totalen Unmenschlichkeit waren! (*Leben und Schicksal*, S. 762)

Paradox war allerdings nicht nur das Schicksal der Verlierer von Stalingrad, sondern auch dasjenige der Sieger. Denn sie trugen durch ihren Sieg nicht nur zum Überleben der Nation, sondern auch zu dem des sie unterdrückenden Regimes bei. Über die Ambivalenz von Stalingrad schreibt Grossman:

> Das Schicksal der von Hitler besetzten Länder Frankreich und Belgien, Italien, Skandinavien und der Balkanstaaten wurde entschieden; jetzt wurde das Todesurteil über Auschwitz, Buchenwald und die Folterhöhlen von Moabit gesprochen, jetzt entschied sich, ob die Tore der neunhundert von den Nazis geschaffenen Konzentrationslager und Arbeitslager geöffnet werden sollten. Es entschied sich auch das Schicksal der deutschen Kriegsgefangenen, die nach Sibirien

11 Śpiewak, Paweł: Shoah, drugi upadek, in: *Więź* 1-8, 1986, S. 3-13, hier S. 10 f., 13.

> marschieren würden. Es entschied sich das Schicksal der sowjetischen Kriegsgefangenen in den Hitlerschen Lagern, die nach Stalins Willen das sibirische Schicksal der deutschen Gefangenen zu teilen hatten. Es wurde das Schicksal der Kalmücken und der Krimtataren, der Balkaren und Tschetschenen entschieden, die auf Stalins Geheiß nach Sibirien und Kasachstan deportiert wurden, die das Recht einbüßten, ihren Kindern die eigene Sprache beizubringen und sich an die eigene Geschichte zu erinnern. Das Schicksal des Schauspielers Michoels und seines Freundes Suskin, der Schriftsteller Bergelson, Markisch, Fefer, Kwitko, Nussinow wurde entschieden. Ihrer Hinrichtung sollte der unheilvolle Prozess gegen die jüdischen Ärzte [... folgen]. [...] Es wurde das Schicksal Polens, Ungarns, der Tschechoslowakei und Rumäniens entschieden. Es entschied sich das Schicksal der russischen Arbeiter und Bauern, der Freiheit des russischen Gedankens, der russischen Literatur und Wissenschaft. (*Leben und Schicksal*, S. 675 f.)

Der Sieg über das Dritte Reich schien der Stalinschen Tyrannei eine zusätzliche Legitimierung zu verschaffen. Zugleich hat er aber die Lenkung der auf ihren Sieg so stolzen Nation erschwert. Dazu schreibt einer der besten Kenner des Stalinschen Systems, Abdurachman Avtorchanov: Stalin habe verstanden, dass das Volk nach all den Opfern, die es gebracht hatte, danach streben werde, menschlicher zu leben. Deshalb habe er vor den eigenen Soldaten nicht weniger Angst gehabt als vor den Soldaten Hitlers.[12]

Die erneute Disziplinierung der Gesellschaft, ihre erneute Verwandlung in ein bloßes Räderwerk des totalitären Mechanismus betrachtete die stalinistische Führung nun als ihr wichtigstes Ziel. Und dieses Ziel schien sie innerhalb kürzester Zeit erreicht zu haben. Paradoxerweise verband sie die Straffung der staatlichen Kontrollmechanismen über die eigene Bevölkerung mit einer ans Groteske grenzenden Verklärung des Russentums. Diese Entwicklung bahnte sich bereits in den Tagen von Stalingrad an, und erneut wird man sich der Ambivalenz, der Paradoxie dieses Wendepunktes des Krieges bewusst:

---

12 Avtorchanov, Abdurachman: *Zagadka smerti Stalina (zagovor Berija)*. Frankfurt am Main 1976, S. 16 f.

> Der sowjetische Staat, so Grossman, machte sich das Erwachen des Nationalbewusstseins für Aufgaben zunutze, die sich ihm nach dem Krieg stellten: für seinen Kampf um die Idee der nationalen Souveränität als Bestätigung des Sowjetischen, des Russischen in allen Bereichen des Lebens. [...] Das Resultat der Entwicklung war, dass der Volkskrieg, der jetzt seinen Höhepunkt erreicht hatte, während dieser Stalingrader Periode Stalin die Möglichkeit gab, die Ideologie des Staatsnationalismus offen zu deklarieren. (*Leben und Schicksal*, S. 694 f.)

Damit erschöpft sich aber die Bedeutung von Stalingrad keineswegs. Die Siegeseuphorie, die nach Stalingrad ausbrach, erleichterte zwar den Machthabern eine erneute Disziplinierung der Gesellschaft. Allerdings blieb die Sehnsucht nach einem würdevollen Leben, nach einem „Leben wie im Märchen", immer noch bestehen. Grossman schreibt: „Der Stalingrader Triumph bestimmte den Ausgang des Krieges, aber der stumme Streit zwischen dem siegreichen Volk und dem siegreichen Staat setzte sich fort. Von diesem Streit hing das Schicksal des Menschen, seine Freiheit ab." (*Leben und Schicksal*, S. 686)

Die Übergänge zwischen Regime und Volk waren natürlich fließend. Die Stalinsche Despotie wäre ohne die partielle oder gänzliche Identifizierung beträchtlicher Teile der Gesellschaft mit ihr nicht lebensfähig gewesen. Den vom Regime verbreiteten russozentrischen Wahn nahmen nicht wenige für bare Münze, sie glaubten also aufrichtig, dass die größten Entdeckungen und Erfindungen in der neuesten Geschichte der Menschheit von Russen gemacht worden waren, dass „Russland die Heimat der Elefanten" sei. So parodierten kritisch denkende russische Intellektuelle die chauvinistische Kampagne des Regimes.

Trotz alledem bestand sie doch, diese Trennlinie zwischen Regime und Volk, dem die herrschende Oligarchie bis zuletzt misstraute. Sie unternahm außerordentliche Anstrengungen, um es lückenlos zu kontrollieren.

Die „spontane Entstalinisierung" der Kriegszeit verhallte übrigens nicht ohne Resonanz. Denn unmittelbar nach dem Tode Stalins knüpfte der reformorientierte Teil der Parteiführung an einige ihrer

Postulate an. Und so begann in der UdSSR eine immer schärfer werdende Auseinandersetzung mit dem stalinistischen Terrorregime, die trotz mancher Rückschläge und Restaurationsversuche bis zur Auflösung der Sowjetunion dauern sollte.

Warum wurde diesem Prozess der Befreiung Russlands vom verhängnisvollen Stalinschen Erbe einige Jahre nach der Entmachtung der KPdSU im August 1991 ein Ende bereitet? Warum sind unzählige Nachkommen der Opfer Stalins bereit, diesem wohl brutalsten Tyrannen der russischen Geschichte seine Untaten zu verzeihen? Dieser Sachverhalt gibt Rätsel auf und scheint die vielzitierte Verszeile des russischen Dichters Fedor Tjutčev zu bestätigen: „Verstehen kann man Russland nicht...“.

Veröffentlicht in: *Forum für osteuropäische Ideen- und Zeitgeschichte,* 9 (2005), Heft 1, S. 271-279 (erweiterte Fassung).

# III. Die Sehnsucht nach dem Imperium im postsowjetischen Russland und deutsch-russische Parallelen

## "Weimar Russia"? – Notes on a Controversial Concept[1]

All analogies are imperfect. Thus rule applies also to the comparison between post-Soviet Russia and Weimar Germany that Alexander Yanov put into circulation at the beginning of the 1990s. Nevertheless, striking similarities are apparent between the two state formations, and I would like to indicate these in the first part of the article. In the second part I shall proceed to the differences.

### I. Analogies between the Weimar Republic and post-Soviet Russia

*1. The legend of the "internal enemy"*

The political culture of the Weimar Republic was poisoned from the very start by the legend of the "stab in the back." It was invented by representatives of the ruling circles who had governed the country in dictatorial fashion during World War One and who after the failure of the spring offensive of 1918 understood very well that the military might of Germany was completely exhausted, that unless hostilities were terminated immediately catastrophe awaited the country. But in order to evade responsibility for defeat, the ruling group transferred power to the previously impotent Reichstag.

1 English translation from the Russian text "Veimarskaia Rossia?". Zametki ob odnom spornom poniatii, *Voprosy filosofii* 2008, no. 2, pp. 16-28. Published in: *Russian Politic and Law*, vol. 46, no. 4, July-August 2008, pp. 47-65. Translated by Stephen D. Shenfield.

Thus, the country acquired a parliamentary form of government not by means of struggle from below but as a gift from above.[2]
And it was this unexpectedly empowered parliament that had to pay for the military collapse of the Reich, responsibility for which lay above all with the military command, which through its policy of total mobilization had brought the country to a condition of complete prostration.

General Erich Ludendorff – the undeclared dictator of the Reich during the last two years of the war – declared in his memoirs that Germany had lost the war not on the external but on the internal front. The pacifist and defeatist mood of the democratic opposition had supposedly undermined the army's combat morale.[3] In other words, not the all-powerful military command but the parties in the Reichstag, deprived during the war of any political influence, were chiefly to blame for defeat. In this way the legend was born of the "stab in the back" – the belief that Germany's bid for world hegemony had failed not because this goal was an unrealizable dream but due to the treason of a small group of internal enemies.

This "theory" is strikingly reminiscent of the argumentation of imperially inclined Russian circles during the last years of perestroika and in post-Soviet Russia. The bard of empire Aleksandr Prokhanov wrote in March 1990: "For the first time in the history not just of Russia but of the world, we see a state destroyed not by

---

2 Gurian, Walter: Um des Reiches Zukunft. Freiburg 1932; Nipperdey, Thomas: *Deutsche Geschichte 1866-1918. Machtstaat vor der Demokratie.* Munich 1992, Vol. 2, pp. 858-876; Winkler, Heinrich August: *Der lange Weg nach Westen. Deutsche Geschichte vom Ende des Alten Reiches bis zum Untergang der Weimarer Republik.* Munich 2000, Vol. 1, pp. 361-377; Misukhin, Gleb: "Rossiia v Veimarskom zerkale, ili Soblazn legkogo uznavaniia," *Pro et Contra,* 1998, no. 3, pp. 111-123.

3 Ludendorff, Erich: *Meine Kriegserinnerungen, 1914-1918.* Berlin 1919; "Weimar Russia: Is There an Analogy?" http://globetrotterberkeley.edu/pubs /james.html; Stephen E. Hanson and Jeffrey S. Kopstein, "The Weimar/Russia Comparison," *Post-Soviet Affairs,* 1997, v. 13, no. 3, p. 256.

external blows ... or by natural disasters but by the deliberate actions of its leaders."[4]

The tone was set. Now everything was clear. The Soviet empire collapsed, so it turned out, not because the party distrusted the people and smothered its striving for autonomy, nor because the Soviet Union in the era of the third (electronic) industrial revolution had turned into a living anachronism, that is, into a paradise for bureaucrats, based on regimentation and suppression of the creative initiative of society. No, it was all the fault of the enemies of inertia and stagnation, who had tried to bring back into the world community a country that had been cut off from the rapidly developing "First World." However, modernization of the country was impossible without weakening the paternalistic nomenklatura structures that welded into a single whole both the "external" and the "internal" Soviet empire (the socialist camp and the Soviet Union, respectively). Nevertheless, the heart of the empire was not the managerial "new class" but the ideology inspiring it – the idea of proletarian internationalism. This idea – that is, a "superstructure" – was the "base" of the Soviet Union [an ironical reference to the Marxian distinction between the productive base of a society and its legal, intellectual, and cultural superstructure (Trans.)]. After all, the Soviet Union's name did not even hint that this country was the successor to the empire of the Romanovs. A "Union of Soviet Socialist Republics" might have existed in any part of the world, on any continent. A very important prerequisite for the existence of this state was faith in the infallibility of the party and of its ideology. But by Brezhnev's time no one, except perhaps for Suslov and those like him, still believed in the "radiant communist future." There was only a play at faith, a masquerade in which the majority of the population – with the exception of the dissidents – took part together with the party. But with the advent of perestroika this camouflage collapsed under the impact of glasnost. And Gorbachev had no choice but to abolish

4 Prokhanov, Aleksandr: "Ideologiia vyzhivaniia," *Nash Sovremennik*, 1990, pp. 3-9; see also Ianov, Aleksandr: *Posle El_'tsina: "Veimarskaia Rossiia".* Moscow 1995; Hanson and Kopstein, "The Weimar/Russia," p. 266.

Article 6 of the Constitution, which had codified the party's leading role in the country. The Soviet empire was now in urgent need of a new ideological foundation to weld it into a single whole. But, as is well known, the feverish search for such a foundation did not succeed. With extraordinary perspicacity, Prince Nikolai Trubetskoi, founder of the Eurasianist movement, foresaw this turn of events as early as 1927. He wrote then that due to the growing national awareness of the non-Russian peoples the time of the exclusive domination of the Russians in Russia had gone, never to return. The Bolsheviks understood this well and found a new bearer of Russia's unity: instead of the Russian people, the proletariat. But, Trubetskoi continued, this was merely an apparent solution to the problem. The national feelings of the workers are much stronger than their class solidarity. If Russia wished to remain a single state, it would have to find a new bearer of its unity; in Trubetskoi's view, this could only be the Eurasian idea, emphasizing what the peoples of Russia-Eurasia share in common.[5]

Now as in the past, however, the weakness of the Eurasian idea is that it has failed to achieve broad recognition, to "seize hold of the masses" and thereby prevent the collapse of the Soviet Union.

Nostalgically inclined circles in post-Soviet Russia attach no significance to all these profound historical processes that have led to tectonic shifts throughout the space between the Elbe and Vladivostok. For them the disintegration of the Soviet empire was merely the result of a plot by a clique of "internal enemies."

## *2. Rejection of the West*

Besides the legend of the "stab in the back," many national-patriotic circles in post-Soviet Russia share with the Weimar right a radical rejection of the West.

After the defeat in World War One of the nation that allegedly had never been "vanquished on the battlefield," the German nation-

5 Trubetskoi, Nikolai: "Obshcheevropeiskii natsionalizm," *Evraziiskaia Khronika*, no. 7, 1927, pp. 28-29.

alists persistently demonized both the victors and the democratic values upheld by them. The champions of national revanche considered the harshness of the Treaty of Versailles – in which respect, incidentally, it did not differ all that much from the victorious peace concluded by the Germans in the East in March 1918 (the peace of Brest-Litovsk) – quite sufficient grounds for sweeping away the existing European order. Insulted national self-esteem became the dominant motif of their thinking and determined their tactics; considerations pertaining to the pan-European and Christian heritage no longer played any role. "We are an oppressed nation" – Arthur Moeller van den Bruck, one of the heralds of the so-called Conservative Revolution, wrote in 1923. "The meager territory onto which we have been crowded conceals the enormous danger that comes from us. Should we not build our policy on the basis of this danger?" (translated from Russian)[6]

The liberalism borrowed from the West was declared by supporters of the Conservative Revolution and of other nationalist groups to be a mortal enemy of the Germans. For Moeller van den Bruck, liberalism was "the moral illness of a nation" bereft of any convictions, passed off as a conviction.[7]

The pseudo-ethical orientation that was characteristic of the conservative revolutionaries is manifested here with especial clarity. Those who were prepared to deride humanism and destroy the entire European order in revenge for the injustice of Versailles thoughtlessly reproached liberalism with indifference toward morality. It is not surprising that this moralizing immoralism, which absolved the sins of its supporters in advance but portrayed its opponents as incorrigible criminals, seemed very tempting to many.

The establishment of a liberal system in Germany was presented by German critics of the West as a consequence of the crafty intrigues of the Western democracies. The West possessed immunity against the liberal poison, for – Moeller van den Bruck asserted – it

---

6 Moeller van den Bruck, Arthur: *Das Dritte Reich*. Hamburg 1931, pp. 71-72.

7 Moeller van den Bruck, *Das Dritte Reich*, pp. 69-71.

did not take liberal principles seriously. In Germany, by contrast, liberalism was taken literally. Its corrupting principles might therefore lead the country to ruin. The Western states, unable to overcome the Germans on the battlefield, were trying to achieve the same result by means of liberal and pacifist propaganda. And the naïve Germans were drinking up the poison.[8]

The self-pity of the supporters of the Conservative Revolution was as boundless as their megalomania. It turned out that the sole remedy capable of easing the suffering of the Germans was world domination. Moeller van den Bruck explained: "Power over the world is the only chance of survival for an overpopulated country. In defiance of all obstacles, the impulse of people in our overpopulated country strains in just this direction; its aim is the space that we need" (translated from Russian).[9]

Parliamentary democracy was presented by its German ill-wishers as "devoid of chivalrous principles." The revolution of November 1918, writes Ernst Jünger, was unable to defend the country from the external enemy. That is why the soldiers turned away from it. This revolution, in Jünger's opinion, rejected such concepts as "manliness, courage, and honor."[10] Oswald Spengler, for his part, speaks of "the indescribable loathsomeness of the November days": "Not a single imperious glance, nothing inspiring, not a single significant face, recalled word, or audacious crime" (translated from Russian).[11]

---

8 Moeller van den Bruck, *Das Dritte Reich*, pp. 69-71.

9 Moeller van den Bruck, *Das Dritte Reich*, pp. 63, 71-72.

10 See: Bastian, Klaus-Friedrich: *Das Politische bei Ernst Jünger*. Diss. Heidelberg 1963, p. 66.

11 Spengler, Oswald: *Preussentum und Sozialismus*. Munich 1920, p. 11. On the theme of the "Conservative Revolution" in the Weimar Republic, see also: Rauschning, Hermann: *The Conservative Revolution*. New York 1941; Mohler, Armin: *Die Konservative Revolution in Deutschland: Der Grundriss ihrer Weltanschauung*. Stuttgart 1950; Sontheimer, Kurt: *Antidemokratisches Denken in der Weimarer Republik*. Munich 1968; Sontheimer, Kurt: "Der Tatkreis," *Vierteljahrshefte für Zeitgeschichte*, no. 6, 1958, pp. 229-260; Kuhn, Helmut: "Das geistige Gesicht der Weimarer Republik," *Zeitschrift für Politik*, 1961, no. 8, pp. 1-10; Klemperer, Klemens: *Konservative Bewegungen: Zwischen Kaiserreich und Nationalsozialismus*. Munich 1962; Stern, Fritz: *Kulturpessimismus als politische Ge-*

The demonization of Western values is also characteristic of many national-patriotic circles in post-Soviet Russia. For many years now Aleksandr Dugin has been a sort of mouthpiece and ideologue of these forces. The journal *Elementy*, which Dugin put out in the 1990s, portrays liberalism as "the most consistent and radical form [...] of European nihilism," as an embodiment of the spirit of antitradition, cynicism, and skepticism. Liberalism allegedly destroys any spiritual, historical, and cultural continuity; it is simply the enemy of mankind. According to *Elementy*, it is a fateful error that "liberalism" and "democracy" are often viewed as synonyms. In fact, liberalism has nothing in common with democracy in its true sense of people's power. The defenders of liberalism constitute a small power-hungry and unelected elite that uses democratic rhetoric only in order to give the people the illusion of involvement in the political decisions of the ruling group.[12]

Just like the Weimar right, the Russian national-patriots reject the universalism propagated by the West and are fervent defenders of cultural particularism and of special national paths. Pro-Western circles are accused of a lack of patriotism. Accusations of this kind put both the German and the Russian "Westernizers" at a direct dis-

---

*fahr*. Bern, 1963; Breuer, Stefan: *Anatomie der Konservativen Revolution*. Darmstadt, 1993; Luks, Leonid: „'Eurasier' und 'Konservative Revolution': Zur antiwestlichen Versuchung in Russland und in Deutschland," in Koenen, Gerd / Kopelew, Lew eds.: *Deutschland und die Russische Revolution, 1917-1924*. Munich 1998, pp. 219-239.

12 *Elementy*, no. 5, 1994, p. 5. On Dugin's ideology and the journal *Elementy*, see: Ianov, A.: *Posle El_'tsina. Geopoliticheskoe polozhenie Rossii. Predstavleniia i real_'nost_'*. Moscow 2000; Luks, Leonid: „'Tretii put'" ili nazad v Tretii Reikh? O 'neoevraziiskoi' gruppe 'Elementy'," *Voprosy filosofii*, 2000, no. 5, pp. 33-44; Luks, Leonid: "Eurasien aus neototalitärer Sicht – Zur Renaissance einer Ideologie im heutigen Russland," *Totalitarismus und Demokratie*, 2004, no. 1, Booklet 1, pp. 63-76; Mathyl, Markus: "Der 'unaufhaltsame Aufstieg' des Aleksandr Dugin," *Osteuropa*, no. 52, 2002, Booklet 7, pp. 885-900; Umland, Andreas: "Postsowjetische Gegeneliten und ihr wachsender Einfluss auf Jugendkultur und Intellektuellendiskurs in Russland: Der Fall Aleksandr Dugin (1990-2004)," *Forum für osteuropäische Ideen- und Zeitgeschichte*, no. 10, 2006, Booklet 1, pp. 115-147; Umland, Andreas: "Tri raznovidnosti postsovetskogo fashizma. Kontseptual_'nye i kontekstual_'nye interpretatsii sovremennogo russkogo ul_'tranatsionalizma," in *Russkii natsionalizm: ideologiia i nastroenie*. Moscow 2006, pp. 223-262.

advantage. They tried in every way to prove that they were not indifferent to the fate of the fatherland. The first to speak of the "army that had never been vanquished on the battlefield" was Friedrich Ebert, head of the German social democrats, welcoming soldiers returned from the front in the name of the revolutionary government that had taken office in November 1918. But none of these assurances of their love for the fatherland helped either the social democrats or other democratic politicians rehabilitate themselves in the eyes of the right, for whom the democrats remained traitors, internal enemies who served the interests of the external enemy – that is, the West.

Here too we see a certain similarity with the fate of the democrats in Yeltsin's Russia.

When Yeltsin and his supporters abolished the communist dictatorship in August 1991, they appeared not only under democratic but also under Russian national banners. The mood of exhilaration that reigned in Moscow immediately after the defeat of the communist putsch was very reminiscent of the atmosphere in 1848 in the Frankfurt Paulskirche (where the National Assembly was sitting): the idea of freedom and the national idea were joined in a single whole. We must not, however, forget in what direction the German national movement developed, because the goal toward which it strove was not only freedom but also the might of a great power. A characteristic sign of this reorientation of the German national movement was the discussion in the Paulskirche in July 1848 on the Polish question. Up to that time, solidarity with oppressed Poland had been a sort of litmus test for liberal circles in Europe and in Germany. After the beginning of the revolution of 1848, however, this feeling of solidarity noticeably weakened.[13]

---

13 Kaehler, Siegfrid A.: "Realpolitik zur Zeit des Krimkrieges – eine Säkularbetrachtung," *Historische Zeitschrift*, no. 174, 1952, p. 418; Gollwitzer, Heinz: *Europabild und Europagedanke: Beiträge zur deutschen Geistesgeschichte des 18. und 19. Jahrhunderts.* Munich 1964, p. 262; Nipperdey, Thomas: *Deutsche Geschichte, 1800-1866. Bürgerwelt und starker Staat.* Munich 1983, pp. 627-630; Wehler, Hans-Ulrich: *Deutsche Gesellschaftsgeschichte. Von der Reformära bis*

A similar situation took shape in Russia after the removal of the CPSU from power. The victorious democrats began to talk more and more about Russia's national interests and less and less about solidarity with small peoples. Many democrats who before August 1991 had spoken of "Russia's return to Europe" after the August events started to speak of "Russia's special path." The supporters of a pro-Western orientation in Russian politics were portrayed by their critics as politicians without roots who had moved far away from the traditions of their country. Soon after the victory of the democrats, Evgeny Kozhokin, one of Yeltsin's advisers, declared: "When they come into power Westernizers must stop being Westernizers. You can be a Westernizer only in opposition."[14]

Nationally inclined circles within the democratic camp reproached pro-Western groups in the government with excessive willingness to compromise in relations with the West, and also with Russia's closest neighbors. Thus, Sergei Stankevich, a political adviser to the president of Russia, asserted: "Our neighbors often regard Russia not as a state but as a heap, a sort of relict from which one or another part can be cut off."[15] Evgeny Ambartsumov, chairman of the Supreme Soviet Committee on Foreign Policy, added that the concepts of national pride, national affiliation, and national interest are quite natural in the West. Why should they not be extended to Russia?

This struggle of the Russian democrats in defense of national interests did not, however, rehabilitate them in the eyes of the "irreconcilable opposition." For the national-patriots, the democrats are, above all, destroyers of a great empire and agents of the Western victors in the Cold War who have established an antinational regime on Russian territory. So despite their national rhetoric the Russian democrats, like their counterparts in Weimar Germany, have not managed to bridge the chasm separating them from their radical

---

*zur industriellen und politischen "Deutschen Doppelrevolution"*. Munich 1987, Vol. 2, pp. 743-744.

14 *Moskovskie novosti*, August 16, 1992.

15 "Rossiia 1992-i," *Komsomol_'skaia pravda*, May 26, 1992.

opponents. But, on the other hand, the fact that in both cases the democrats to some degree adopted the arguments of their opponents led to them losing the initiative in political discourse.

### *3. The new diaspora*

After World War One Germany lost one seventh of its territory – above all, Alsace and Lorraine in the west, which had been annexed to the Reich in 1871, and in the east some of the areas with a Polish majority. The Germans were especially outraged by the loss of the Polish areas because they had to cede 46,000 square kilometers of territory and the German minority living there to a state that only emerged after World War One, a state that unlike France was not one of the victors. It was an axiom of the foreign policy of the Weimar Republic to strive for a revision of German borders in the east. The American historian Harald von Riekhoff writes that this striving acquired almost mystical features and adds: The fact that after 1918 a certain part of the German population fell under Polish rule was regarded in Germany as a sort of pathology, while the fact that for many generations previously a large proportion of Poles had lived under German rule was considered something natural and self-evident.[16]

It was no less of a shock to Russians that after the disintegration of the Soviet Union the Crimea, the Donbass, the Baltic republics, the Transcaucasus, and Central Asia with the Russian minority living there ended up outside Russia's borders. Those authors who draw parallels between post-Soviet Russia and Weimar Germany point not least to the problem of the "new diaspora" and to the attempts of both states to influence the fate of compatriots transformed from a privileged stratum of the population into – not infrequently – a minority deprived of its rights.

---

16 Riekhoff, Harald von: *German-Polish Relations, 1918-1933*. Baltimore, 1971, p. 265. See also: "Weimar Russia: Is There an Analogy?"; Hanson and Kopstein, "The Weimar/Russia," p. 256; Brubaker, Roger: *Nationalism Reframed: Nationhood and the National Question in the New Europe*. Cambridge University Press, 1996, pp. 125-126.

Moscow's stance in relation to the 25 million Russians living outside Russia's borders causes concern both in the West and in the East. Parallels are often drawn with the demagogic exploitation of the problem of German national minorities after 1918. In the immediate aftermath of the disintegration of the Soviet Union, the American political scientist Francis Fukuyama advised Russian politicians to make use of the experience of Turkey after World War One. Thanks to the reforms of Kemal Ataturk, the Ottoman Empire very quickly became a modern national state. The new Turkey renounced pan-Islamic and pan-Turkic claims and left Turkic peoples living outside its borders to their own fate.[17]

Presidential adviser Stankevich responded critically to Fukuyama's advice. He declared that Ankara was by no means indifferent to the fate of Turks or of Turkic peoples living abroad. Witness to this is borne by the intervention in Cyprus in 1974, undertaken - according to the declaration of the Turkish government - for the purpose of defending the Turkish minority on the island. Nor, according to Stankevich, should we forget how intensive the efforts of Turkey were to include in its sphere of interest the newly independent Turkic states on the territory of the former Soviet Union. This, from Stankevich's point of view, is absolutely natural: the "normality" of Turkey is manifest in the fact that it has its own geopolitical interests and strives to secure them. Stankevich sought the same rights for Russia.[18]

### *4. The transition from a half-closed to an open society*

The Weimar Republic - that is, the "first German democracy" - was the freest state formation in the history of Germany apart from the Federal Republic of Germany. The Germans had long dreamt of this

---

17 Fukuiama, Frensis [Francis Fukuyama]: "Neiasnost_' natsional_'nogo interesa," *Nezavisimaia gazeta*, October 16, 1992.

18 Stankevich, Sergei: "Rossiia uzhe sdelala antiimperskii vybor," *Nezavisimaia gazeta*, November 6, 1992. See also: "Weimar Russia: Is There an Analogy?"; Brubaker, *Nationalism*, pp. 107-109, 135-147; M. Lariuel_' [Laruelle], „'Russkaia diaspora' i 'rossiiskie sootechestvenniki'," in *Demokratiia vertikali*. Moscow 2006, pp. 185-212.

freedom, almost since the time of the war of liberation against Napoleon in 1813. The motto of the German revolution of 1848 was: "Freedom and State Unity!" However, the revolution was unable to achieve either goal.

True, a quarter of a century later Bismarck succeeded in uniting Germany, but he did so in an authoritarian manner. The Germans achieved complete freedom only as a result of the revolution of November 1918, which overturned the ruling dynasties and transferred the entire plenitude of power to society. But this unexpectedly won freedom evoked little euphoria, and this is not surprising. The establishment of the democratic order was associated in Germany with defeat in the world war, the humiliating Treaty of Versailles, territorial losses, reparations, and also the very deep economic crisis that reached its apogee in 1923 with hyperinflation unprecedented in the country's history.

All these processes are reminiscent of what happened in Russia after the collapse of the Soviet regime and in the period of the birth of the "second Russian democracy." True, the "second Russian democracy," unlike the Weimar Republic in Germany, was not the freest state formation in the entire preceding history of the country. The order that emerged in Russia after the revolution of February 1917 was no less free.

In April 1917 Lenin called Russia "the freest country in the world of all the warring countries."[19] A few months later, he himself tried to rein in this freedom, and after the Bolshevik victory in the civil war he finally managed to do so. The "freest country in the world" turned into the world's first totalitarian state. True, the character of the communist dictatorship changed substantially after Stalin's death. The totalitarian system turned into a semi-totalitarian or even paternalistically authoritarian order. But society as such remained a puppet in the hands of the ruling nomenklatura, and only during perestroika did it make the transition from a "closed" to a "semi-open" condition. Its final liberation took place in August 1991

---

19 Lenin, V. I.: *Poln. sobr. soch.*. Moscow 1958-1965, v. 31, pp. 114-115.

on the barricades at the White House. But, just as in Weimar Germany, the euphoria that followed was short-lived. For after "August" came "December" (the disintegration of the Soviet Union) and "January" (shock therapy, which in the first years entailed hyperinflation, a fall in gross product of 23 percent in 1992, and an almost 50 percent reduction in the living standard of the population).

The Russian reformers very quickly lost their capital of trust. The democratic idea was also discredited by the confrontation between the executive and the legislative branch (the president and the Supreme Soviet), which culminated in the disbandment of parliament and the bombardment of the White House.

All these events inflicted a deep trauma on the public consciousness, and one of its consequences was the crushing defeat of the democrats in the Duma elections of December 1993. Russia found itself faced with the dilemma that once faced Weimar Germany when radical antidemocrats won an unexpected victory in the Reichstag elections of September 1930. Rudolf Hilferding, one of the leaders of the Social-Democratic Party of Germany, formulated this dilemma as follows: "To affirm democracy against the will of the majority, which rejects democracy, and moreover affirm it using the political means provided by the democratic constitution – this is almost like squaring the circle" (translated from Russian).[20]

### *5. Revenge of the overturned elites*

The revolution that began in Germany on November 9, 1918 differed qualitatively from the French revolution of 1789 or from the Russian revolution of 1917. Unlike the latter revolutions, it did not shift from a moderate to a more radical phase but developed in the opposite direction: it was radical at the start and grew increasingly moderate. Its main political force was the social-democratic party, which wished at any price to prevent the revolution from developing in accordance with the Russian model of 1917. The social democrats therefore constantly fought against their own left-radical wing,

---

20 Hilferding, Rudolf: "In Krisennot," *Die Gesellschaft*, no. 7, 1931, p. 1.

bewitched by the example of the Bolshevik October. The influence of these extremist groups on Germany's traditionally moderate working class was marginal. Of the deputies elected to the Berlin Congress of Soviets that took place in mid-December 1918, 80 percent rejected the Soviet model and voted for the transformation of Germany into a parliamentary republic.[21] But despite this the social-democratic majority in the Council of People's Commissioners (CPC), which governed the country from November 10, 1918, saw the chief threat to German democracy coming not from the right but from the left.

The culmination of the chaotic attempts by left-wing extremists to bring about a revolution in Germany on the "Russian model" was the uprising in Berlin that began on January 5, 1919. The CPC suppressed this uprising without difficulty; in doing so, however, it made use not only of regular troops but also of corps of right-radical volunteers. As Arthur Rosenberg, chronicler of the Weimar Republic, was to note in the mid-1930s, the use of extremist opponents of democracy to defend the republic was an unforgivable error on the government's part.[22]

In fact, the uprising in Berlin was suppressed in the space of a few days, by January 12. But the social-democratic government lost control over the soldiery, which now began to institute mob law on its own account. Also victims of the reprisals were Karl Liebknecht and Rosa Luxemburg, the leaders of the Communist Party of Germany that had been created on December 31, 1918, who were murdered on January 16.

---

21 Winkler, *Der lange Weg*, pp. 385-386; Blasius, Dirk: *Weimars Ende: Bürgerkrieg und Politik, 1930-1933*. Göttingen 2006, pp. 17-18; "Weimar Russia: Is There an Analogy?"

22 Rosenberg, Arthur: *Geschichte der Weimarer Republik*. Frankfurt 1961. Some contemporary authors make a similar assessment of the situation at that time. The Berlin historian Heinrich August Winkler wrote in 1990: „[The social democrats] aimed above all at preventing economic and political chaos; they overestimated the danger from the left and underestimated the danger from the right" (translated from Russian; Winkler, Heinrich August: "Die Revolution von 1918/19 und das Problem der Kontinuität in der deutschen Geschichte," *Historische Zeitschrift*, no. 250, 1990, p. 307).

The social-democratic government overreacted to the actions of the former left wing of its own party not only due to an exaggerated fear of anarchy but also because it wished to demonstrate its patriotism, the identity of its own interests with the domestic and foreign interests of the German state. The German social democrats, accused for years by the right of having no attachment to their fatherland, wanted to prove that the fate of Germany was not a matter of indifference to them.

And so the November revolution, having overthrown the monarchy and initially sown panic in the ranks of the ruling conservative elites, confined itself to mere half-measures in the fight against the old regime. Its administrative, economic, and even military structures (despite the constraints imposed by the Treaty of Versailles) remained almost untouched. All the prerequisites for revenge on the part of the elites overthrown in November 1918 were in place. But over time this striving for continuity, this desire to repair the break resulting from the revolution spread to broad strata of the population. A symbol of this growth in nostalgic moods was the election as president of the Reich in 1925 of the aged Field Marshal Hindenburg, who had never reconciled himself to the republican order and remained a convinced monarchist. It is necessary to add that he was elected precisely at the moment when the Weimar Republic had managed to overcome the postwar crisis and stabilize the economy, during the period when the democratic parties of the so-called Weimar coalition were achieving their greatest successes in parliamentary elections.

This duality shows how fragile a state formation the Weimar Republic was: democratic rules of play had still not become "the only game in town" – to use the expression of contemporary political scientists J. Linz and A. Stepan.

Because the president was supposed to act as a guarantor of the Weimar Constitution and in crisis situations could introduce a state of emergency in the country (Article 48 of the Constitution), Hindenburg's antidemocratic attitudes threatened the order that he was duty bound to defend. His predecessor Ebert, being a convinced democrat, had used his emergency powers, especially during the Ruhr crisis of 1923, but only to fight against the enemies of democracy both on the right and on the left (against both communist and Nazi attempted coups d'état). Such a consistent struggle on two fronts could not be expected from Hindenburg. The conservative circles that exerted influence on the aged president saw an important difference between communists and Nazis. The latter they considered their potential allies. It was this orientation that eventually led to the transfer of power to Hitler and to the destruction of the Weimar democracy.

Is the revenge of overthrown elites also in store for post-Soviet Russia?

The revolution of August 1991 was, like the November revolution in Germany, a half-and-half affair. Many Russian democrats did not wish to regard the August events following the suppression of the putsch as a revolution, because they associated revolution with such concepts as mass terror and dictatorship. This is why they abstained from settling accounts with their vanquished enemies in the Bolshevik manner. According to G. Popov, one of the leading representatives of the democratic camp, this decision was of extraordinary significance not only for Russia but also for the whole world.

Later Yeltsin was to recall that in September and October [1991] the country was literally poised on the edge of an abyss. And nonetheless Russia was saved from revolution and mankind from its catastrophic consequences. For a year, said the president, there were constant appeals for a decisive confrontation. But none of these appeals evoked a response in the hearts of Russian people. Yeltsin considered precisely this a common victory.

Arguments continue in Russia to this day over whether Yeltsin and his supporters made a mistake in August 1991 by taking the path of compromise and not that of revolutionary struggle. It must not be forgotten in this connection, however, how modest an organizational base was at the disposal of Yeltsin and his team at the moment of their victory. It should be added that after the defeat of the common foe the majority of democratic groups went into opposition to the country's new leadership. In order not to disappear from the political scene, Yeltsin's government was compelled to seek a compromise with officials from the old structures who were prepared to accept reform. We see here a certain similarity with the behavior of the Bolsheviks after 1917. Although the Bolsheviks considered their revolution the most radical upheaval in history, within a few months of coming to power they had to seek support from the "bourgeois specialists" – that is, from representatives of the "old world" that the Bolsheviks wanted completely to destroy. Otherwise the regime would simply not have survived. However, the Bolsheviks had at their disposal one extraordinarily effective means of forcing "class enemies" to work for them – the "red terror." Such a means was not available to the victors in August 1991. In order to induce the cooperation of the most flexible people from the old structures, they had to appeal to their interests and at the same time convince them that the old regime could not be restored under any circumstances.

But partial restoration took place nonetheless. In December 1992, at the Seventh Congress of People's Deputies, Yeltsin under pressure from parliament was forced to remove Gaidar, the author of "shock therapy." His successor, Chernomyrdin, a representative of the industrial lobby, distanced himself from the radical market conception of his predecessor. After recovering from the shocks of August 1991 and October 1993, managerial groups mounted a counteroffensive against the civil society that had emerged during perestroika, against the subjects of the federation that had broken free, and against the fabulous fortunes made by the oligarchs. While Yeltsin remained in power, this counteroffensive did not assume the character of a restoration of the order that had collapsed in 1991. Despite his rapprochement with the managerial structures of the old regime, Yeltsin, being a convinced reformer, was, like Ebert in Germany in his time, an obstacle to thus turning back the wheel of history. And here I would like to pass on to the differences between the Weimar Republic and post-Soviet Russia.

## II. Differences between the Weimar Republic and post-Soviet Russia

### *1. Prehistory*

Pluralistic structures in Weimar Germany were at a higher level of development than in post-Soviet Russia,[23] and these differences are closely connected with the different prehistory of the two states. Weimar's predecessor – the Second German Reich created in 1871 – was, notwithstanding its semi-feudal and patriarchal character, a state based on law with a multiparty system, independent public organizations, and a more or less free press. Although opposition parties, especially the social democrats, and some confessional and national minorities (Catholics, Poles) were persecuted from time to time, there were always legal loopholes that enabled them to survive periods of the most intense persecution and later return to the political or public scene as strong as ever.

Nothing of the kind existed under the Soviet regime that preceded the "second Russian democracy," with the exception of the Gorbachev period. The civil society built in Russia after the revolution of 1905, which in February 1917 broke completely free of state control, was destroyed by the Bolsheviks. Together with civil society (especially in the Stalin period) they destroyed the institution of private property, which guarantees society a certain degree of independence from the state. And so the "second Russian democracy" came onto the political scene almost without experience of political competition and of organized defense of the rights and interests of specific social groups. The democrats managed to defeat the ruling apparatus in August 1991 with such ease by virtue not of their own strength but of the weakness of their adversary, who due to the erosion of communist ideology was undergoing an extraordinarily deep identity crisis and was therefore losing his capacity for resistance.

---

23 See: Hanson and Kopstein, "The Weimar/Russia";. Hanson, Stephen E.: "Post-imperial Democracies: Ideology and Party Formation in Third Republic France, Weimar Germany, and Post-Soviet Russia," *East European Politics and Societies*, v. 20, no. 2, pp. 343-372.

But when the managerial apparatus recovered from the shock of defeat and embarked on the bureaucratic revanche that I have already described, it turned out that civil society in Russia had not yet managed to emerge from its amorphous condition and did not have the strength to offer effective resistance to the well-organized managerial class. Not least of the factors underlying these defeats of the democrats was the fact that they too were going through an identity crisis. The discrediting of democratic ideas in the eyes of broad strata of the population due to the difficulties of the transition from a "closed" to an "open" society deprived the democrats of the self-confidence that had been characteristic of them in the last years of the Soviet regime. Now they were swimming not with but against the tide. And, indeed, the gradual dismantling of pluralistic structures by means of the methods of "guided democracy" has not evoked significant protest from the population. Besides the discrediting of the democratic idea, the lack of protest may also be attributed to the fact that this process has occurred in parallel with economic stabilization (mainly thanks to high world prices for oil and other energy goods). In addition, the striving of Putin's team to "statify" society has been in keeping with the traditional conceptions of many Russians concerning the role of the state as guarantor of social justice and national wellbeing. Uprisings and revolutions have broken out in Russia above all when the state has failed to cope with this role and not as a result of attempts by society to take over these functions.

### *2. The threat from the right and from the left*

The Weimar democracy fought constantly against two threats – the threat from the right and the threat from the left. Hitler rose to the surface on the wave of the fear of the ruling strata in face of the Bolshevik danger. This fear was hardly justified. In Germany at the beginning of the 1930s, the conflict between the social democrats and the communists, provoked mainly by the Stalin leadership in Moscow, paralyzed the workers' movement, depriving it of practically any ability to act. Despite this, Germany's ruling circles were panic-stricken by fear of a "mass uprising" – that is, of an independent workers' movement. The Nazis took advantage of this fear. Speaking in January 1932 at a meeting with German industrialists in Dusseldorf, Hitler declared: "Were it not for us (the Nazis – L.L.), the middle class in Germany would have already been destroyed. And the Bolsheviks would long since have resolved the question of power in their favor" (translated from Russian).[24]

And although the argumentation of the Nazi leader was of a wholly demagogic kind, he finally managed to convince the powers that be that the weakened ruling order in Germany could be saved only by relying on the NSDAP.[25]

Unlike their German predecessors, the present-day Russian right-wing extremists, as a rule, say little about a danger from the left; what is more, in the struggle against the order established in August 1991 they have often found themselves on the same side of the barricades as the communists.[26] The "red-brown alliance," which in Weimar Germany arose only periodically, in post-Soviet Russia is a constant phenomenon.[27] This mishmash of "right" and "left" owes much to the amorphous and indistinct party-political landscape in postcommunist Russia, which is in turn explained by the amorphous condition of a society that lacks classes in the gener-

---

24 Domarus, Max: *Hitler: Reden und Proklamationen, 1932-1945*. Wiesbaden 1973, Vol. 1, first half, p. 87.

25 See: Luks, Leonid: *Entstehung der kommunistischen Faschismustheorie: Die Auseinandersetzung der Komintern mit Faschismus und Nationalsozialismus, 1921-1935*. Stuttgart 1985, pp. 158-161, 193-194; Luks, Leonid: "Bolschewismus, Faschismus, Nationalsozialismus – verwandte Gegner?" *Geschichte und Gesellschaft*, no. 14, 1988, pp. 100-103.

26 In speaking of a threat to post-Soviet democracy from both "right" and "left," some authors take insufficient account of this circumstance. See: Hanson and Kopstein, "The Weimar/Russia," pp. 267-268.

27 Laker, Uolter [Walter Laqueur]: *Chernaia sotnia: proiskhozhdenie russkogo fashizma*. Moscow 1994; Liuks, Leonid [Luks]: "Prizrak fashizma v postkommunisticheskoi Rossii," in Liuks, Leonid: *Tretii Rim? Tretii Reikh? Tretii put_'? Istoricheskie ocherki o Rossii, Germanii i Zapade*. Moscow 2002, pp. 256-266; Shenfield, Stephen D.: *Russian Fascism: Traditions, Tendencies, Movements*. Armonk 2001; Allensworth, Wayne: *The Russian Question: Nationalism, Modernization and Post-Communist Russia*. Lanham 1998; Sokolov, Mikhail: "Natsional-bol_'shevistskaia partiia: ideologicheskaia evoliutsiia i politicheskii stil_'," in *Russkii natsionalizm: ideologiia i nastroenie*. Moscow 2006, pp. 139-164.

ally accepted sense of the word. But there are also other reasons why the differences between right and left are increasingly being erased in contemporary Russia. The point is that the Russian communists, perhaps for the first time since 1917, have lost faith in continuous social progress and are no longer sure that history and its laws are on their side.

Right-wing extremists, on the contrary, have always mocked the idea of progress. They do not want, and have never wanted, to swim with the tide of history; on the contrary, they try at any price to stem it and turn it back. Everywhere they imagine symptoms of disintegration and decay, the intrigues of a mighty world conspiracy. They believe that the "decline and fall of Europe" can be prevented only by the violent annihilation of the bearers of this conspiracy – Jews, Masons, "plutocrats," Marxists. The golden age of fascism is the pagan, pre-Christian epoch. The pathos of communism, by contrast, is directed toward the future, when the leap will be made "from the realm of necessity to the realm of freedom."

This historical optimism, however, is now a thing of the past. Since the collapse of the Soviet Union, the communists have been bereft of faith in progress and in a radiant future. The sudden disappearance of the second great power, which inspired the fear or at least the respect of the whole world, seems to them an inscrutable event; they refuse to see in it the action of historical laws. Their golden age is now, like that of the right-wing radicals, in the past.

Besides the displacement of right-wing and left-wing positions, post-Soviet Russia also differs from Weimar Germany insofar as it does not manifest the constant radicalization of society and the erosion of centrist groups and attitudes. In Russia, on the contrary, radical groups both on the left and on the right (the CPRF on one side, the LDPR on the other) are becoming increasingly "centrist" and finding a common language with at least part of the ruling groups. This process of interpenetration between the "irreconcilable" opposition and state structures accelerated after the coming to power of Putin, whom many national-patriots see as a new "ingatherer of the Russian land." According to a newly created myth, disseminated also by a number of semi-official publicists, the Yeltsin period was a time of collapse and humiliation for Russia, while Putin has brought about a miraculous revival of Russian statehood. In reality, if we are to speak of a "political miracle" we should apply this concept rather to the Yeltsin period. For that was when the country in a very short time made the transition from a planned to a market economy, from an empire to a national state, from a pseudo-federal to a genuinely federal system, from a communist dictatorship to a constitutional order. And all this took place without the civil war that many were predicting, avoiding the Romanian or Yugoslav scenario. The Chechen tragedy is an exception in this regard. But let us recall what a painful affair the retreat from empire was even for the Western democracies (France, Britain, Holland). Thus, the preconditions for the country's emergence from the extraordinarily dangerous transition period had already been created under Yeltsin, and his successor has merely continued the process of consolidating the new state that began in the mid-1990s.

Comparing post-Soviet Russia with Weimar Germany, it is necessary to emphasize that the latter also went through a process of consolidation and stabilization that began in 1924 and ended five years later as a result of the crash on the New York stock exchange in October 1929 and the onset of the world economic crisis. Will post-Soviet Russia be able to withstand a test of its stability similar to the one that destroyed the "first German democracy"? This remains an open question.

### *3. The role of the West*

The emergence of the Weimar Republic was inextricably connected with the Treaty of Versailles, which morally condemned Germany, naming it the chief culprit of the world war. The Germans did not receive the territorial, economic, and military restrictions imposed by the Treaty of Versailles as painfully as they did this moral condemnation. All this exacerbated the anti-Western moods that I have already described, the demonization of the West in the country.

Relations between post-Soviet Russia and the West have developed in accordance with a quite different scenario. Although *de facto* the Soviet Union lost the Cold War, *de jure* there were neither victors nor vanquished in this war. Not least among the factors underlying the postwar economic crisis in Weimar Germany were the reparations demanded from it by the victors. Only after the Ruhr crisis of 1923 did the West change its policy of pressure and ultimatums and offer Germany credits for the restoration of its economy (the Dawes Plan). Post-Soviet Russia, by contrast, was able from the very start to count on loans from international financial organizations, and also from individual Western countries, which were trying to help it overcome the consequences of "shock therapy."[28]

Expectations associated with the end of the Cold War were realized only in part. The "common European home" of which people dreamed at the time of perestroika was not built. Relations between Russia and the West were again exacerbated in connection with events in the former Yugoslavia and with the eastward expansion of NATO. But this had almost no effect on the process of Russia's integration into world economic and political structures. Despite anti-Western rhetoric in Moscow and massive criticism of Putin's policy in Washington, London, or Berlin, present-day Russia, unlike Weimar Germany, is not an outcast but an equal partner of the West.

This circumstance, of course, explains why anti-Western moods in Russia, especially within the ruling establishment, do not reach such a pitch as they did in Weimar.

### *4. The spirit of the time*

An important influence on the tragic fate of the Weimar democracy was the nature of the epoch in which it arose. This was a time of deification of "sacred" national egoism (*sacro egoismo*), of rejection of the policy of compromise in the international struggle. Politicians like Gustav Stresemann and Aristide Briand, who tried to reconcile Germany with the victorious powers, were unable to cope with the

---

28 Hanson and Kopstein, "The Weimar/Russia," p. 270.

chauvinistic moods in their countries, which had become almost elemental in character. World War One had already shown to what catastrophic consequences such an orientation leads. But this war was just the first stage in the self-destruction of Europe that reached its apogee in the second world war unleashed by Hitler.

At what conclusions did the Europeans arrive after the devastating experience of this catastrophe? One of these conclusions was the process of European integration, the creation of the European Community and subsequently of the European Union. The principle of the EU is the voluntary renunciation by member-states of the Union of certain prerogatives of national sovereignty. Why do many European countries renounce part of their sovereignty, which they have held so dear for many centuries? This is connected with the tragic experience of two world wars, which clearly demonstrated the horrifying consequences of the deification of national interests, of the striving of individual states for hegemonic domination. Without this experience the integration processes that began in Europe in the second half of the twentieth century would have been unthinkable. The principle on which the EU rests is the endless search for compromise solutions, and this search is fraught with continual crises and conflicts. However, all these conflicts are resolved at the negotiating table and not, as in the past, on the battlefield. And this fact alone shows the incredible change that has taken place in the political culture of a continent in whose history periods of peace have, as a rule, been just short breathing spells between destructive wars. These processes could not but also affect Russia, which is connected with the EU in the closest manner. And in Moscow the pragmatically inclined part of the ruling establishment is gradually coming to the conclusion that it is possible to achieve a great deal at the negotiating table, by means of compromise with Russia's Western partners. Will this approach to East-West relations also influence the domestic policy of the country, relations between state and society? This question too, like the many preceding ones, remains open.

PS: This article was written before the events of the Russian-Georgian War of August 2008.

## Der „dritte Weg" der „neo-eurasischen" Zeitschrift *Ėlementy* – zurück ins Dritte Reich?

Der Zusammenbruch des sowjetischen Imperiums wird von vielen Verfechtern des imperialen Gedankens im heutigen Russland als eine Art Apokalypse erlebt. Sie lassen sich nicht durch das Argument trösten, dass auch andere europäische Mächte im Verlaufe dieses Jahrhunderts ihre Imperien verloren hatten, dass das Sowjetreich angesichts der Beschleunigung der emanzipatorischen Prozesse auf der ganzen Welt infolge des Zweiten Weltkriegs zu einem lebenden Anachronismus geworden war.

Auf der anderen Seite kann man die in Russland zurzeit verbreitete Verunsicherung durchaus verstehen. Denn anders als Großbritannien oder Frankreich musste sich Russland nicht nur von einem Weltreich, sondern zur gleichen Zeit auch von seinem seit Generationen herrschenden politischen und wirtschaftlichen System wie auch von der Ideologie, die dieses System legitimierte, verabschieden. Insofern lassen sich die Ereignisse von 1991, die zum Zerfall des Sowjetimperiums führten, weniger mit der Auflösung der westlichen Weltreiche, viel mehr aber mit den Umwälzungen von 1917/18 in Russland selbst vergleichen. Denn auch damals erlebte Russland einen Zusammenbruch in vielfacher Hinsicht. 1917/18 zerfielen nicht nur das russische Imperium und das bestehende wirtschaftliche und politische System des Landes, sondern auch die Staatsdoktrin, die der russischen Staatlichkeit seit Jahrhunderten zugrunde lag. Nicht zuletzt deshalb war in der damaligen russischen Gesellschaft das Gefühl verbreitet, in einer apokalyptischen Zeit zu leben. Ähnliche Stimmungen scheinen auch im heutigen Russland zu herrschen, vor allem in den national- bzw. imperial-gesinnten Kreisen.

Bereits in der Endphase der Perestrojka, als die Erosion der kommunistischen Ideologie immer offensichtlicher wurde, begaben sich viele Verfechter der imperialen russischen Idee auf die Suche nach einer neuen einigenden Klammer für alle Völker und Religionsgemeinschaften des Sowjetreiches und entdeckten dabei den eurasischen Gedanken – das Programm der 1921 im russischen Exil entstandenen und Ende der 30er Jahre in der Versenkung verschwundenen Bewegung.[1] Viele Gruppierungen und publizistische Organe im heutigen Russland bekennen sich zum eurasischen Programm. Mit besonderer Vehemenz tun dies jedoch der Publizist Aleksandr Dugin und dessen 1992 gegründete Zeitschrift *Ėlementy*, die sich in ihrem Untertitel sogar als „eurasische Umschau" (evrazijskoe obozrenie) bezeichnet.[2] Da die Eurasier-Bewegung zu den originellsten ideologischen Strömungen im russischen Exil zählte, kann das Bekenntnis zu ihrem Gedankengut durchaus zur Steigerung des Renommees von entsprechenden Gruppierungen beitragen. Von dem Ruf der einstigen „Eurasiern" versucht auch die Zeitschrift *Ėlementy* zu profitieren, die sich als eine Art geistige Erbin des „klassischen" Eurasiertums betrachtet. Ist dieser Anspruch berechtigt? Diese Frage wird im Mittelpunkt dieses Beitrages stehen.

## I

Das ideologische Credo der *Ėlementy*-Gruppe weist durchaus Übereinstimmungen mit dem Programm der Eurasier auf. Bei beiden Gruppierungen handelt es sich um leidenschaftliche Verfechter des kulturellen Partikularismus und um radikale Gegner universaler Ideen. Die Eurasier hielten den Universalismus für eine Erfindung der Westeuropäer – der „romanisch-germanischen" Völker -, die ihren eigenen Wertvorstellungen und zivilisatorischen Normen einen allgemein gültigen, alle Völker der Welt verpflichtenden Charakter verleihen wollten. Wenn die Europäer von der menschlichen Zivilisation sprächen, verstünden sie darunter nur die europäische Zivilisation, schrieb 1920 einer der Gründer der Eurasier-Bewegung, Fürst Nikolaj Trubeckoj.

1 Siehe dazu u. a. Böss, Otto: *Die Lehre der Eurasier. Ein Beitrag zur russischen Ideengeschichte des 20. Jahrhunderts.* Wiesbaden 1961; Riasanovsky, Nicholas: The Emergence of Eurasianism, in: *California Slavic Studies* 4, 1967, S. 39-72; Luks, Leonid: Die Ideologie der Eurasier im zeitgeschichtlichen Zusammenhang, in: *Jahrbücher für Geschichte Osteuropas*, 34, 1986, S. 374-395.

2 Die Zeitschrift existierte bis zum Jahre 1998.

Hinter dem angeblichen Universalismus und Kosmopolitismus der Westeuropäer verberge sich lediglich ihr Streben nach der Weltherrschaft.[3]

Nicht anders bewerten die Herausgeber der *Ėlementy* die heutigen Globalisierungstheorien, das „One-World“-Modell oder die Idee von einer „Neuen Weltordnung“. All diese „mondialistischen“ Konzepte würden von den regierenden Kreisen des Westens, vor allem von der amerikanischen Machtelite, lanciert, deren Ziel die Errichtung einer Weltregierung, d.h. die Weltherrschaft sei.[4]

Während die Eurasier den Westen insgesamt, genauer gesagt die „romanisch-germanischen“ Völker, als den Feind der gesamten nichtabendländischen Menschheit betrachteten, reduziert sich das Feindbild der *Ėlementy* nur auf die angelsächsischen Seemächte, auf die sog. „Thalassokratien“, deren Interesse den Interessen der Kontinentalmächte angeblich diametral widerspreche. Die Thalassokratien seien für die Abschaffung von Grenzen, für eine Vereinheitlichung von Kulturen, für eine „melting-pot“-Gesellschaft. All dies werde von den westlichen bzw. „atlantischen“ Verfechtern des „Mondialismus“ als Fortschritt apostrophiert. Die Kontinentalmächte hingegen seien traditionalistisch gesinnt, im Boden verankert. Die kulturelle Eigenart einzelner Völker stelle für sie ein kostbares Gut dar und keineswegs einen störenden Faktor, der dem sog. Fortschritt im Wege stehe. Diesen Gegensatz halten die *Ėlementy* für unüberbrückbar. Um ihren mondialistischen Plan zu verwirklichen, müssten die „Thalassokratien“ danach streben, alle Kulturen der Welt ihrer Eigenart zu berauben, sie zu einem Einheitsbrei, zur sog. „Weltkultur“ zu vermischen. Die Kontinentalmächte ihrerseits müssten versuchen, wenn sie überleben wollten, diese Offensive mit allen Mitteln, auch mit kriegerischen aufzuhalten. Es gehe hier um Tod oder Leben.[5]

---

3 Ich stütze mich hier auf die von S. Jakobsohn und F. Schlözer ins Deutsche übersetzte Fassung der Schrift Trubeckojs: Fürst Trubetzkoy, N.S.: *Europa und die Menschheit*. München 1922.

4 Vgl. dazu u. a. *Ėlementy* 1, 1992, S. 3; 2, 1992, S. 1-8; 3, 1993, S. 2; 5, 1994, S. 7-11; Dugin, Aleksandr: Paradigma konca, in: *Ėlementy* 9/1998, S. 2-70, hier S. 28 f., 69.

5 *Ėlementy* 2, 1992, S. 27; 3, 1993, S. 3 und 8; 4, 1993, S. 48.

Neben der Ablehnung des „vom Westen lancierten" Universalismus verbindet die *Ėlementy*-Gruppe mit den Eurasiern auch eine radikale Absage an das liberal-demokratische System. Die Eurasier plädierten für einen starken, interventionistischen Staat und hielten den liberalen „Nachtwächterstaat" für ein Relikt der Vergangenheit. Er sei viel zu passiv, um den Herausforderungen der Moderne gewachsen zu sein. Die damalige Krise der parlamentarischen Demokratie führten sie darauf zurück, dass diese nicht imstande sei, die Menschen für ihre Ideale zu begeistern.[6] Deshalb sei sie auch zum Scheitern verurteilt. Die Toleranz der im Westen herrschenden Demokraten gegenüber konkurrierenden Ideologien hielten die Eurasier für ein Zeichen der Schwäche. Ein vitaler Staat mit einer vitalen Ideologie brauchte nach Ansicht der Eurasier keine oppositionellen Strömungen zu dulden. Die programmatische Schrift der Eurasier vom Jahre 1926 *Evrazijstvo* plädiert für die Errichtung eines Einparteiensystems, in dem die alleinherrschende Partei alle staatlichen Institutionen ideologisch durchdringt und ein weitverzweigtes Netz von Organisationen und Verbänden errichtet. Die Autoren der Schrift waren sich darüber im Klaren, dass dieses System der faschistischen Diktatur in Italien oder dem bolschewistischen System ähnelte. Dies schreckte sie aber keineswegs ab.[7]

Das Mehrparteiensystem wurde von den Eurasiern auch deshalb abgelehnt, weil die einzelnen Parteien angeblich nur die egoistischen Interessen und Rechte ihrer Klientel und nicht das Interesse der Allgemeinheit als solcher im Auge hätten. Dieses Pochen auf eigene Rechte hielten die Eurasier für eine typisch westliche Erscheinung. Der Rechtswissenschaftler N. Alekseev, der zu den führenden Eurasiern zählte, schrieb 1928 in diesem Zusammenhang: Zunächst hätten im Westen die Stände, seit der Renaissance die Individuen um Rechte gekämpft, Pflichten gegenüber der Gemeinschaft würden im Westen

---

6 Siehe dazu u. a. *Evrazijstvo. Opyt sistematičeskogo izloženija*. Paris 1926, S. 55 f.; Alekseev, N.: Evrazijstvo i gosudarstvo, in: *Evrazijskaja chronika, vypusk* IX., Paris 1927, S. 36 ff; Ders.: Objazannost' i pravo, in: *Evrazijskaja chronika, vypusk* X., Paris 1928, S. 23 f.

7 *Evrazijstvo*, S. 52.

nur nach erbitterten Kämpfen akzeptiert.[8] Diesem innerlich zerrissenen Westen versuchten die Eurasier ein altrussisches Harmonieideal gegenüberzustellen, das der Orthodoxie entsprang. Im Zentrum der Orthodoxie stehe nicht der Kampf der Individuen und der ständige Konflikt, sondern die Idee der Solidarität untereinander.[9]

Auch die *Ėlementy*-Gruppe prangert den westlichen Individualismus und Egoismus mit äußerster Schärfe an und lehnt sowohl den wirtschaftlichen wie auch den politischen Liberalismus radikal ab. Anders als die Eurasier sehen indes die *Ėlementy* im Liberalismus nicht den „Verlierer", sondern den „Sieger der Geschichte". Und in der Tat hat sich das Kräfteverhältnis zwischen den Verfechtern und den Feinden der „offenen Gesellschaft" im ausgehenden 20. Jahrhundert grundlegend gewandelt. In den 1920er und 1930er Jahren, als die Eurasier den liberalen Staat wegen seiner Passivität und Schwäche verhöhnten, war dessen Lage außerordentlich prekär. Von den extremen Rechten und Linken unter Druck gesetzt, kämpfte er um sein Überleben. Nach dem Zusammenbruch des Dritten Reiches, vor allem nach der Auflösung des Sowjetimperiums, ist aber der totgesagte Liberalismus wie der „Phönix aus der Asche" wiederauferstanden. Und dieser Sieg stellt für die Herausgeber der *Ėlementy* eine beispiellose Niederlage für die gesamte nichtokzidentale Menschheit dar. Sie wollen das Rad der Geschichte um jeden Preis zurückzudrehen, denn das Leben in einer von liberalen Prinzipien beherrschten Welt ist für sie nicht lebenswert.

Die Zeitschrift bezeichnet den Liberalismus als die „konsequenteste, aggressivste und radikalste Form des europäischen Nihilismus", als Verkörperung der Traditionsfeindlichkeit, des Zynismus und der Skepsis.[10] Der Liberalismus zerstöre jede geistige, historische und kulturelle Kontinuität, er sei der Feind des Menschengeschlechts schlechthin. Die Zeitschrift hält es für ein fatales Missverständnis, dass Liberalis-

---

8 Alekseev, Objazannost' i pravo.

9 Šachmatov, M.: Podvig vlasti (Opyt po istorii gosudarstvennych idealov Rossii), in: *Evrazijskij vremennik* 3, 1923, S. 55-80; ders.: Gosudarstvo pravdy (Opyt po istorii gosudarstvennych idealov v Rossii), in: *Evrazijskij vremennik* 4, 1925, S. 268-304; Suvčinskij, Petr: Strasti i opasnosti, in: *Rossija i latinstvo. Sbornik satej.* Berlin 1923, S. 27 ff.

10 *Ėlementy* 5, 1994, S. 5.

mus und Demokratie oft in einem Atemzug genannt würden. In Wirklichkeit habe der Liberalismus mit der Demokratie – der Macht des Volkes – nichts gemein. Bei den Verfechtern des Liberalismus handele es sich um eine kleine, machthungrige und von niemandem gewählte Elite, die sich der demokratischen Rhetorik bloß bediene, um beim Volk den Eindruck zu erwecken, es habe mit den von der Oberschicht gefällten politischen Entscheidungen irgendetwas zu tun. In Wirklichkeit, so der Chefredakteur der Zeitschrift, Aleksandr Dugin, verfüge das Volk in keinem anderen politischen System über so wenig Macht wie in den sog. „Demokratien".[11]

Die politischen und die ideologischen Gegner der Eurasier und ihrer Epigonen aus der Zeitschrift *Ėlementy* sind also klar definiert. Wer sind aber ihre Gesinnungsgenossen? Dazu zählen in erster Linie radikale Gegner des Liberalismus und der parlamentarischen Demokratie, und zwar sowohl im rechten als auch im linken Lager.

Bereits den ersten russischen Kritikern des eurasischen Programms fiel eine geistige Nähe der Eurasier zum Bolschewismus und zum italienischen Faschismus auf. Der Bolschewismus und der italienische Faschismus würden von den Eurasiern in einem durchaus positiven Licht gesehen, schrieb 1924 der russische Philosoph Fedor Stepun. Das einzige, was sie kompromisslos ablehnten und hassten, sei die Demokratie.[12]

Was verband die Eurasier, die ebenso wie andere Emigranten zu den Verlierern des russischen Bürgerkrieges zählten, mit ihren bolschewistischen Bezwingern? In erster Linie die vernichtende Kritik am vorrevolutionären Russland und die Anerkennung der historischen Notwendigkeit der Revolution von 1917. Die Eurasier lehnten das vorrevolutionäre, petrinische Russland vor allem aus kulturellen und ideologischen Motiven ab. Sie hielten die Europäisierung Russlands, die Peter der Große in Angriff genommen hatte, für einen Irrweg der Geschichte. Peter I. habe das Fundament, auf dem die innere Stärke Russlands ruhte, zerstört, schreibt Trubeckoj. Kein fremder Eroberer wäre

---

11 Ebenda, S. 8.

12 Stepun, Fedor: „Evrazijskij vremnennik", kniga 3-ja, in: *Sovremennye zapiski* XXI, 1924, S. 403.

in der Lage gewesen, die nationale russische Kultur in einem solchen Ausmaß zu zerstören, wie er dies tat.[13]

Insofern betrachteten die Eurasier die Revolution von 1917 als Gericht über das nachpetrinische Russland, als berechtigte Reaktion des einfachen Volkes gegen den Willen, der Russland gespalten hätte.[14]

Mit dieser Anerkennung der „inneren Logik und Wahrheit“ der russischen Revolution stimmten die Eurasier im Wesentlichen mit den Bolschewiki überein, obwohl ihr Urteil über die Genese der Revolution sich von demjenigen der Bolschewiki grundlegend unterschied. Die Bolschewiki führten die Auflehnung der russischen Unterschichten gegen das bestehende System auf die wirtschaftliche und politische Unterdrückung zurück, die Eurasier hingegen auf die kulturelle. Auch die Erwartungen, die die Bolschewiki einerseits und die Eurasier andererseits mit der Revolution verknüpften, waren vollkommen unterschiedlich. Das vorrangige Ziel der Revolution war für die Bolschewiki die Überwindung der russischen „Rückständigkeit“, die Elektrifizierung, die Industrialisierung und die Modernisierung des Landes; mit anderen Worten – die Vollendung des Werks Peters des Großen. Die Eurasier hingegen hofften, dass die Umwälzung von 1917 das „Fenster nach Europa“, das Peter der Große geöffnet hatte, endgültig schließen werde. Sie träumten von einer Wiederanknüpfung an die kulturellen und religiösen Werte des alten, vorpetrinischen Russland. Mit ihrer Verklärung der „großen“ alten Vergangenheit Russlands ähnelten die Eurasier keineswegs den Bolschewiki, sondern vielmehr den italienischen Faschisten, die ebenfalls an die große alte Vergangenheit ihres Landes wiederanknüpfen wollten (das alte Rom, die Zeit der Renaissance) und für die jüngste Geschichte Italiens, die von liberalen Gedanken geprägt worden war, nur Hohn und Verachtung übrig hatten.[15]

---

13 I.R. (Trubeckoj): *Nasledie Čingischana. Vzgljad na russkuju istoriju ne s Zapada a s Vostoka.* Berlin 1925, S. 35-39; N. Alexeiew (Alekseev), Das russische Westlertum, in: *Der russische Gedanke* 1, 1929/1930, S. 149-162.

14 Florovskij, Georgij: O patriotizme pravednom i grechovnom, in: *Na putjach. Utverždenie evrazijcev.* Kniga vtoraja. Moskau, Berlin 1922, S. 230-293.

15 Siehe dazu u. a. Trubeckoj, N.: U dverej reakcija? revoljucija?, in: *Evrazijskij vremennik,* kniga tret'ja. Berlin 1923, S. 24-28; Ders.: My i drugie, in: *Evrazijskij vremennik,* kniga četvertaja. Berlin 1925, S. 70 ff.; Suvčinskij, Petr: K preodoleniju re-

## II

Die Affinität der Eurasier sowohl zum linksextremen als auch zum rechtsextremen Pol im damaligen politischen Spektrum Europas stiftete Verwirrung bei vielen Beobachtern, die die Eurasier-Bewegung politisch einordnen wollten. Die Eurasier selbst mokierten sich über diese definitorischen Schwierigkeiten ihrer Kritiker und erklärten, sie stünden weder rechts noch links, sondern jenseits von dieser traditionellen Unterteilung und verträten eine „dritte" Position, die das Rechts-Links-Schema sprenge.[16] Ähnlich argumentieren auch die Herausgeber der *Ėlementy*. Auch sie wollen vom Rechts-Links-Korsett nichts wissen und stilisieren sich zu einer „dritten" Kraft, die sich sowohl von rechten als auch von linken Ideologien inspirieren lasse. Das einzige, was sie an diesen Ideologien interessiert, ist deren Einstellung zum Liberalismus. Je radikaler diese das liberale Weltbild in Frage stellen, desto größer ist ihre Chance, in das geistige Pantheon der *Ėlementy* aufgenommen zu werden. Großes Interesse der Zeitschrift rufen z. B. die sog. nationalbolschewistischen Strömungen hervor, die die abgrundtiefe Kluft zwischen dem Kommunismus und dem Rechtsextremismus zu überwinden suchten. Neben den Eurasiern ist es auch die „Smena-Vech"-Bewegung[17], die zu Beginn der 20er Jahre aus „patriotischen" Motiven vor dem Bolschewismus kapitulierte – aus Dankbarkeit für die weitgehende Wiederherstellung des territorialen Bestandes des Russischen Reiches durch die sowjetische Führung. Eine besondere Faszination üben aber auf die Herausgeber der *Ėlementy* die Denker der deutschen „Konservativen Revolution" aus, die seinerzeit derart viel zur geistigen Aushöhlung der Weimarer Demokratie beitrugen.

Alle diese Strömungen subsumieren die *Ėlementy* unter den Oberbegriff „Nationalbolschewismus", den sie als die interessanteste ideologische Erscheinung des 20. Jahrhunderts bezeichnen. Im Leitartikel des 8. Heftes der Zeitschrift kann man lesen:

---

voljucii, in: *Evrazijskij vremennik*, kniga tret'ja, S. 46 ff.; Ders.: Idei i metody, in: *Evrazijskij vremennik*, kniga četvertaja, S. 28.

16 Trubeckoj: U dverej reakcija? revoljucija?; Ders.: My i drugie.

17 Siehe dazu *Ėlementy* 8, 1996/97.

> Alles, was uns am Bolschewismus und am Faschismus fasziniert, ist das Verdienst des Nationalbolschewismus. Alles, was diese Ideologien [Faschismus und Bolschewismus] zum Untergang führte, ist auf die Abweichung vom Geist und vom Buchstaben [...] der nationalbolschewistischen Doktrin zurückzuführen.[18]

Als Bestandteile dieser Doktrin werden u.a. genannt: 1. Eschatologische Erwartungen 2. Hass gegen die weltbeherrschende westliche Zivilisation, die im Geiste der Aufklärung verankert sei. Gleichsetzung des kosmopolitischen expandierenden Kapitalismus mit dem absolut Bösen. Antibürgerliches Pathos 3.Spartanischer (preußischer) asketischer Stil. Anerkennung der Würde des arbeitenden Menschen. Suche nach einer Verschmelzung mit den einfachen Volksschichten, die durch die „degenerierten" Eliten des „alten Regimes" noch nicht verdorben worden seien. Streben nach der Erschaffung einer „neuen" mit dem Volk verbundenen „Aristokratie" 4. Radikale Ablehnung des Individualismus, der Konsumideologie und des „Händlergeistes", den die Zeitschrift auf semitischen Einfluss zurückführt. 5. Und schließlich gehört nach Ansicht der Zeitschrift zu den hervorstechendsten Eigenschaften des Nationalbolschewismus die Bereitschaft, sich selbst im Namen des Ideals aufzuopfern, Präferenz für radikale Lösungen und Ablehnung philisterhaften Geistes und des Mittelmaßes.[19]

Dieses aus der Weimarer Rumpelkammer herausgeholte ideologische Konstrukt, mit dem sich die *Ėlementy* weitgehend identifizieren, hält die Zeitschrift für die einzige Alternative zum liberalen Denkmodell, zum „liberalen Antichristen", der die Erde angeblich beherrsche. Der Liberalismus habe bereits alle anderen Gegner bezwungen. Es bleibe nur der Nationalbolschewismus übrig. Entweder die liberale Weltregierung und damit auch das Ende der Welt, oder der Nationalbolschewismus. So lautet das Credo der *Ėlementy*.[20]

Die Zeitschrift will sich keineswegs mit dem endgültigen Sieg ihres liberalen Erzfeindes abfinden und ruft zu einem Gegenangriff auf, zu einem Rachefeldzug, um die Schmach der Niederlage aller Gegner des

18 Libo – my, libo – ničto, in: *Ėlementy* 8, 1996/97, S. 2.
19 Ebenda; siehe dazu auch Kogda nikogo net, in: *Ėlementy* 9, 1998, S. 1-4.
20 Ebenda, S. 3.

Westens ungeschehen zu machen. Krieg und Gewalt werden von der Zeitschrift ähnlich wie von den Verfechtern der Konservativen Revolution in Weimar als legitime Kampfmittel angesehen, und gelegentlich sogar verklärt. Sie beruft sich auf den „Begriff des Politischen" von Carl Schmitt, für den die Unterscheidung zwischen Freund und Feind das wohl wesentlichste Kriterium der Politik darstellte. Auch die *Ėlementy* halten diese Unterscheidung für das A und O der Politik. Als Feinde betrachtet die Zeitschrift: „Die neue Weltordnung, die offene Gesellschaft, die liberale Weltregierung, den globalen Markt, das One-World-Modell und den westlichen Universalismus."[21]

Alle Gegner dieser „Feinde" werden von den *Ėlementy* in die Kategorie der „Freunde" eingestuft. Eine Versöhnung zwischen den beiden Lagern sei unmöglich, so die Autoren:

> Zwischen ihnen herrscht nur Feindschaft, Hass, brutalster Kampf nach Regeln und ohne Regeln, der Kampf auf Vernichtung, bis zum letzten Tropfen Blut. Zwischen ihnen liegen Berge von Leichen [...] Wer von ihnen wird das letzte Wort haben? [...] Dies wird der Krieg entscheiden, 'der Vater aller Dinge'."[22]

Diese Diktion hat mit dem Vokabular der Eurasier nichts gemein. Das Ziel der Eurasier war keineswegs die Zerstörung des Westens, sondern die Abschirmung Russlands und des gesamten eurasischen Subkontinents von den kulturellen Einflüssen des Okzidents. Ihr Programm war keineswegs expansionistisch, sondern isolationistisch. Als ihr größtes traumatisches Erlebnis betrachteten sie den Zerfall des russischen Reiches infolge der Umwälzung von 1917, und sie wollten eine erneute Auflösung der russischen Staatlichkeit um jeden Preis verhindern. Nicht die Beherrschung der Erde, sondern die Suche nach einer einigenden Klammer für das russische Vielvölkerreich interessierte sie. Sie wussten, dass der proletarische Internationalismus, mit dessen Hilfe die Bolschewiki das 1917 zerfallene Reich erneut zusammenfügten, Russland auf die Dauer nicht zementieren könne. Nationale Emotionen seien bei Arbeitern in der Regel wesentlich stärker als Klassensolidari-

---

21 Ruka tak i tjanetsja k kobure, in: *Ėlementy* 7, 1996, S. 2.
22 Ebenda; siehe auch Dugin, Paradigma, S. 69.

tät, meinte 1927 Trubeckoj. Russland müsse deshalb, wenn es ein einheitlicher Staat bleiben wolle, einen neuen Träger der Einheit finden, und dies könne nur die eurasische Idee sein, die das Gemeinsame zwischen allen Völkern Russlands hervorhebe.[23]

Eine derartige Selbstbeschränkung, wie sie für die Eurasier typisch gewesen war, kommt indes für die Herausgeber der *Ėlementy* nicht in Frage. Nicht die Wiederherstellung des Gleichgewichts zwischen Ost und West, sondern die totale Bezwingung des westlichen Gegners halten sie für das einzig akzeptable Ziel – dabei nehmen sie auch eine totale Niederlage des eigenen Lagers in Kauf. Diese Vorliebe für Endkampfszenarien, für eine Art „Götterdämmerung" spiegelt den beispiellosen Kulturpessimismus der *Ėlementy* wider – eine für Russland recht untypische Haltung (wenn man von einigen Dichtern und Denkern des „silbernen Zeitalters" um die Jahrhundertwende absieht). Ganz anders verhielten sich die Dinge in Deutschland. Hier stellte der Kulturpessimismus seit der Jahrhundertwende, vor allem aber seit dem Zusammenbruch des Wilhelminischen Reiches, eine äußerst verbreitete Erscheinung dar – dies vor allem im nationalistischen, rechten Lager. Einige von den *Ėlementy* derart bewunderte Denker der „Konservativen Revolution" schwelgten geradezu in Weltuntergangsstimmung. Die Eurasier hingegen waren bei weitem nicht so pessimistisch, weil sie davon überzeugt waren, dass nach dem „Untergang des Abendlandes" das kulturelle Zentrum der Welt sich in Richtung Eurasien verlagern werde: „Bricht die Göttin der Kultur, die ihr Zelt vor mehreren Jahrhunderten im Westen aufgeschlagen hatte, jetzt nach Osten auf?", fragt 1921 der Eurasier Petr Savickij.[24]

## III

So knüpfen die Herausgeber der *Ėlementy* mit ihrer beinahe hysterischen Endzeitstimmung weniger an die Eurasier als vielmehr an die Weimarer Rechte an.

---

23 Trubeckoj, N.: Obščeevrazijskij nacionalizm, in: *Evrazijskaja chronika* 7, 1927, S. 28 ff.

24 Savickij, Petr: Povorot k vostoku, in: *Ischod k vostoku. Predčuvstvija i sveršenija. Utverždenie evrazijcev*. Sofia 1921, S. 3.

Auch ihre Dämonisierung des Liberalismus mutet wie eine getreue Kopie der Programme der Weimarer Rechtsextremisten an und hat mit der herablassend höhnischen Einstellung der Eurasier zum machtlosen liberal-demokratischen Staat wenig gemein. Dass die radikalnationalistischen Kreise in Weimar und im postsowjetischen Russland den Liberalismus mit ähnlicher Intensität und mit ähnlichen Argumenten bekämpften bzw. bekämpfen, hat sicher damit zu tun, dass die beiden Gruppierungen mit dieser Kritik nicht nur den außenpolitischen Rivalen – den Westen – sondern auch den innenpolitischen Gegner treffen wollten bzw. wollen. In beiden Fällen werden die liberalen Gruppierungen im jeweiligen Land als Marionetten des Westens, als Verkörperung des nationalen Verrats betrachtet.

Wie damals in Weimar assoziiert sich auch im postkommunistischen Russland der Liberalismus und das pluralistische System mit dem Zusammenbruch der hegemonialen Stellung der beiden Länder auf dem europäischen Kontinent, mit dem Verlust von Territorien und mit der Entstehung einer neuen Diaspora. Zur nationalen Demütigung gesellen sich in beiden Fällen eine außerordentlich tiefe Wirtschaftskrise und ein Verlust der bis dahin als selbstverständlich geltenden Orientierungen. Dabei geschah dieser Zusammenbruch in beiden Ländern praktisch über Nacht, innerlich waren sie darauf völlig unvorbereitet. Im Wilhelminischen Deutschland hat man praktisch bis zuletzt an einen Sieg im Weltkrieg geglaubt. Ähnlich fassungslos reagierte die sowjetische Bevölkerung auf den Zusammenbruch des Imperiums, das noch bis 1991 gemeinsam mit den USA über die Geschicke der Welt entschied. Diesen plötzlichen Abstieg führen manche national gesinnte Kreise im heutigen Russland, ähnlich wie dies auch viele Nostalgiker in der Weimarer Republik getan hatten, auf die Verschwörung dunkler Mächte im Inland und im Ausland zurück. Besonders eifrig beteiligen sich an der Verbreitung derartiger „Dolchstoßlegenden“ ausgerechnet Vertreter der früheren Machtelite, die durch die Überspannung der Kräfte der eigenen Nation während des Kalten Krieges zum Zusammenbruch des Imperiums wesentlich beitrugen. Ihre Argumente sind denjenigen der deutschen Verfechter der „Dolchstoßlegende“ zum Verwechseln ähnlich. Der Zusammenbruch der beiden

Reiche wird als Ergebnis einer raffinierten Intrige der westlichen Demokratien dargestellt. Im offenen, „ehrlichen" Kampf seien die Westmächte nicht imstande gewesen, ihre Kontrahenten zu bezwingen. Deshalb hätten sie zu den „heimtückischen" Mitteln der psychologischen Kriegsführung gegriffen. Durch die Propagierung „westlicher Werte" hätten sie den sowjetischen Koloss ausgehöhlt und zu Fall gebracht.

So wird eine der tiefsten Umwälzungen in der russischen Geschichte die durch umfassende historische Prozesse vorbereitet wurde, lediglich auf die Intrigen eines kleinen Zirkels von Verschwörern zurückgeführt.

Auch die russische Revolution von 1917 wurde von vielen Emigrantenkreisen, vor allem rechter Provenienz, als das Werk von kleinen Verschwörerzirkeln unterschiedlichster Couleur betrachtet. Die Eurasier lehnten indes dieses Erklärungsmodell rundweg ab.[25] Für sie war die Revolution, wie bereits gesagt, das Ergebnis tiefgreifender historischer Prozesse. Insofern vertreten die *Ėlementy* mit ihrer Verschwörungstheorie eine weltanschauliche Position, die mit den „klassischen" Eurasiern keine Berührungspunkte aufweist.

Wie alle Verfechter von Verschwörungstheorien halten die Autoren der *Ėlementy* die sichtbaren politischen Gegner bloß für Marionetten unsichtbarer und zugleich allgegenwärtiger Kräfte, die im Untergrund agierten und die das gesamte Weltgeschehen in ihrem Sinne zu bestimmen suchten. Die Zeitschrift räumt ein, dass es nicht leicht sei, die sog. „mondialistischen" Kräfte – den Feind des Menschengeschlechts par excellence – konkreter zu definieren: „Die Diktatur der heutigen [mondialistischen] Elite ist deshalb so furchterregend, weil sie verschleiert ist. Es ist nicht leicht, gegen einen unsichtbaren Gegner zu kämpfen, seinen Herrschaftsanspruch in Frage zu stellen, denn [sogar] die Existenz der Weltregierung als solche wird sorgfältig vertuscht."[26]

Trotzdem geben die *Ėlementy* nicht auf und begeben sich auf die Suche nach diesem kaum fassbaren Beherrscher der heutigen Welt. Und bei dieser Suche entdecken sie den alten Bekannten, der für die

---

25 Vgl. u. a. Bochan, S.: My, in: Utverždenija 3, 1932, S. 75-78.
26 Libo – my, libo – ničto.

Verfechter beinahe aller Verschwörungstheorien rechter Provenienz das Böse schlechthin verkörpert – die Juden.

Ganz unverhüllt vertritt die These von einer jüdischen Weltverschwörung der Militärexperte der Zeitschrift, Evgenij Morozov. Die Tatsache, dass die Vereinigten Staaten im Nahost-Konflikt das kleine und arme Israel und nicht die rohstoffreichen arabischen Staaten unterstützten, könne nach Ansicht des Autors nur eine Erklärung haben: Jemand zwinge die Vereinigten Staaten gegen ihre eigenen Interessen zu handeln, die USA seien Jemandem untertan. Und dieser „Jemand" ist für den „Experten" – die zionistische Weltregierung.[27]

Subtiler als von Morozov wird die These von der jüdischen Weltverschwörung von den anderen Herausgebern der *Ėlementy* vertreten. Im Leitartikel des zweiten Heftes ist z.B. von der religiösen Dimension der „neuen Weltordnung" die Rede. Zwar versuchten die „Mondialisten" beinahe alle Religionen und Glaubensgemeinschaft auszuhöhlen und zu zerstören, so die Autoren, dies bedeute aber nicht, dass sie keine eigenen religiösen Vorstellungen hätten. Ihr Streben nach der Weltherrschaft weise durchaus messianische Züge auf, sie warteten auf die baldige Ankunft von einer Lichtgestalt, die im Sinne der „Mondialisten", die Welt völlig neu gestalten werde – auf einen „Maschiach". Und diese Verwendung des Begriffes Messias in seiner ursprünglichen hebräischen Form ist sicher nicht zufällig. Damit will die Zeitschrift auf die angebliche Religionszugehörigkeit der „maßgeblichen Mondialisten" hinweisen.[28]

Zu den wichtigsten Agenten des „Mondialismus" in Russland selbst gehören nach Ansicht der *Ėlementy* „kosmopolitisch" gesinnte Kräfte und Vertreter „der kleinen Nation"[29] – beide Begriffe werden in Russland als Synonyme für die Juden verwendet. Den letzteren Begriff prägte der bekannte sowjetische Dissident und Antisemit Igor' Šafarevič.

Das konspirative Weltbild, die Verklärung von Krieg und Gewalt, das Streben nach einer totalen Bezwingung des Westens, statt nach

27 Morozov, Evgenij: Plan „Anakonda", in: *Ėlementy* 4, 1993, S. 26.
28 Ideologija mirovogo pravitel'stva, in: *Ėlementy* 2, 1992, S. 1 f.
29 Perspektivy graždanskoj vojny, in: *Ėlementy* 6, 1995, S. 24-28.

einer Abgrenzung von seinen kulturellen Einflüssen – all das unterscheidet die *Ėlementy* grundlegend von ihren angeblichen eurasischen Vorgängern. Aber auch in einem anderen äußerst wichtigen Punkt ist das Programm der Zeitschrift demjenigen der Eurasier geradezu entgegengesetzt. Für die Eurasier lag die Zukunft Russlands nur im Osten, nur im Osten suchten sie nach Verbündeten, die sich an einer gemeinsamen Auflehnung gegen die kulturelle Hegemonie des Westens beteiligen sollten. Bei den *Ėlementy* hingegen spielt die östliche Komponente eine völlig untergeordnete Rolle. Zwar sprechen die Herausgeber gelegentlich vom islamischen Fundamentalismus, vor allem in seiner iranischen Variante, als von einem potentiellen Alliierten Russlands im Kampfe gegen den sog. „Mondialismus“,[30] ihre wichtigsten Bundes- und Gesinnungsgenossen befinden sich aber nicht im Osten, sondern im Westen. Dies sind in erster Linie westliche Rechtsextremisten. Vertreter der französischen, der belgischen, der deutschen und der italienischen Rechten melden sich in der Zeitschrift unaufhörlich zu Wort und einige gehören sogar zu ihren offiziellen Mitherausgebern.

So handeln die *Ėlementy* eher nach dem Motto: „Rechtsextremisten aller Länder – aus Ost und West – vereinigt euch!“, statt nach der eurasischen Devise: „Auszug nach Osten!“ (Ischod k vostoku!).

Eine Zusammenarbeit mit den politischen Kräften des Westens, gleichgültig welcher Couleur, kam für die Eurasier nicht in Frage. Deshalb kritisierten sie sowohl die russischen Zaren, die sich aus legitimistischen Motiven mit den westlichen Monarchen solidarisierten, wie auch die Bolschewiki, die den westlichen Kommunisten aus Gründen der „proletararischen Solidarität“ massive Unterstützung gewährten. In beiden Fällen hätten die russischen Regime Russland in unnötige Konflikte verwickelt.[31]

So verstoßen die *Ėlementy* aufgrund ihrer engen Anlehnung an die westliche Rechte wie auch aus anderen oben angeführten Gründen eindeutig gegen das Vermächtnis der Eurasier. Warum bekennt sich

---

30 Geopolitičeskie problemy bližnego zarubež'ja, in: *Ėlementy* 3, 1993, S. 24 ff.; Os' Moskva-Tegeran, in: *Ėlementy* 6, 1995, S. 42 f.; Iranskij vzgljad na pravoslavie, ebenda, S. 44; Dugin, Paradigma, S. 67 f.

31 I.R. (Trubeckoj), Nasledie, S. 48 f.

die Zeitschrift dessen ungeachtet zum eurasischen Programm? Man hat den Eindruck, dieses Bekenntnis stelle eine Art Tarnmanöver dar, um dem von der Zeitschrift propagierten rechtsextremen Programm einen Anschein von Respektabilität zu verleihen, um es salonfähiger zu machen.

Wenn nicht die Eurasier, wer sind dann die tatsächlichen geistigen Vorläufer der *Ėlementy*? Dies ist eindeutig die Weimarer Rechte, deren führende Vertreter in der Zeitschrift unentwegt zitiert werden. Das in der Sowjetzeit verbotene rechtsextreme Gedankengut fließt jetzt durch unzählige Kanäle nach Russland und die *Ėlementy* gehören hier zu einem der wichtigsten Vermittler. Anders als im Nachkriegsdeutschland hat sich in Russland keine immunologische Barriere gegen die rechtsextremen Versuchungen herausgebildet und dies nutzen die *Ėlementy* geschickt aus. Die Texte von Arthur Moeller van den Bruck, von Ernst Jünger wie auch von anderen extremen Gegnern des Weimarer Staates, in denen der Liberalismus dämonisiert und der Rechtsstaat verhöhnt wird, werden von den *Ėlementy* als das letzte Wort des europäischen Geistes präsentiert.[32] Dass diese Ideen im Westen, nicht zuletzt in Deutschland, bereits vor Generationen, vor allem aber nach dem Zusammenbruch des Dritten Reiches, auf dem „Kehrichthaufen der Geschichte" gelandet sind, wird von der Zeitschrift sorgfältig verschwiegen. Man hat den Eindruck, dass die Herausgeber der *Ėlementy* und ihre Gesinnungsgenossen, Russland erneut in ein Experimentierfeld völlig veralteter westlicher Ideen verwandeln wollen, wie dies die Bolschewiki nach 1917 bereits einmal taten. So hielt damals die bolschewistische Führung ihre materialistische und atheistische Weltanschauung, ihren Glauben an die „Wunder" der Industrie und Technik für das letzte Wort der europäischen Kultur. Mit diesem Glauben wollten sie Russland erneuern, in ein „normales" europäisches Land verwandeln. Im Westen dagegen war damals der Wissenschafts- und Technikglauben überholt. Die Zerstörungen des Ersten Weltkrieges, die zum Teil gerade wegen der technologisch-wissenschaftlichen Errungenschaften der industriellen Revolution

32 Siehe dazu u. a. *Ėlementy* Nr. 1, S. 51 ff.; Nr. 3, S. 30 ff.; Nr. 4, S. 55 ff.; Nr. 8, S. 24 ff.

solche Ausmaße erreicht hatten, hatten vielen Europäern die Augen über die zerstörerischen Aspekte des technischen Fortschritts geöffnet. So merkten die Bolschewiki nicht, wie „unmodern" ihre Bewunderung für die Moderne und ihr Fortschrittsoptimismus waren.[33]

Ähnlich verhält es sich mit den Herausgebern der *Ėlementy*, die anscheinend nicht realisieren, wie antiquiert die Ideen der Weimarer Konservativen Revolution heute anmuten, und zwar aufgrund ihrer gänzlichen Diskreditierung durch den Nationalsozialismus. Eine gewisse Analogie zur Diskreditierung des Marxismus durch den „real existierenden Sozialismus" ist unverkennbar. Dennoch handelt es sich beim Marxismus um ein Phänomen, das wesentlich ambivalenter ist als dies bei der Konservativen Revolution der Fall war. Denn der Marxismus enthält neben dem terroristisch-utopistischen Potential, das im Bolschewismus seine deutlichste Ausprägung fand, auch ein emanzipatorisches, das am stärksten die europäische Sozialdemokratie verkörperte. Eine derartige Ambivalenz lässt sich indes in der Konservativen Revolution nicht entdecken. Ihr Traum von einer nationalen Diktatur, von der Überwindung des liberalen Rechtsstaates „ohne Ehre und Würde" (Ernst Forsthoff),[34] von einem auf Krieg, grenzenlose Expansion, ja Weltherrschaft fixierten Deutschland, ihre Sehnsucht nach einem „Cäsar" und nach einem „Dritten Endreich"[35] mussten beinahe zwangsläufig in das am 30. Januar 1933 tatsächlich errichtete Dritte Reich münden. Die erdrutschartigen Siege der NSDAP zu Beginn der 1930er Jahre wurden von der Mehrheit der Konservativen Revolutionäre euphorisch begrüßt. Der linksorientierte Ernst Niekisch samt seiner „Widerstands"-Gruppe gehörten zu den wenigen Skeptikern.[36] Zwar mokierten sich manche elitär gesinnte Kreise der Konservativen Revolution über den plebejischen Charakter der nationalsozialistischen Bewegung, wie auch über den Versuch Hitlers, nicht mit revolutionären, sondern mit legalen parlamentarischen Mitteln die Macht zu ergreifen.

---

33 Vgl. dazu Luks, Leonid: *Entstehung der kommunistischen Faschismustheorie. Die Auseinandersetzung der Komintern mit Faschismus und Nationalsozialismus 1921-1935*. Stuttgart 1985, S. 197-199.

34 Forsthoff, Ernst: *Der totale Staat*. Hamburg 1933, S. 13, 20.

35 Moeller van den Bruck, Arthur: *Das dritte Reich*. Hamburg 1931.

36 Niekisch, Ernst: *Hitler – ein deutsches Verhängnis*. Berlin 1932.

Dies waren aber nur unwesentliche Details. Für die absolute Mehrheit, der radikalen Kritiker der Weimarer Demokratie aus dem konservativ-revolutionären Lager symbolisierte der Aufstieg der NSDAP das Ende der verhassten liberalen Epoche, den Beginn einer nationalen Wiedergeburt. [37] So hielten sie unmittelbar nach seiner Errichtung das Dritte Reich nicht zuletzt für ihr eigenes Werk, und dies sicher mit Recht. Nur allmählich begannen sie wie der Zauberlehrling zu realisieren, welche Geister sie in Wirklichkeit gerufen hatten. Eine allgemeine Desillusionierung machte sich breit. Einige Wegbereiter der Zäsur vom 30.01.1933 fielen der Hitlerschen Despotie zum Opfer (Edgar Jung) andere wandten sich von ihr innerlich ab (Ernst Jünger).

Und wie bewerten die Herausgeber der *Ėlementy* das Dritte Reich? Im Gegensatz zu den Konservativen Revolutionären der Weimarer Zeit kennen sie die Ergebnisse seines Wirkens. Inwiefern beeinflusst dies ihr Urteil? Man muss hervorheben, dass ihre Einstellung zum nationalsozialistischen Regime durchaus kritisch ist, allerdings wohlwollend kritisch. Man spricht in der Regel von seinen Fehlern, weniger von seinen Verbrechen. Anders als die liberalen „Mondialisten" werden die Nationalsozialisten keineswegs dämonisiert, sondern eher als Gesinnungsgenossen angesehen, die sich gelegentlich geirrt hätten. Hitler wird für seinen engstirnigen Nationalismus, für seine antirussischen und antislawischen Ressentiments kritisiert. Dies habe die Entstehung

---

37 Siehe dazu u. a. Rauschning, Hermann: *The Conservative Revolution*. New York 1941; Mohler, Armin: *Die Konservative Revolution in Deutschland. Der Grundriß ihrer Weltanschauung*. Stuttgart 1950; Sontheimer, Kurt: Der Tatkreis, in: *Vierteljahrshefte für Zeitgeschichte* 6, 1958, S. 229-260; Ders.: *Antidemokratisches Denken in der Weimarer Republik*. München 1968; Kuhn, Helmut: Das geistige Gesicht der Weimarer Republik, in: *Zeitschrift für Politik*, 8, 1961, S. 1-10; von Klemperer, Klemens: *Konservative Bewegungen. Zwischen Kaiserreich und Nationalsozialismus*. München 1962; Stern, Fritz: *Kulturpessimismus als politische Gefahr*. Bern 1963; Breuer, Stefan: *Anatomie der Konservativen Revolution*. Darmstadt 1993; Luks, Leonid: „Eurasier" und „Konservative Revolution". Zur antiwestlichen Versuchung in Russland und in Deutschland, in: Koenen, Gerd / Kopelew, Lew (Hrsg.): *Deutschland und die Russische Revolution 1917-1924*. München 1998, S. 219-239.

einer breiten paneuropäischen Allianz gegen die westlichen Demokratien verhindert.[38]

Der Zusammenbruch des Dritten Reiches wird von den *Ėlementy* im Allgemeinen bedauert. Das Dritte Reich habe zwar manche Postulate der Konservativen Revolution verfälscht, „dennoch stellte die Niederlage Deutschlands im Zweiten Weltkrieg eine verheerende Niederlage für die Ideologie des Dritten Weges dar“.[39]

Indes betrachtet die Zeitschrift das Dritte Reich keineswegs als ein einheitliches Gebilde. Neben den unduldsamen Germanozentristen habe es dort durchaus auch weltoffene, gesamteuropäisch gesinnte Kräfte gegeben. Sie hätten an beinahe alle Völker Europas appelliert, um am Kreuzzug gegen die westlichen „Plutokratien“ und gegen den Kommunismus teilzunehmen. Diese völkerverbindende Ideologie vertrat nach Ansicht des Chefredakteurs der Zeitschrift, Aleksandr Dugin, in erster Linie die... Waffen- SS (!), die von den *Ėlementy* als eine Art Insel der intellektuellen Freizügigkeit innerhalb des Dritten Reiches betrachtet wird:

> Statt eines engstirnigen [deutschen Nationalismus] propagierte die SS die Idee vom einheitlichen Europa [...], in dem den Deutschen keine besondere Rolle zukommen sollte. Die Organisation [SS] hatte einen internationalen Charakter, sogar „nicht-weiße“ Völker waren hier vertreten. [...] Bei der SS handelte es sich um eine Art Ritterorden nach mittelalterlichem Vorbild mit solchen Idealen wie körperliche Askese, Armut, Disziplin. [40]

Unwillkürlich erinnert diese Lobeshymne auf die SS und an die von ihr verkörperten „Sekundärtugenden“ an die berühmte Posener Rede Heinrich Himmlers vom Oktober 1943, in der er die SS dafür pries, dass sie bei der Erfüllung der weltgeschichtlichen Aufgabe der „Ausrottung des jüdischen Volkes [...] anständig geblieben (sei)“.[41]

---

38 Dugin, Aleksandr: Konservativnaja revoljucija. Kratkaja istorija ideologij tret′ego puti, in: *Ėlementy* Nr. 1, S. 53; siehe dazu auch *Ėlementy*, Nr. 3, S. 21; Nr. 5, S. 29; Nr. 8, S. 29.

39 Dugin, Konservativnaja revoljucija, S. 53 f.

40 Ebenda, S. 54.

41 Zit. nach Thamer, Hans-Ulrich: *Verführung und Gewalt. Deutschland 1933-1945.* Berlin 1986, S. 703.

Auch Hitler wird von den *Ėlementy* nicht nur negativ bewertet. Im sechsten Heft der Zeitschrift wird ein Interview mit Léon Degrelle abgedruckt – dem ehemaligen Führer der rechtsextremen wallonischen Rexistenpartei und zugleich dem Führer der SS-Division „Wallonie". Degrelle, der zu den Lieblingen des „Führers" zählte, bezeichnete Hitler als

> die größte Gestalt der europäischen Geschichte. Er kämpfte für ein Ideal, für eine Idee. Er hat sich fortwährend innerlich entwickelt. Er begann [seine Laufbahn] als ein rein deutscher Nationalführer, aber allmählich lernte er in europäischen und schließlich auch in globalen Kategorien zu denken [...] Er wird oft als Hysteriker und Psychopath mit zitternden Händen geschildert. Dies ist aber nur Propaganda. In Wirklichkeit war er ein erstaunlich wohlerzogener, bezaubernder, höflicher und aufmerksamer Mensch. Durch die Niederlage [Hitlers] haben nicht nur Deutschland, sondern ganz Europa, ja die ganze Welt ihre Zukunft verspielt. Betrachten Sie bloß die Welt, die seine Bezwinger und Feinde aufgebaut haben. Dies ist das Reich des Geldes, der Gewalt, der Degeneration und der niederen untermenschlichen Instinkte [...], eine Welt ohne Ideale. Wir haben für ein grandioses Ziel gekämpft, und wissen Sie, geistig haben wir nicht verloren. Denn sie [die Sieger] haben im Gegensatz zu uns keinen Glauben [...] Dies war der Krieg der Idealisten und der Romantiker gegen zwei Arten von Materialismus – den kapitalistischen und den marxistischen. Sie [die Siegermächte] können uns umbringen, aber unseren Glauben können sie uns nicht nehmen. Deshalb nannte ich mein Buch 'Hitler für tausend Jahre'.[42]

Diese Apotheose eines Massenmörders durch einen seiner Gehilfen wird von der Zeitschrift lediglich mit folgenden Worten kommentiert: „Der letzte [faschistische] Volksführer [Degrelle] starb wie ein gläubiger Christ, er erhielt die letzte Ölung von einem Curé. Bis zur letzten Stunde blieb er seiner Idee treu."[43]

## IV

Zum ideologischen Profil der *Ėlementy* gehört neben der Identifizierung mit den nationalbolschewistischen und rechtsradikalen Positio-

42 Poslednij fol'ksfjurer, in: *Ėlementy* Nr. 6, S. 48.
43 Ebenda.

nen auch ein ausgesprochenes Interesse für die geopolitische Problematik. Auf den ersten Blick scheint hier die Zeitschrift an die Eurasier anzuknüpfen, die in ihrem Programm den geopolitischen und geographischen Faktoren eine außerordentliche Bedeutung beimaßen. Dieser erste Eindruck täuscht jedoch. Die Eurasier, in erster Linie den bedeutendsten Wirtschaftswissenschaftler und Geographen der Bewegung, Petr Savickij, interessierten in erster Linie kulturelle und wirtschaftliche Aspekte der Geopolitik und der Geographie, die Frage, inwiefern die gleichen geographischen Bedingungen auf unterschiedliche Kulturen und Ethnien einwirken und zu ihrer allmählichen Annährung und Vereinheitlichung beitragen. Zugleich plädierten die Eurasier für eine wirtschaftliche Autarkie des eurasischen Subkontinents und untersuchten geographische Faktoren, die die Errichtung eines derartigen autarken Wirtschaftssystems begünstigten. All diese Fragen spielen für die *Ėlementy* eine zweitrangige Rolle. Die wichtigsten Aspekte, die sie im Zusammenhang mit der Geopolitik interessieren sind militärstrategischer Art, die Frage nach der günstigsten Ausgangsposition im künftigen Kampf der Kontinente, in dem von ihnen sehnsüchtig erwarteten Revanchekampf der „Tellurkratien“ (Kontinentalmächte) gegen die vom Schicksal so begünstigten „Thalassokratien“ (Seemächte).[44]

Der Pax Americana, der Unipolarität der Welt, setzen die *Ėlementy* eine bipolare Konzeption entgegen, die auf die Erneuerung der Konfrontation zwischen Ost und West hinausläuft. Die Zeitschrift empfiehlt allen Gegnern der „Mondialisten“ bzw. der angelsächsischen Seemächte, ihre internen Rivalitäten zu beenden und sich auf die Errichtung einer großen kontinentalen Allianz zu konzentrieren – nur auf diese Weise könnten sie im bevorstehenden Endkampf die Chance eines Sieges haben. Diese Allianz müsse alle früheren, aktuellen und potentiellen Gegner der angelsächsischen Demokratien umfassen – Deutschland und Japan, Russland und China, Indien und die islamischen Staaten und schließlich auch das von den Vereinigten Staaten

44 Siehe dazu u. a. Geopolitičeskie problemy bližnego zarubež'ja, in: *Ėlementy* Nr. 3, S. 18 ff.; A.D. (Aleksandr Dugin): Ot sakral'noj geografii k geopolitike, ebenda, S. 37-39; Rossija i prostranstvo, in: *Ėlementy* Nr. 4, S. 31-35; siehe dazu auch Aleksandr Dugin, Aleksandr: *Osnovy geopolitiki*. Moskau 1997, S. 15-19, 214 ff.

„unterjochte" Westeuropa.[45] Die Herausgeber der Zeitschrift geben zu, dass dieses strategische Bündnis mit Westeuropa den Vorstellungen ihrer angeblichen eurasischen Vorgänger widerspreche. Jedoch habe sich die politische Konstellation im Vergleich zu den1920er Jahren, als die Eurasier ihre Thesen entwickelt hätten, grundlegend gewandelt. Die Übermacht der „Mondialisten" sei inzwischen derart erdrückend geworden, dass ihre Gegner nun alle Kräfte mobilisieren müssten – ohne Rücksicht auf kulturelle Gegensätze, wie sie z.B. zwischen Russland und Westeuropa durchaus bestünden.[46]

Von welchen Mächten sollte diese von den *Ėlementy* propagierte „antimondialistische" Großallianz dominiert werden? Nur zwei Staaten kommen hier nach Ansicht der Zeitschrift in Frage: Deutschland und Russland. Um dieser Rolle gerecht zu werden, müssten sich aber beide Staaten innerlich und äußerlich von den „mondialistischen" Einflüssen befreien und sich auf ihre imperialen Traditionen zurückbesinnen. Es wäre für diese Kontinental-Allianz vorteilhaft, wenn sie von einem erneuerten russischen Imperium geführt werden würde, so die *Ėlementy*. Strategisch liege Russland im Zentrum des eurasischen Großraums und sei daher weniger verwundbar als Deutschland, das sich an dessen Peripherie befinde. Außerdem könnte Deutschland im Falle der Steigerung seiner Macht erneut einem nationalistischen Größenwahn erliegen, wie dies bereits im Zweiten Weltkrieg der Fall gewesen sei. Dies könnte für die Kontinental-Allianz verhängnisvolle Folgen haben. Trotz dieser Gefahr wäre für die Zeitschrift ein von Deutschland dominiertes und antiamerikanisch ausgerichtetes Europa dem jetzigen Zustand eindeutig vorzuziehen. Die Herausgeber der *Ėlementy* wären also bereit, auch unter der deutschen Flagge gegen den sog. „Mondialismus" zu kämpfen. Die russische würden sie aber natürlich vorziehen. Die Wiederherstellung des russischen Imperiums und der hegemonialen Stellung Russlands im gesamten eurasischen Raum halten sie für eine Schicksalsfrage des Landes. Sollte Russland auf seine imperiale Sendung verzichten, würden andere Staaten das nach dem Zusammenbruch der Sowjetunion entstandene Machtvakuum ausfüllen

45 Rossija i prostranstvo, S. 31-35.
46 Rossija i prostranstvo, S. 31 f.

und Russland in eine Kolonie verwandeln. Diese Aufgabe könnte nach Ansicht der *Ėlementy* nicht nur das bereits erwähnte Deutschland, sondern auch China übernehmen. So steht Russland nach Ansicht der Herausgeber der Zeitschrift vor der Alternative: Entweder verwandele es sich in eine Provinz einer anderen Hegemonialmacht oder es restauriere seine frühere Hegemonialstellung. Aber anders als die unzähligen imperialen Nostalgiker im heutigen Russland wollen sich die Herausgeber der *Ėlementy* mit der Wiederherstellung des früheren Zustandes keineswegs begnügen. Die Restauration der früheren Grenzen des russischen Reiches stellt für sie nur die erste Stufe ihres strategischen Plans dar. Denn das eigentliche Ziel des wiederhergestellten Imperiums solle der Kampf gegen die amerikanische Welthegemonie, also der Kampf um die Weltherrschaft, der Endkampf sein. Damit zeigt die Zeitschrift erneut, welcher Abgrund sie von den „klassischen“ Eurasiern trennt und wie stark ihr Programm an die „revolutionäre Raumpolitik“ der Weimarer Rechten erinnert. So hielten manche Vertreter des radikalen Flügels der deutschen konservativen Revolution die Weltherrschaft für das einzige Mittel, das imstande sei, die Leiden der Deutschen zu lindern: „Die Beherrschung der Erde [ist], die gegebene Möglichkeit [...], dem Volke eines überbevölkerten Landes das Leben zu ermöglichen“, schrieb 1923 Arthur Moeller van den Bruck in seinem Buch „Das Dritte Reich“. Zehn Jahre später begann das „real existierende“ Dritte Reich manche Bestandteile dieses Programm zu verwirklichen. So handelt es sich beim Gedankengut der *Ėlementy* eindeutig um ein Importprodukt. Allerdings um ein verschimmeltes Produkt, dessen Verfallsdatum bereits längst, nämlich am 30. Januar 1933, abgelaufen war.

Veröffentlicht in: *Studies in East European Thought* 52, 2000, S. 49-71 (geringfügig revidierte Fassung)

# Die russische Frage zu Beginn des 21. Jahrhunderts und das deutsche Grundgesetz[1]

In seiner Rede vom 18. März 2014 anlässlich der Angliederung der Krim an die Russische Föderation bezeichnete Vladimir Putin die Russen als eine der größten, wenn nicht die größte geteilte Nation der Welt. Er hob auch hervor, dass das Streben der Russen nach der Überwindung ihrer Teilung völlig legitim sei und verwies in diesem Zusammenhang auf die Wiedervereinigung Deutschlands im Jahre 1990.

Deutsch-russische Parallelen werden auch von anderen Verfechtern der „russischen Einheit" gezogen, die z. B. das Festhalten an der deutschen Einheit für das wichtigste Wesensmerkmal des am 23. Mai 1949 vom Parlamentarischen Rat verkündeten deutschen Grundgesetzes halten. Insofern stellt dieses Gründungsdokument der Bundesrepublik für den Petersburger Politologen Andrej Vassoevič auch für Russland ein Vorbild dar. In diesem Sinne äußerte er sich im Dezember 2012 auf einer Konferenz, die im Rahmen des „Petersburger Dialogs" in Petersburg stattfand.

Die Anhänger derartiger Analogieschlüsse lassen die Tatsache außer Acht, dass das Festhalten an der deutschen Einheit nur eines der Wesensmerkmale des am 23. Mai 1949 verabschiedeten Dokuments darstellte. Das Streben nach der Errichtung einer „wehrhaften Demokratie" als Reaktion auf das Scheitern der Weimarer Republik und die Hervorhebung der Unantastbarkeit der Menschenwürde als Reaktion auf die Schreckensherrschaft des Nationalsozialismus waren für das Grundgesetz nicht weniger zentral. Mit anderen Worten: Die Urheber des Grundgesetzes wollten Deutschlands „langen Weg nach Westen" (Heinrich August Winkler) vollenden.

1 Erweiterte Fassung eines Beitrags, der am 22.7.2014 in der Zeitschrift *The European* veröffentlicht wurde.

Nicht zuletzt deshalb war Stalin nicht imstande, die Bonner Regierung für sein Konzept zur Überwindung der deutschen Spaltung zu gewinnen, das die bereits vollzogene Westbindung der Bundesrepublik außer Kraft setzen sollte. Ihm war es wohl nicht bewusst, wie fundamental sich die politische Kultur Deutschlands nach dem Zivilisationsbruch von 1933-1945 verändert hatte und welch grundsätzliche Bedeutung nun das Bekenntnis zur freiheitlichen Gesellschaftsordnung westlicher Prägung für das Land hatte.

Obwohl Putin sich wiederholt von Stalin distanziert, verfällt auch er in das gleiche Denkschema, wenn er das Streben der 1949 gegründeten „zweiten" deutschen Demokratie nach Überwindung der nationalen Spaltung von ihrem Bekenntnis zur freiheitlichen Gesellschaftsordnung abzukoppeln versucht. Nur so kann er eine Parallele zwischen der Wiedervereinigung Deutschlands und dem von ihm verfolgten Kurs zur Überwindung der „russischen Spaltung" und zum Neuaufbau der russischen Staatlichkeit ziehen.

Auf welcher weltanschaulichen Basis soll diese neue russische Staatlichkeit aufgebaut werden? Der russische Staatspräsident stützt sich hier auf eine breite Palette von ideologischen Modellen, die noch vor kurzem als völlig unvereinbar galten. Die von Putin angestrebte Synthese soll der 1917 vollzogenen politischen Spaltung des Landes in Verteidiger und Gegner der Sowjetmacht ein Ende setzen.

Das vom russischen Staatspräsidenten im September 2013 geäußerte Postulat, die Russen sollten auf ihre Geschichte stolz sein, und zwar auf jedes ihrer Kapitel, scheint zum Motto der neuen russischen Staatlichkeit zu werden. Diese global formulierte Forderung enthält allerdings einen inneren Widerspruch. Denn die Landsleute Putins sollen lediglich auf die imperial und autoritär gesinnten Politiker und Denker stolz sein. Die gesamte freiheitliche Tradition Russlands, etwa von den Dekabristen des Jahres 1825, die die russische Autokratie in eine konstitutionelle Monarchie umzuwandeln versuchten, bis zu den Dekabristen des Jahres 2011, die der gelenkten Demokratie Putins nach den damaligen manipulierten Parlamentswahlen eine Absage erteilten, wird in diesem selektiven Geschichtsbild des Präsidenten praktisch ausgeblendet. Solch eine Abwendung von den demokratischen Werten macht jede Parallele zwischen der Putinschen Staatsdoktrin und dem Gründungsdokument der „zweiten" deutschen Demokratie vom Mai 1949 hinfällig.

Was Putins autoritäre Vorbilder anbetrifft, so kommt man hier, wenn man sie genauer betrachtet, aus dem Staunen nicht heraus. Obwohl die Sowjetnostalgie zum Wesenskern des politischen Konzepts Putins gehört, beruft er sich wiederholt auf einen Denker, der zu den unversöhnlichsten Gegnern des bolschewistischen Regimes zählte. Es handelt sich um den Philosophen Ivan Il'in (1883-1954). 1925 veröffentlichte Il'in im russischen Exil ein Buch unter dem Titel *Über den gewaltsamen Widerstand gegen das Böse*,[2] dessen Thesen sogar manche radikale Gegner des Sowjetregimes empörten. Auf Ablehnung stieß bei den Kritikern vor allem die Tatsache, dass Il'in die Anwendung von Gewalt im Kampf gegen den Bolschewismus religiös zu verklären suchte. Der Philosoph Nikolaj Berdjaev beschuldigte Il'in sogar, er wolle eine Art „Čeka" [sowjetische Terrororgane – L.L.] im Namen Gottes errichten: „Im Namen des Teufels ist alles erlaubt", so Berdjaev: „im Namen Gottes hingegen nicht".[3]

Das leidenschaftliche antibolschewistische Pathos Il'ins scheint aber Putin nicht zu stören. Er bezieht sich nicht nur selbst auf manche Aussagen des Exilphilosophen, sondern empfiehlt auch seinen Mitarbeitern, die Bücher Il'ins zu lesen. Die sterblichen Überreste des Philosophen, der im Exil verstorben war, wurden vor kurzem feierlich auf einem Moskauer Friedhof neu bestattet.

Was macht das ideologische Vermächtnis Il'ins in den Augen Putins so attraktiv? Dies sind sicherlich manche Vorstellungen Il'ins über den Neuaufbau Russlands nach der Überwindung der bolschewistischen Diktatur, deren Zusammenbruch er für unausweichlich hielt. Ende der 1940er/Anfang der 1950er Jahre veröffentlichte Il'in eine Reihe von Artikeln, in denen er einige Entwicklungsszenarien für das nachsowjetische Russland entwarf, wie sie aus seiner Sicht wünschenswert waren.

2 Il'in, Ivan: *O soprotivlenii zlu siloju*. Berlin 1925.

3 Berdjaev, Nikolaj: Košmar zlogo dobra, in: *Put'* 4/1926, S. 103-116, hier S. 104.

Eine demokratische Gesellschaftsordnung lehnte er für das nachbolschewistische Russland entschieden ab, weil diese, so sein Argument, sich im Jahre 1917 (nach dem Sturz des Zaren) gänzlich diskreditiert habe. Nur eine „nationale Diktatur" werde dem Chaos, das nach dem Zusammenbruch des sowjetischen Regimes ausbrechen werde, gewachsen sein, so Il'in. Dabei trat er für eine persönliche Diktatur ein und lehnte jede Art von kollegialer Führung ab, weil diese angeblich die Willensbildung der Regierung zersplittere. Il'in wandte sich auch gegen eine Übernahme westlicher Werte durch das erneuerte Russland. Russland, so meinte er, müsse seinen eigenen Weg gehen, der mit demjenigen des Westens nicht zu vereinbaren sei. Abgesehen davon trat Il'in, ähnlich wie die „weißen" Gegner der Bolschewiki im russischen Bürgerkrieg, für das „einige und unteilbare Russland" ein und lehnte jede Form von Separatismus, der das imperiale Gefüge des Landes aushöhlen könnte, entschieden ab.

Wenn man vom militanten Antibolschewismus Il'ins absieht, scheint dieses politische Programm demjenigen Putins zum Verwechseln ähnlich zu sein. Daher auch die von oben geförderte Il'in-Renaissance im heutigen Russland. Dass diese beiden Konzepte auf völlig antiquierten Grundlagen basieren und dem emanzipatorischen Geist der Moderne in eklatanter Weise widersprechen, wurde bzw. wird allerdings von ihren Verfechtern außer Acht gelassen.

Andere Zeitgenossen Il'ins waren insoweit weitblickender. So war sich z. B. der Gründer der 1921 im russischen Exil entstandenen Eurasierbewegung, Nikolaj Trubeckoj, völlig darüber im Klaren, dass die Bewahrung des russischen Imperiums auf den traditionellen russozentrischen Grundlagen nicht mehr möglich sei. Die Zeit der Alleinherrschaft der Russen in Russland sei endgültig vorbei, schrieb er bereits 1927. Trubeckoj hoffte allerdings, man könne das russische Imperium auf der Basis der eurasischen Idee, die das Gemeinsame zwischen allen Völkern des Reiches hervorhebe, vor der

Auflösung bewahren.[4] Eine vergleichbare Hoffnung hatte ein anderer einflussreicher Denker des russischen Exils, Georgij Fedotov, indes nicht. Ausgerechnet im Jahre 1947, als Stalin die imperiale Position Russlands in einem bis dahin beispiellosen Ausmaß zu festigen vermochte, sagte Fedotov den baldigen Zusammenbruch des bolschewistischen Regimes und des Sowjetimperiums voraus. Dann hob er aber hervor, dass dies keineswegs das Ende Russlands bedeuten würde:

> Der Verlust des Imperiums stellt eine sittliche Reinigung dar, die Befreiung Russlands von einer schrecklichen Bürde, die sein Antlitz entstellte. Von den militärischen und polizeilichen Sorgen befreit, wird sich Russland seinen inneren Problemen widmen können, vor allem dem Aufbau [...] einer freien, sozialen und demokratischen Gesellschaftsordnung.[5]

Dieses Vermächtnis Fedotovs bleibt bis heute aktuell.

4 Trubeckoj, Nikolaj: Obščeevrazijskij nacionalizm, in: *Evrazijskja chronika* 9/1927, S. 24-30.

5 Fedotov, Georgij: *Novyj Grad*. New York 1952, S. 198 f.

## Russlands außenpolitische Isolierung und deutsch-russische Parallelen[1]

Die beinahe lückenlose außenpolitische Isolierung, in die Putins „gelenkte Demokratie" Russland hineinmanövriert hat, stellt in der neueren Geschichte Russlands, wenn man von einigen Ausnahmen absieht, etwas Ungewöhnliches dar. Seit dem Eintritt Russlands in das europäische „Konzert der Mächte" infolge der petrinischen Umwälzung zu Beginn des 18. Jahrhunderts, verfügte das Land in der Regel über Verbündete auf der internationalen Bühne und wurde oft zum Mitglied von Koalitionen unterschiedlichster Art. Weitgehend isoliert waren eher manche außenpolitische Kontrahenten Russlands, so Schweden zur Zeit des Großen Nordischen Krieges von 1700-21 oder Preußen während des Siebenjährigen Krieges.

Im letzten Drittel des 18. Jahrhunderts kam es dann zu einem lange währenden Bündnis Sankt Petersburgs mit Berlin und Wien – auf Kosten des aufgeteilten Polens. Zementiert wurde dieses Bündnis durch die gemeinsame ablehnende Haltung gegen die Französische Revolution bzw. gegen die europäischen Revolutionen als solche. Dieser gegenrevolutionäre Kurs war durch die auf dem Wiener Kongress von 1815 gegründete Heilige Allianz versinnbildlicht. Zwar sollte die Heilige Allianz infolge der Abwendung Österreichs vom Zarenreich während des Krimkrieges zerfallen. Einige Jahrzehnte später wurde Russland aber erneut zum Bestandteil einer Koalition, die sich dieses Mal gegen das 1871 gegründete Zweite Deutsche Kaiserreich wandte, das aufgrund seiner zunehmenden Stärke das europäische Gleichgewicht aus den Angeln zu heben drohte. Erneut war es nicht Russland, sondern sein außenpo-

1 Erweiterte Fassung eines Beitrags, der am 28. November 2014 in der Zeitschrift *The European* erschienen ist.

litischer Kontrahent – diesmal das Wilhelminische Reich –, der sich in eine immer größere internationale Isolation hineinmanövrierte.

Die Suche der neu entstandenen Großmacht nach ihrem „Platz an der Sonne“ verunsicherte Deutschlands Kontrahenten außerordentlich, dies nicht zuletzt deshalb, weil dieses Streben so vage und unbestimmt war und sich vertraglich nicht regeln ließ. Man habe in Deutschland das Gefühl gehabt, man müsse seit Generationen Versäumtes nachholen, schreibt der britische Historiker M. S. Anderson. Als andere Nationen unter sich die Welt aufteilten, habe sich Deutschland mit seiner Kleinstaaterei in politischer Ohnmacht befunden. Nun wollte es aber auch eine Position in der Welt haben, die seiner tatsächlichen Macht entsprach.

Die damalige Konstellation ist der heutigen nicht unähnlich. Allerdings tritt jetzt nicht Deutschland, sondern das Putinsche Russland in der Rolle einer unbefriedigten Großmacht auf, die nach dem aus ihrer Sicht gebührenden „Platz an der Sonne“ sucht. Als ihren größten Kontrahenten betrachtet die Kreml-Führung dabei die Vereinigten Staaten, denen sie vorwirft, sie seien nicht bereit, die Interessen anderer souveräner Staaten zu respektieren. Sie versuchten, so lautet der Vorwurf, der gesamten Welt eine politische Ordnung aufzuzwingen, die nur den Interessen Washingtons entspreche. Die Verteidiger der „gelenkten“ bzw. „souveränen“ russischen Demokratie gebärden sich in diesem Disput als Verfechter einer neuen multipolaren Weltordnung, als Wortführer der nach Souveränität strebenden Völker (auch der Europäer), die nach einer Befreiung von der amerikanischen Hegemonie strebten.

Diese Argumentation ist derjenigen der politischen Klasse des Wilhelminischen Reiches nicht unähnlich. Damals ging es aber um eine Befreiung der Völker von der „britischen Welthegemonie“. Deutschlands Mission sei die Emanzipierung der Welt von der englischen Dominanz, schrieb damals der deutsche Historiker Otto Hintze. Nur eine Mobilisierung des gesamten europäischen Machtpotentials konnte, nach Meinung mancher deutschen Autoren, der englischen Vorherrschaft ein Ende setzen. Nicht zuletzt deshalb hielten sie die Idee von einem europäischen Gleichgewicht für veraltet. Sie sei englischen Ursprungs und diene lediglich den englischen Interessen.

Dieser Versuch, die europäischen Völker, natürlich unter deutscher Führung, zu einigen, um sich gegen die englische Weltherrschaft zu wehren, sei aber gänzlich gescheitert, so der Historiker Ludwig Dehio. In Wirklichkeit habe niemand etwas von dieser Befreiungsmission der Deutschen wissen wollen. England sei es gelungen, gerade dieses europäische Gleichgewicht, das angeblich den Interessen der Europäer widersprach, gegen Deutschland zu aktivieren. Nicht englische, sondern deutsche Hegemonialbestrebungen habe man in Europa als Bedrohung empfunden.

Nicht anders erging es Putin mit seinem antiamerikanischen Kurs. Statt einen Keil zwischen die EU und die USA zu treiben, löste er durch seine aggressive Ukraine-Politik einen für viele unerwarteten Solidarisierungseffekt aller demokratisch regierten Staaten diesseits und jenseits des Atlantiks aus, und dies trotz der ausgeprägten Skepsis der Europäer gegenüber den Alleingängen Washingtons, zum Beispiel in der NSA-Affäre. Die russozentrische und aggressive Außenpolitik der Kreml Führung führt außerdem nicht nur zu einer Entfremdung zwischen Moskau und dem Westen, sondern auch zur Abwendung mancher autoritär geprägten Staaten von Russland, die bis vor kurzem zu den engsten Verbündeten Moskaus zählten. Es handelt sich hier vor allem um Kasachstan und Weißrussland, die gemeinsam mit Moskau das Konzept der Eurasischen Union als Gegenmodell zur EU entworfen hatten. Jetzt wird die Annexion der Krim vom weißrussischen Präsidenten Lukašenko allerdings eindeutig verurteilt, und der kasachische Präsident Nazarbaev wendet sich entschieden gegen alle Versuche mancher national gesinnten russischen Politiker, die territoriale Integrität Kasachstans in Frage zu stellen.

Moskaus Anspruch, als Interessenvertreter der russischen Minderheiten jenseits der Grenzen der Russischen Föderation aufzutreten, erinnert in gewisser Weise an ähnliche Bestrebungen national gesinnter Gruppierungen im Wilhelminischen Reich, die sich um die Belange der deutschen Minderheit im Zarenreich kümmerten.

Ihre laut bekundeten Proteste gegen die Russifizierungsmaßnahmen der Petersburger Regierung, nicht zuletzt in den Ostseeprovinzen, trugen damals erheblich zur Verschlechterung der deutsch-russischen Beziehungen und zur Festigung des russisch-französischen Bündnisses bei. Solange Bismarck noch an der Macht war, lehnte er jede Einmischung in die inneren Angelegenheiten des Zarenreiches ab. Die Aufrechterhaltung freundschaftlicher Beziehungen mit Petersburg war für ihn wichtiger als die Verteidigung der Belange der Auslandsdeutschen. Obwohl er die deutsche Nationalbewegung geschickt für die machtpolitischen Interessen des herrschenden Establishments ausnutzte, war er eben doch kein klassischer Nationalist. Bismarcks Nachfolger wollten indes von der Zurückhaltung des Reichsgründers nichts mehr wissen.

Die Motive der Reichsführung wurden den anderen europäischen Kabinetten immer weniger verständlich. Die beiderseitigen Ängste verhärteten nur die Fronten und das Wettrüsten (der „trockene Krieg", wie der Historiker Hans Delbrück den damaligen Rüstungswettlauf nannte) wurde fortgesetzt.

Es bestehen allerdings einige grundlegende Unterschiede zwischen der damaligen und der heutigen Konstellation. Sie betreffen in erster Linie die Lehren, die eine beträchtliche Zahl der Europäer von heute aus der Geschichte des soeben zu Ende gegangenen „kurzen" 20. Jahrhunderts gezogen haben. Noch zu Beginn des 20. Jahrhunderts wurde der Nationalstaat als Krönung der Schöpfung angesehen, und der Verteidigung der nationalen Interessen wurde absolute Priorität eingeräumt. Dieses Denken verwandelte Europa in ein Pulverfass, das zweimal – 1914 und 1939 – explodierte. Erst die Trümmer, die der Zweite Weltkrieg in Europa hinterließ, führten hier zu einem Paradigmenwechsel. Der bis dahin sakralisierte Nationalstaat wurde zumindest partiell entthront, es begann der europäische Integrationsprozess, der den Europäern eine der längsten Friedenperioden ihrer Geschichte sicherte (der Krieg in Jugoslawien gehörte hier insoweit zu den wenigen Ausnahmen).

Auch russische Reformer begannen sich seit der Gorbačevschen Perestrojka zu den europäischen Werten zu bekennen. Ihr ausdrückliches Ziel war die „Rückkehr Russlands nach Europa". Nach der Errichtung der Putinschen „gelenkten Demokratie" um 2000 begannen sich allerdings die Wege der beiden Teile des Kontinents erneut zu trennen. Die 2014 ausgebrochene Krim- bzw. Ukraine-Krise sollte diese neue Entfremdung zwischen Ost und West besonders deutlich offenbaren. Man soll sich allerdings in diesem Zusammenhang nicht durch die Magie der Zahlen verführen lassen. Obwohl die jetzige Krise ausgerechnet in dem Jahr begann, in dem sich der Ausbruch des Ersten Weltkrieges zum 100. Mal jährt, soll man nicht die Tatsache außer Acht lassen, dass wir es heute mit einem ganz anderen Europa als vor 100 Jahren zu tun haben. Die den eigenen Standpunkt verklärende nationalistische Argumentation stellt für die Mehrheit der Europäer jetzt nicht mehr etwas Selbstverständliches dar. Nicht zuletzt deshalb wirkt die an die Denkmodelle des 19. Jahrhunderts anknüpfende Rhetorik der Kreml-Führung so befremdlich auf viele in Europa und trägt zu einer immer stärkeren internationalen Isolierung Moskaus bei.

Abschließend noch einige Worte zu einer anderen deutsch-russischen Parallele: In den 1990er Jahren wurde das postsowjetische Russland – die „zweite" russische Demokratie – oft mit der Weimarer Republik verglichen. Die Ähnlichkeiten lagen auf den ersten Blick in der Tat auf der Hand. Wie damals im Weimarer Deutschland assoziierte sich auch im postsowjetischen Russland das neue politische System mit dem Zusammenbruch der hegemonialen Stellung des jeweiligen Landes auf dem europäischen Kontinent, mit dem Verlust von Territorien und mit der Entstehung einer neuen Diaspora.

Eines ließ man allerdings bei diesem Vergleich außer Acht. Deutschland als Verlierer des Ersten Weltkrieges wurde in Versailles einer Reihe politischer, militärischer und wirtschaftlicher Restriktionen unterworfen, die die Entwicklung der Weimarer Republik stark belasteten. Der nach der Auflösung der Sowjetunion beendete Kalte Krieg hingegen kannte offiziell keine Sieger und Verlierer. Russland übernahm den ständigen Sitz der UdSSR im Sicherheitsrat der UNO und blieb gleichberechtigtes Mitglied im

„Konzert der Weltmächte". Auch militärisch lässt sich Russland als zweitstärkste Nuklearmacht der Welt mit der Weimarer Republik und ihrem Hunderttausend-Mann-Heer nicht gleichsetzen.

All das wurde im Westen in den 1990er Jahren nicht ausreichend gewürdigt, als man dort der Versuchung erlag, Russland doch als Verlierer des Kalten Krieges zu betrachten. Obwohl in Russland damals noch reformorientierte Kräfte dominierten, wurde es nicht ausreichend in die wirtschaftlichen und sicherheitspolitischen Strukturen des Westens integriert. Eine einmalige Chance wurde vertan. Nicht zuletzt deshalb wurde die „erste" russische Demokratie um das Jahr 2000 durch die Putinsche „gelenkte Demokratie" abgelöst, die im Westen nicht mehr einen Partner, sondern einen gefährlichen Kontrahenten sieht.

## Nationalistische Versuchungen und russisch-westliche Asymmetrien[1]

Der patriotische Taumel, der seit der Annexion der Krim große Teile der russischen Bevölkerung erfasste, gibt dem Westen Rätsel auf. Dies nicht zuletzt deshalb, weil der westliche Teil des europäischen Kontinents sich zurzeit an der Schwelle des postnationalen Zeitalters befindet. Russland hingegen kehrt quasi ins nationalistische Jahrhundert zurück, das in Europa nach der Revolution von 1848 begann und praktisch bis 1945 andauerte. Jede Infragestellung der Krim-Annexion gilt für etwa 85% der Russen, die sich mit dem abenteuerlichen politischen Kurs der eigenen Führung solidarisieren, als eine Art „nationaler Verrat". Damit lehnen sie sich an die vielzitierte Rede Vladimir Putins an, die dieser am 18. März 2014 anlässlich der Angliederung der Krim an die Russische Föderation hielt.

In seinem vor einigen Monaten in der *F.A.Z.* erschienenen Artikel bezeichnete der russische Schriftsteller Viktor Erofeev das „Prinzip des Patriotismus und des Dienstes an der Heimat" als eine Art „zweite Natur" der Russen, die Skepsis gegenüber den nationalen Werten hingegen als eine typisch westliche Erscheinung.[2] Mit dieser Zustandsbeschreibung überträgt Erofeev die heutige Sachlage mechanisch auf die Vergangenheit und lässt die Tatsache außer Acht, dass sich die Dinge früher, und zwar mehrere Generationen lang, genau umgekehrt verhielten.

So erteilten viele revolutionäre Romantiker im Westen nach der gescheiterten Revolution von 1848 dem „kosmopolitischen" Idealismus eine Absage und begannen der rücksichtslosen Real- und

---

1 Erweiterte Fassung eines Beitrags, der am 19. April 2015 in der Zeitschrift *The European* erschienen ist.

2 Erofeev, Viktor: Die Mutter aller Kriege ist das Missverständnis, in: *Frankfurter Allgemeine Zeitung* 26.5.2014, S. 11.

Machtpolitik im Interesse der eigenen Nation zu huldigen.[3] In seiner wegweisenden Schrift *Grundsätze der Realpolitik* von 1853 schrieb der enttäuschte 48er, August Ludwig von Rochau Folgendes: Die Macht allein sei für die Nationen die erste Bedingung des Glücks, und ein Volk, das auf sie verzichte, gehöre zu den Toten.[4]

Der Münchner Historiker Thomas Nipperdey beschrieb den seit etwa Mitte des 19. Jahrhunderts vorherrschenden Zeitgeist folgendermaßen:

> Die Nation ist (für ihn) die innerweltlich am höchsten rangierende überindividuelle Gruppe – nicht der Stand, die Konfession, [...] die Landschaft und Region und nicht die Klasse [...]; die Nation ist die Gruppe, die den höchsten Loyalitätsanspruch stellt und stellen darf.[5]

Wie anders verlief damals die Entwicklung Russlands! Die Ereignisse von 1848 ließen das Land praktisch unberührt, deshalb blieb hier auch die Enttäuschung über die revolutionären Ideale aus. Während viele der früheren Revolutionäre im Westen ihre Heilserwartungen immer stärker mit der Nation verknüpften, begann das revolutionäre Ideal in Russland erst jetzt zur vollen Geltung zu gelangen. Jede Kritik an ihm hielt der radikale und zugleich meinungsbildende Teil der russischen Bildungsschicht – die Intelligencija – für eine Art Sakrileg. Es habe im vorrevolutionären Russland einer ungewöhnlichen Zivilcourage bedurft, um sich offen zur Politik der Kompromisse zu bekennen, schrieb in diesem Zusammenhang 1924 der russische Philosoph Semen Frank.[6]

Das internationale Prestige des eigenen Staates spielte für die russische Intelligencija so gut wie keine Rolle. Im Gegenteil, außenpolitische Rückschläge des von ihr abgelehnten Zarenregimes wur-

---

3 Vgl. dazu u. a. Namier, Lewis: *The Revolution of the Intellectuals.* London 1950: Fejtö, François (ed.): *The Opening of the Era. 1848.* London 1966; Nipperdey, Thomas: *Deutsche Geschichte 1800-1866. Bürgerwelt und starker Staat.* München 1983, S. 627-629.

4 v. Rochau, August Ludwig: *Grundsätze der Realpolitik angewendet auf die staatlichen Zustände Deutschlands.* Stuttgart 1853.

5 Nipperdey, Thomas: *Deutsche Geschichte 1866-1918. Zweiter Band. Machtstaat vor der Demokratie.* München 1992, S. 84.

6 Frank, Semen: *Krušenie kumirov.* Berlin 1924, S. 15-16.

den von vielen Regimekritikern ausgesprochen begrüßt. Dies zeigte sich besonders deutlich während des Russisch-Japanischen Krieges von 1904-05. Einer der Führer der russischen Sozialdemokraten (der Menschewiki), Georgij Plechanov, schrieb damals: „Darauf läuft ja gerade die tiefe Tragik aller russischen Uniformträger hinaus, dass zurzeit 'den Feind besiegen' nichts anderes bedeutet als der eigenen Gesellschaft eine Niederlage beizubringen".[7]

Viele Verfechter der bestehenden Ordnung versuchten damals, die revolutionäre Gefahr mit Hilfe chauvinistischer Ideen zu bekämpfen. Sergej Vitte, der zu den bedeutendsten Staatsmännern im Zarenreich um die Jahrhundertwende zählte, bezichtigte den letzten russischen Zaren allzu großer Sympathien für die extreme Rechte. Vitte hielt diesen Kurs für verderblich.[8] Und in der Tat, der Flirt mit den Chauvinisten hatte die Monarchie nicht zu der erhofften Volksnähe geführt. Die russische Bauernschaft - die überwältigende Mehrheit der Bevölkerung des Reiches - war für die nationalistische Ideologie nicht allzu stark empfänglich. Der ungelösten Agrarfrage schenkte sie wesentlich mehr Aufmerksamkeit als der nationalen Größe Russlands. Die nationalistische Euphorie, die viele europäische Völker nach dem Ausbruch des Ersten Weltkrieges erfasste, beschränkte sich in Russland lediglich auf Teile der Bildungsschicht, die am Vorabend des Krieges eine Art nationale Renaissance erlebten. Die Unterschichten blieben davon im Wesentlichen unberührt. Mit Euphorie begrüßten sie aber 1917 die Revolution. Die militanten russischen Nationalisten spielten bei den Ereignissen von 1917 so gut wie keine Rolle.

Im russischen Bürgerkrieg, der nach dem Sieg der bolschewistischen Revolution begann, standen die national gesinnten und am besten organisierten Gegner der Bolschewiki im russischen Bürgerkrieg - die „Weißen" - von vornherein auf verlorenem Posten, weil sie die revolutionären Ideale der russischen Unterschichten in Frage

7 Plechanov, Georgij: *Sočinenija*. Moskau 1924-1928, Band 13, S. 215.
8 Vitte, Sergej: *Vospominanija. Carstvovanie Nikolaja II*. Berlin 1922, Band 1, S. 316, Band 2, S. 36, 75-76.

stellten und im Verdacht standen, vorrevolutionäre Zustände restaurieren zu wollen.

Im Westen hingegen erreichte damals die Verklärung des nationalen Egoismus einen neuen Höhepunkt. Der russische Exilhistoriker Georgij Fedotov schrieb 1931 Folgendes hierzu:

> Das Vaterland scheint für die Mehrheit der heutigen Europäer die einzige Religion, der einzige moralische Impetus zu sein, der sie vor der individualistischen Zersetzung rettet. Die Größe des Vaterlandes rechtfertigt jede Sünde, verwandelt jede Niedertracht ins Heldentum.[9]

Im November 1939 fügte Fedotov hinzu: Der Nationalismus, der das Herzstück des Nationalstaates darstelle, „verwandelt sich in eine Dämonie, die unsere Zivilisation zerstört". Um zu überleben, müsse Europa diese Dämonie zähmen, und dies lasse sich nur durch den Verzicht der Nationalstaaten auf einen Teil ihrer Souveränität zu Gunsten einer übernationalen Föderation erreichen, so Fedotov.[10]

Das Modell einer kriegsverhindernden Europäischen Föderation, wie sie Fedotov vorschwebte, war der nach dem Zweiten Weltkrieg gegründeten EG bzw. EU zum Verwechseln ähnlich.

In der Stunde der Dämmerung des Sowjetreiches, als die kommunistische Ideologie, die das 1917 errichtete Regime legitimiert hatte, eine immer tiefere Erosion erlebte, erhoben die russischen Nationalisten erneut ihren Anspruch darauf, die bis dahin herrschende Ideologie zu beerben. Einer der führenden Ideologen des nationalen Lagers und radikaler Gegner der Gorbačevschen Perestrojka, Aleksandr Prochanov, schrieb 1990: „Zum ersten Mal in der Geschichte unseres Landes, ja in der Weltgeschichte, sehen wir, wie eine Macht nicht infolge von außenpolitischen Katastrophen [...], sondern infolge der zielstrebigen Handlungen ihrer Führer zerfällt".[11]

---

9 Fedotov, Georgij: *Rossija, Evropa i my*. Paris 1973, S. 144-145.
10 Fedotov, Georgij: *Zaščita Rossii*.Paris 1988, S. 271.
11 Prochanov, Aleksandr: Ideologija vyživanija, in: *Naš Sovremennik* 3/1990, S. 3-9.

Trotz ihres leidenschaftlichen Engagements für die sogenannten russischen Interessen vermochten indes die imperial gesinnten russischen Nationalisten, ähnlich wie ihre Vorgänger am Vorabend der bolschewistischen Revolution, keine überragenden Erfolge zu erzielen. Die Mehrheit der Bevölkerung erteilte ihnen erneut eine eindeutige Abfuhr. Dies zeigte sich besonders deutlich bei der Wahl Boris El'cins zum ersten demokratisch legitimierten Staatsoberhaupt Russlands und auch beim kläglichen Scheitern des kommunistischen Putschversuchs im August 1991. Die Kluft zwischen Ost und West schien nun überwunden, die „Rückkehr nach Europa" stellte das erklärte Ziel der im August 1991 entstandenen „zweiten" russischen Demokratie dar. Sehr schnell sollten allerdings die siegreichen Demokraten ihr Vertrauenskapital vom August 1991 verlieren. So erlebte Russland kurz nacheinander die Erosion sowohl des kommunistischen als auch des demokratischen Gesellschaftsentwurfs. Diese beiden Enttäuschungen bildeten die wichtigsten Voraussetzungen für die Ablösung der im August 1991 errichteten „zweiten" russischen Demokratie durch die „gelenkten Demokratie" Vladimir Putins. Weltanschaulich wurde das nun entstandene ideologische Vakuum in einem immer stärkeren Ausmaß durch die Nationalidee gefüllt. Der Religionswissenschaftler Dmitrij Furman sprach bereits zu Beginn der 1990er Jahre von einer nationalistischen Woge, die die demokratische Woge der Perestrojka-Zeit abgelöst habe. Beide Wellen hätten eine fast unwiderstehliche Kraft an den Tag gelegt. Und so begannen sich die Wege Russlands und des Westens, nach einer kurzen Phase der Begegnung Ende der 1980er / Anfang der 1990er Jahre, erneut zu trennen.

Als Putin im April 2005 die Auflösung der Sowjetunion zur größten geopolitischen Katastrophe des 20. Jahrhunderts deklarierte, deutete er damit an, dass er das im Dezember 1991 gefällte „Urteil der Geschichte" revidieren wollte.

Die russische Sehnsucht nach der verlorenen imperialen Größe wird in der Literatur oft als „Weimarer Syndrom" bezeichnet. Die Parallelen zwischen den beiden „gekränkten Nationen" sind in der Tat groß. Ein grundlegender Unterschied zwischen den beiden

Konstellationen wird aber in der Regel außer Acht gelassen. So handelt es sich bei Russland, auch nach dem verlorenen Kalten Krieg, um eine der stärksten Militärmächte der Welt, die als ständiges Mitglied des Sicherheitsrates der UNO das Weltgeschehen entscheidend mitprägt. Die Weimarer Republik hingegen war durch die Restriktionen des Versailler Vertrages zur militärischen Ohnmacht verurteilt und hatte nur einen begrenzten Einfluss auf die Gestaltung der internationalen Ordnung. Zwar träumten manche Weimarer Politiker, ähnlich wie die „Nationalpatrioten" im postsowjetischen Russland, von einer territorialen Revanche. Solche Alleingänge wie die Putinsche Annexion der Krim hätten sie aber niemals gewagt. Dennoch handelt es sich beim Krim-Coup Putins um einen Pyrrhussieg. Putin habe zwar einen taktischen Erfolg erzielt, strategisch habe er allerdings alles verloren – so kommentierte die Krim-Annexion der vor kurzem ermordete Regimekritiker Boris Nemcov.[12]

Und in der Tat – die rücksichtslose Machtpolitik im Namen der sakralisierten nationalen Interessen verstößt derart eklatant gegen den postnationalen europäischen Mainstream, dass Russland nun erneut Gefahr läuft, sich in einen lebenden Anachronismus auf dem Kontinent zu verwandeln und den Anschluss an die Moderne zu verlieren. Das Schicksal der Zarenmonarchie und der UdSSR führt deutlich vor Augen, welch schmerzliche Folgen der Kampf gegen den Zeitgeist haben kann.

---

12 *Novaja gazeta* 28.2.2015.

# IV. Repliken

## Totalitäre Weltbilder lassen sich durch rationale Argumente nicht erschüttern[1]

Zum Wesen des totalitären Denkens gehört die Enthumanisierung der zu Feinden erklärten Personen, Schichten oder Rassen. Dadurch werden moralische Hemmungen bei der Bekämpfung dieser aus der Sicht der totalitären Ideologien „Nichtmenschen" beseitigt. Welch gravierende Folgen diese Denkweise haben kann, hat Rolf Zimmermann am Beispiel des Nationalsozialismus und des Bolschewismus anschaulich dargestellt. Weniger überzeugend hingegen ist die Strategie, die er entwickelt, um das Weltbild der Verfechter der „totalitären Moral" zu erschüttern. Er schreibt: „Es ist möglich, über die Kritik der Weltdeutungen, mit denen Nazismus und Bolschewismus oder vergleichbare Positionen operieren, zumindest die Kohärenz der Gegenseite anzugreifen, indem man Defizite an Rationalität aufzeigt".[2]

Dabei lässt Zimmermann außer Acht, dass zum Wesen des totalitären Denkens die Diskursverweigerung mit Andersdenkenden gehört. Totalitäre Gruppierungen schotten sich, wenn sie noch nicht an der Macht sind (in der „Bewegungsphase"), von der Außenwelt ab, die für sie das Reich des Bösen darstellt. Sie betrachten all diejenigen, die ihr Weltbild in Frage stellen als Agenten der finsteren Mächte, die angeblich diese Welt beherrschen (der Juden, der Plutokraten, der Freimaurer usw.) oder als naive Tölpel, die sich von

1 Gekürzte Fassung eines Kommentars zum Artikel von Rolf Zimmermann, Moralischer Universalismus als geschichtliches Projekt – erschienen in: *Erwägen. Wissen. Ethik* 20, 2009, Heft 3, S. 415-428. Der Kommentar erschien ebenda S. 450-452.

2 Zimmermann, Moralischer Universalismus, S. 424.

diesen „Beherrschern der Welt" verführen lassen. Das durch Paranoia und Verschwörungstheorien geprägte Weltbild der Nationalsozialisten, der Bolschewiki oder anderer totalitärer Gruppierungen verfügt über eine innere Logik, die sich durch Gegenargumente genauso wenig erschüttern lässt wie das Weltbild eines Schizophrenen.

Diese Diskursverweigerung der totalitären Parteien erreicht nach ihrer Machtübernahme – in der „Regimephase" – eine neue Dimension. Nun wird die störende Außenwelt mit ihrer Stimmenvielfalt, die mit dem totalitären Denkkonstrukt nicht in Einklang gebracht werden kann, gänzlich ihrer Eigenständigkeit beraubt und ins totalitäre Machtgefüge eingebaut. Im Dritten Reich geschah dies bereits einige Monate nach der nationalsozialistischen Machtübernahme. In Russland dauerte dieser Prozess wesentlich länger. Um die Gesellschaft in ein bloßes Instrument der Herrschenden zu verwandeln, mussten die Bolschewiki einen dreijährigen Bürgerkrieg führen, der dem Lande viel mehr Opfer als der Erste Weltkrieg abverlangte.

So wie die totalitäre Partei sich in der Bewegungsphase von den nichttotalitären Segmenten der Gesellschaft abschottet, schotten sich die totalitären Staaten von der als feindlich geltenden nichttotalitären Staatenwelt ab und trachten nach deren Zerstörung. Denn solange es diese andere Welt gibt, stellt sie durch ihre bloße Existenz die totalitäre Wertehierarchie in Frage.

Kann man totalitäre Fanatiker mit rationalen Argumenten überzeugen, dass „es keine Naturgesetze des Lebenskampfs zwischen Völkern und auch kein Geschichtsgesetz des Klassenkampfs gibt",[3] wie Rolf Zimmermann dies vorschlägt? Wohl kaum. Solche Argumente werden von den Verfechtern totalitärer Weltbilder als Zeichen der „bürgerlichen Dekadenz" oder „Heuchelei" abgeschmettert. Sie lehnen den „bürgerlichen" Rationalismus bzw. die „bürgerliche Objektivität" ab und betrachten ihr Rassen- bzw. Klassenkonzept als das einzig gültige Welterklärungsmodell. Zimmermanns Vorschlag,

3 Ebenda.

die Verfechter der totalitären Moral, die einem Teil der menschlichen Gattung das Menschsein absprechen, dadurch zu verunsichern, dass man sie „dem Odium des Irrationalen [aussetzt]“,[4] scheint wenig erfolgversprechend zu sein. Dies insbesondere in Bezug auf die Rechtsextremisten, die das Irrationale im Menschen verklären und der aufklärerisch-rationalen Tradition den Kampf ansagen.

Totalitäre Ideologen und ihre demokratischen Widersacher argumentieren auf völlig unterschiedlichen Ebenen, die sich nicht auf einen Nenner bringen lassen. Deshalb hat das von Zimmermann befürwortete Entgegenkommen an die Verfechter der totalitären Moral, und zwar dadurch, dass man ihnen „den Status eigener normativer Selbstbehauptung [zugesteht]“,[5] im Grunde wenig Sinn.

Besonders verhasst ist den Verfechtern der totalitären Moral die Idee der universalen Menschen- und Grundrechte, deren Entwicklung seit der Amerikanischen bzw. Französischen Revolution (1776 bzw. 1789) Rolf Zimmermann minuziös darstellt.

Diese Idee erlebte vom ausgehenden 18. bis zum Beginn des 20. Jahrhunderts erstaunliche Triumphe. Zu Beginn des 20. Jahrhunderts hatte sie auch Russland erfasst, als der letzte russische Zar im Oktober-Manifest von 1905 seinen Untertanen die Grundrechte gewährte.

Warum erlitt aber dieser unbezwingbar scheinende emanzipatorische Prozess zunächst in Russland (1917) und dann in Deutschland (1933) katastrophale Rückschläge, die sich dann im Verlaufe der folgenden Jahre auch auf andere europäische Länder auswirkten und praktisch den ganzen Kontinent (bis auf einige kleine demokratische Inseln) in einen Abgrund rissen? Warum waren unzählige Menschen, die kurz zuvor noch die Freiheit über alles schätzten, nun bereit, sich der totalitären Obrigkeit zu unterwerfen und die absurde These von der Unfehlbarkeit des Führers oder der Partei zu akzeptieren? Diese Fragen, denen Rolf Zimmermann seltsamerweise wenig Aufmerksamkeit schenkt, werden, zumindest partiell,

4 Ebenda.
5 Ebenda, S. 422.

vom russischen Schriftsteller Vasilij Grossman in seinem erschütternden Roman *Leben und Schicksal* beantwortet. Grossman erklärt den Siegeszug der totalitären Regime in der ersten Hälfte des 20. Jahrhunderts durch einen erstaunlichen Hang der modernen Menschen zur Unterwürfigkeit, also derselben Menschen, die noch kurz zuvor paternalistische Systeme unterschiedlichster Art hinweggefegt haben.[6]

Lassen sich Menschen mit einer totalitären Disposition durch Appelle an das Mitgefühl mit den Opfern der totalitären Gewalt von ihren Wertvorstellungen abbringen? Rolf Zimmermann scheint diese Hoffnung zu haben. Er schreibt:

> Jeder Mensch, der in der Lage ist, sich von authentischen Zeugnissen der Opfer emotional bewegen zu lassen und entsprechende Schlüsse zu ziehen, sollte – so die Hoffnung oder Erwartung – eine psychomoralische Einstellung zeigen, die sich kategorisch von einer nazistischen oder bolschewistischen Einstellung abwendet.[7]

Diese Methode der „Destruktion [der] anti-universalistischen [totalitären Moral]“[8] scheint mir allerdings genauso wenig ergiebig zu sein, wie die vorhin geschilderte Methode der rationalen Gegenargumentation. Wenn totalitäre Täter Mitleidsgefühle zeigten, dann betrafen diese in der Regel nicht die Opfer, sondern die Mittäter. So sprach z. B. Heinrich Himmler in seiner Posener Rede vom Oktober 1943 weinerlich über die schwere Bürde der SS-Leute, die bei der Erfüllung der „weltgeschichtlichen Aufgabe [der] Ausrottung des jüdischen Volkes anständig geblieben [seien]“.[9]

Auch die bolschewistischen bzw. stalinistischen Vernichtungsfeldzüge gerieten nie ins Stocken wegen Mitgefühls der Täter mit den Opfern. Man darf nicht vergessen, dass sowohl die Bolschewiki als auch die Nationalsozialisten ihre größten Verbrechen an Wehrlosen verübten. Gerade gegenüber den Schwachen entwickelten sie

---

6 Grossman, Vasilij: *Leben und Schicksal*. München-Hamburg 1984, S. 218.
7 Zimmermann, Moralischer Universalismus, S. 423.
8 Ebenda.
9 Zit. nach Thamer, Hans-Ulrich: *Verführung und Gewalt. Deutschland 1933-1945*. Berlin 1986, S. 703.

eine außerordentliche Brutalität. Ritterliches Verhalten, Edelmut gegenüber den Unterlegenen waren ihnen völlig fremd.

Der Ausbruch aus einem totalitären Denkkorsett erforderte vor allem in den 1930er und 1940er Jahren, als die Auseinandersetzung zwischen dem rechten und linken Totalitarismus ihren Höhepunkt erreichte, eine außerordentliche Selbstüberwindung. Nur wenige waren damals dazu in der Lage. Zu diesen wenigen gehörten Manès Sperber, der 1937, zurzeit der Moskauer Schauprozesse, sich vom Kommunismus abwandte und der ehemalige Sympathisant Hitlers, Hermann Rauschning, der sich Mitte der 1930er Jahre mit dem NS-Regime brach, als er begriff, dass die NSDAP das Land nicht erneuere, sondern zerstöre.[10]

Die Beispiele Sperbers und Rauschnings zeigen, dass totalitär gesinnte Menschen eine Chance haben, aus der totalitären Sackgasse auszubrechen. Dies kann aber nur dann geschehen, wenn sie über ein sensibles Gehör verfügen, das ihnen ermöglicht, die Stimme des Gewissens, die die totalitäre Ideologie zu betäuben versucht, zu vernehmen. Denn das Gewissen des „alten", von der jüdisch-christlichen Ethik geprägten Menschen ist der größte Widersacher des Totalitarismus. Diese Ethik liegt auch der Idee der universalen Menschenrechte zugrunde, die die prinzipielle Gleichwertigkeit aller Menschen hervorhebt. Diese Idee zu akzeptieren, bedeutet für die totalitäre Ideologie aber eine Selbstaufgabe. Nicht zuletzt deshalb war die sowjetische Führung unter Nikita Chruščev, auch nach dem 20. Parteitag der KPdSU, der mit der blutigen Tyrannei Stalins vehement abrechnete, nicht bereit, sich zum moralischen Universalismus zu bekennen und beharrte auf ihrem partikularen Klassenstandpunkt. Erst unter Michail Gorbačev vollzog sich in der Sowjetunion ein Paradigmenwechsel. So sprach z. B. der Generalsekretär der KPdSU in seinem Buch *Perestrojka* vom „absoluten Vorrang der allgemein menschlichen Werte"[11] und erteilte damit indirekt der

10 Siehe dazu Sperber, Manès: *Zur Analyse der Tyrannis.* Wien 1977; Rauschning, Hermann: *Die Revolution des Nihilismus.* Zürich 1964.

11 Gorbačev, Michail: *Perestroika. Die zweite russische Revolution. Eine Politik für Europa und die Welt.* München 1987. S. 185.

Klassenkampflehre eine Absage. Die bis dahin geltende kommunistische Wertehierarchie wurde dadurch gesprengt und mit ihr auch das gesamte politische Gebäude, das auf ihr basierte.

Wenn man den Zusammenbruch des kommunistischen Machtgefüges infolge der Anerkennung des moralischen Universalismus durch Michail Gorbačev betrachtet, muss man sich fragen, warum das Stalinsche System seinerzeit die Anerkennung der Allgemeinen Erklärung der Menschenrechte der UNO vom Dezember 1948 überdauern konnte. Diese Erklärung wird von Zimmermann euphorisch als eine „[neue Phase] für die Akzeptanz des moralischen Universalismus", die er sogar als „erste globale Rechtsrevolution" versteht.[12]

Auf die stalinistischen Regime des Ostblocks, die diese Erklärung anerkannt hatten, hatte sich indes diese „Rechtsrevolution" zunächst in keiner Weise ausgewirkt. Ihr Unterdrückungscharakter wurde dadurch in keiner Weise abgemildert. Die Beschwörung der Menschenrechte durch die Stalinisten stellte lediglich ein Lippenbekenntnis dar, ähnlich übrigens wie die Akzeptanz vieler demokratischer Freiheiten durch die Stalinsche Verfassung von 1936, so auch des Rechts „Jeder Unionsrepublik [...] auf freien Austritt aus der UdSSR" (Artikel 17).[13] Nicht anders verhielt es sich mit der auf der Jalta-Konferenz vom Februar 1945 proklamierten Erklärung der Anti-Hitler-Koalition über das befreite Europa, die jedem Land, das von der nationalsozialistischen Herrschaft befreit worden war, eine frei gewählte und demokratische Regierung versprach. Stalins engster Gefährte, Vjačeslav Molotov, erinnerte sich, dass er seine Zweifel gehabt hätte, ob die Sowjetunion eine solche Erklärung unterschreiben solle. Stalin habe indes keine Bedenken gehabt: „Wir werden [diese Erklärung] auf unsere Art in die Wirklichkeit umsetzen. Alles hängt vom Kräfteverhältnis ab".[14]

Und die sowjetische Lesart dieser Erklärung bestand darin, dass die UdSSR nur denjenigen politischen Kräften Osteuropas die Teil-

12 Zimmermann, Moralischer Universalismus, S. 425.

13 Zit. nach Altrichter, Helmut: *Die Sowjetunion. Von der Oktoberrevolution bis zu Stalins Tod. Band 1: Staat und Partei.* München 1986, S. 270.

14 Čuev, Feliks: *Sto sorok besed s Molotovym.* Moskau 1991, S. 76.

nahme an politischen Entscheidungsprozessen gestattete, die aus ihrer Sicht „demokratisch“ und nicht „volksfeindlich“ waren. Und in die Kategorie der „volksfeindlichen Kräfte“ sollte im Laufe der Zeit eine immer größere Zahl von politischen Gruppierungen geraten, bis schließlich nur die Kommunisten und ihre Marionetten auf der politischen Bühne übrigblieben.

Auch Hitler bekundete wiederholt seine Bereitschaft, bestimmte universale Werte zu akzeptieren. So bekannte er sich nach dem gescheiterten Staatstreich vom November 1923 zu den Prinzipien der sogenannten „legalen Revolution“ und höhlte dadurch die Weimarer Demokratie mit Hilfe ihrer eigenen Waffen, also mit Hilfe des Wahlrechts aus. Nach der Machtübernahme beschwor er immer wieder die Heiligkeit der von ihm selbst unterzeichneten Verträge, die er kurze Zeit danach bedenkenlos brach.

So stellt das gelegentlich geäußerte Bekenntnis totalitärer Herrscher zu den universalen Prinzipien in der Regel nur ein propagandistisches Tarnmanöver dar, das ihnen lediglich dazu dient, ihre demokratischen Widersacher zu verwirren. Ähnlich wurde zunächst auch das „Neue Denken“ Michail Gorbačevs von vielen Beobachtern eingestuft. In Wirklichkeit strebte Gorbačev aber eine authentische Synthese der kommunistischen Moral mit den universalen Werten an, was einer Quadratur des Kreises glich. Sein Versuch musste zwangsläufig scheitern, und dieses Scheitern beweist in einer besonders anschaulichen Weise, dass die partikulare Moral einer ursprünglich totalitären Ideologie mit einem moralischen Universalismus nicht zu vereinbaren ist.

## Über den Glauben der totalitären Täter an die „moralische Erlaubtheit" ihres Tuns. Eine Replik auf die Thesen von Lothar Fritze

### I.

In seiner Auseinandersetzung mit Jörg Baberowski um die Frage, ob es sich bei den stalinistischen und nationalsozialistischen Verbrechern um „Täter mit gutem Gewissen" handelte[1], geht Lothar Fritze von der Annahme aus, dass „die Handelnden von der moralischen Erlaubtheit ihres Tuns überzeugt waren"[2]. Noch deutlicher formuliert Fritze diesen Gedanken in seinem Buch *Anatomie des totalitären Denkens*: „Der ‚Archipel Gulag' und Auschwitz [...] hätten nicht stattgefunden, wenn die verantwortlichen Akteure nicht überzeugt gewesen wären, dass ihr Tun moralisch gerechtfertigt ist"[3].

Da der Begriff „Moral" in dem Kulturkreis, in dem sich die von Fritze geschilderten Verbrechen ereigneten, untrennbar mit dem Erbe des „Alten" und des „Neuen Testaments" (zehn Gebote, Bergpredigt usw.) bzw. mit den säkularisierten Ausformungen dieses Erbes verknüpft ist, ist es befremdlich, wenn Fritze im Zusammenhang mit den Handlungen der totalitären Täter von „Moral" spricht. In Wirklichkeit lag ihren Taten eine „Anti-Moral" zugrunde, mit der sie die aus ihrer Sicht antiquierten moralischen Vorstellungen der Europäer bewusst aus den Angeln heben und auf den „Kehrichthaufen der Geschichte" verweisen wollten. In seiner Abhandlung „Geschichtliches zur Frage der Diktatur" vom Jahre 1920 schrieb Lenin z. B. Folgendes: „Der wissenschaftliche Begriff Diktatur bedeutet

1 Siehe dazu Baberowski, Jörg: Morden mit gutem Gewissen?, *Frankfurter Allgemeine Zeitung* 25.5.2013, S. 30.

2 Fritze, Lothar: Ideologie oder Psychopathologie? Aus Anlass einer Rezension Jörg Baberowskis, in: *Forum für osteuropäische Ideen- und Zeitgeschichte* 18, 2014, Heft 1, S. 239-259.

3 Fritze, Lothar: *Anatomie des totalitären Denkens. Kommunistische und nationalsozialistische Weltanschauung im Vergleich*. München 2012, S. 12.

nichts anderes als eine durch nichts beschränkte, durch keine Gesetze und absolut keine Regeln eingeengte, sich unmittelbar auf Gewalt stützende Macht"[4].

Für irgendwelche moralischen Erwägungen gab es in dieser auf totaler Willkür basierenden Definition der Diktatur (im Leninschen Fall der „Diktatur des Proletariats") keinen Platz.

Trotz dieses offenen Bekenntnisses zur unumschränkten Gewalt akzeptierten die Bolschewiki in der Leninschen Entwicklungsphase stillschweigend bestimmte Schranken der Macht, und zwar in Bezug auf die Mitglieder der eigenen Partei. Während sie die sogenannten „Klassenfeinde" mit aller Härte des „roten" Terrors bekämpften, beachteten sie in ihren innerparteilichen Auseinandersetzungen bestimmte Spielregeln. Sie blieben hier in der Regel dem ungeschriebenen „bolschewistischen Ehrenkodex" treu, der die Anwendung von Gewalt in Bezug auf innerparteiliche Gegner, bis auf einige Ausnahmen, nicht zuließ. Diese letzte Schranke gegen die Willkür wurde bekanntlich von Stalin abgeschafft, als er im Jahre 1936 einen Vernichtungsfeldzug gegen die eigene Partei begann. Dieser Vorgang war mit einer beispiellosen Erniedrigung bzw. Selbsterniedrigung der bolschewistischen Machtelite verknüpft. Ihre Vertreter bezichtigten sich bekanntlich selbst unvorstellbarer Verbrechen gegenüber dem sowjetischen Staat, den sie seinerzeit selbst errichtet hatten. Abgesehen davon, waren sie bereit, ihre engsten Kameraden, manchmal sogar ihre eigenen Familienmitglieder zu verraten. Ließ sich irgendeine „moralische Rechtfertigung" für ihr Verhalten finden, als sie z. B. während der Moskauer Schauprozesse eine schonungslose Abrechnung mit ihren ehemaligen engsten Gefährten verlangten? Stellvertretend für viele kann man eine Aussage Georgij Pjatakovs anführen, dem Lenin in seinem politischen Testament von 1922 „glänzende Fähigkeiten"[5] bezeugte. Am 21. August 1936 während des ersten Moskauer Schauprozesses gegen Grigorij Zinov'ev und Lev Kamenev schrieb Pjatakov in der *Pravda*: „Man findet keine

---

4 Lenin, Vladimir: *Werke*. Band 1-40. Berlin 1961-1964, hier Band 31, S. 345.

5 Zit. nach Altrichter, Helmut (Hrsg.): *Die Sowjetunion von der Oktoberrevolution bis zu Stalins Tod*. Band 1: *Staat und Partei*. München 1986, S. 80.

Worte, um den Unwillen und den Abscheu völlig auszudrücken. Diese Leute haben die letzte Ähnlichkeit mit Menschen verloren. Sie müssen beseitigt werden wie Aas, das die reine erfrischende Luft des Landes der Sowjets verpestet"[6].

Diese Loyalitätsbekundung gegenüber dem Tyrannen half aber Pjatakov wenig, ähnlich übrigens wie Nikolaj Bucharin, Aleksej Rykov, Karl Radek und vielen anderen Vertretern der Leninschen „alten Garde". Sie alle gerieten bald selbst in die Fänge der Stalinschen Terrormaschinerie und wurden nun von ihren ehemaligen Kameraden, die sich noch nicht in den Händen der Terrororgane befanden, ebenfalls als „Volksfeinde" bezeichnet, die die „letzte Ähnlichkeit mit Menschen verloren haben".

Es gab viele Versuche diese beispiellose moralische Degradierung der ehemaligen Helden der Revolution und des Bürgerkrieges zu erklären. Als erstes werden hier brutale Folterungen angeführt, denen viele bolschewistische Opfer der Stalinschen Terrororgane unterworfen wurden. Diese „Untersuchungsmethoden" wurden von den höchsten Parteigremien ausdrücklich angeordnet. Im Rundschreiben des Zentralkomitees der bolschewistischen Partei vom 10. Januar 1939 konnte man lesen: „Das ZK der KPdSU(B) ist der Ansicht, dass physischer Druck in jenen Ausnahmefällen, bei denen es sich um bekannte und unbelehrbare Volksfeinde handelt, als durchaus gerechtfertigte und angemessene Methode anzuwenden ist"[7].

In seiner im Februar 1937 in New York gehaltenen Rede über die Moskauer Schauprozesse nahm Lev Trockij seine ehemaligen Kameraden in Schutz:

> Die Prozesse der GPU sind durch und durch von inquisitorischem Charakter, darin liegt das simple Geheimnis der Geständnisse! [...] Vielleicht gibt es in der Welt viele Helden, die jeglicher Folter [...] an sich selbst, ihren Frauen und Kindern ertragen könnten [...] Ich weiß

6 Zit. nach Conquest, Robert: *Am Anfang starb Genosse Kirow. Säuberungen unter Stalin*. Düsseldorf 1970, S. 140.

7 Chruschtschows Historische Rede, in: *Ost-Probleme* Nr. 25/26, 22.6.1956, S. 880.

> es nicht [...] Meine persönlichen Beobachtungen sagen mir, dass das Widerstandsvermögen der menschlichen Nerven begrenzt ist.[8]

Trockijs Erklärungen gelten allerdings nur für diejenigen alten Bolschewiki, die sich erst nach Anwendung von unerträglichem physischem Druck mit ihrer Rolle als Marionetten im Stalinschen Marionettentheater abfanden. Das Verhalten der noch nicht verhafteten Kommunisten, die im „vorauseilenden Gehorsam" dieselbe Sprache wie die Stalinschen Henker sprachen, muss mit anderen Maßstäben bewertet werden.

Der russische Exilhistoriker Georgij Fedotov führt das moralische Versagen der alten bolschewistischen Garde auf Lenin zurück:

> Lenin hat eine Generation von Politikern erzogen, die durch ihren prinzipiellen Amoralismus, durch ihre Ablehnung von persönlicher Ehre und Würde die Entstehung aller edler Regungen im Bolschewismus im Keime erstickte. Er erzog Henker und keine Helden. Und dieser Menschentyp schuf ein neues Russland, das dazu prädestiniert war, von Stalin versklavt zu werden.[9]

Man darf auch nicht außer Acht lassen, dass es sich bei vielen bolschewistischen Opfern Stalins selbst um ehemalige Täter handelte, die sich im Sinne Lenins gegen die „antiquierte Moral" auflehnten und die sogenannten „Klassengegner" dehumanisierten. Als Lenin 1918 die Kulaken als „Spinnen" bezeichnete, „die sich auf Kosten der hungernden Arbeiter gemästet haben"[10], rief dies keine allzu großen Widerstände bei seinen Parteigefährten hervor.

Dieser „prinzipielle Amoralismus" wie Fedotov eine solche Haltung nannte, konnte nicht ohne Folgen für diejenige bleiben, die diese „antimoralische" Revolution in die Wege geleitet hatten. Diese Revolution wurde zu einem eigendynamischen Prozess und begann sich allmählich gegen ihre Urheber zu wenden, sie „fraß ihre Kinder". So konnten z. B. Vertreter der alten bolschewistischen Garde

---

8 Trotzki, Leo: Schriften I: *Sowjetgesellschaft und stalinistische Diktatur.* Band 1.2 (1936-1940). Frankfurt am Main 1988, S. 1033, 1035.

9 Fedotov, Georgij: *Zaščita Rossii.* Paris 1988, S. 53.

10 Lenin, *Werke,* Band 28, S. 42 f.

1937 aus dem Munde Anastas Mikojans, der zu den engsten Gefährten Stalins zählte, Folgendes hören:

> Trockij, Zinov'ev, Kamenev und Bucharin verkörpern einen neuen Typ von Menschen, die eigentlich keine Menschen mehr, sondern Monster und Bestien sind, die verbal die Linie der Partei verteidigen, in Wirklichkeit aber [...] eine subversive Arbeit gegen die Partei führen[11].

Nicht nur Fedotov, auch andere Beobachter führten die Tragödie der „alten Bolschewiki" während des Großen Terrors nicht zuletzt auf deren früheres moralisches Versagen zurück.

Der polnische Dichter Aleksander Wat, der die Kriegsjahre in der Sowjetunion verbrachte (auch als politischer Häftling), berichtet über sein Gespräch mit dem langjährigen Chefredakteur der Zeitung *Izvestija*, Jurij Steklov, das er im Gefängnis von Saratov führte. Wat fragte Steklov nach den Ursachen für die gespenstischen Geständnisse der Angeklagten bei den Moskauer Schauprozessen, warum hätten sie, bis auf einige Ausnahmen, nicht versucht, zumindest einen Rest ihrer Menschenwürde zu bewahren. Steklovs Antwort unterschied sich wesentlich von derjenigen, die Arthur Koestler in seinem Roman *Sonnenfinsternis* liefert. Nicht der Glaube an die „höhere Vernunft" der Partei habe sie zur Selbstaufgabe veranlasst, sondern vielmehr die weitgehende moralische Degradierung. Die verhafteten Helden der Revolution seien selbst an derart vielen Verbrechen beteiligt gewesen, an ihren Händen habe so viel Blut geklebt, dass sie nicht die moralische Kraft gehabt hätten sich der Terrormaschinerie zu widersetzen, die sie selbst mitentwickelt hatten.[12]

Insbesondere die Methoden, die die Partei während der Kollektivierung der Landwirtschaft angewandt hatte, trugen zu der von Steklov erwähnten moralischen Degradierung bei. Im „Brief eines alten Bolschewiken", den der im Exil lebende russische Sozialdemo-

---

11 *Voprosy istorii*, 2-3/1992, S. 21.

12 Wat, Aleksander: *Mój wiek. Pamiętnik mówiony*. Band 1-2. Warschau 1998, hier Band 2, S. 225 f.

krat, Boris Nikolaevskij, in Anlehnung an seine Gespräche mit Nikolaj Bucharin 1936 schrieb, konnte man lesen, dass der während der Kollektivierung entwickelte Terror mit dem Terror aus der Zeit des Bürgerkrieges wenig gemein gehabt hatte. Damals hätten die Bolschewiki um ihr Überleben gekämpft, und der Gegner sei nicht weniger rücksichtslos gewesen. Demgegenüber begann die Partei 1929/30 ihren Bürgerkrieg in der Zeit, in der das Machtmonopol der Bolschewiki nicht im Mindesten gefährdet war und der Gegner über keine Verteidigungsmittel verfügte.[13]

Und wie sah es mit den stalinistischen Tätern aus? Waren wenigstens sie von der „moralischen Erlaubtheit ihres Tuns" überzeugt? Um diese Frage zu beantworten, muss man zunächst auf folgenden Sachverhalt hinweisen. Überzeugte Kommunisten bzw. revolutionäre Romantiker wurden von Stalin in der Regel mit großem Misstrauen betrachtet. Was er von den Parteimitgliedern in erster Linie verlangte, war bedingungsloser Gehorsam, die Bereitschaft, die von oben kommenden Befehle ohne Zögern auszuführen. Diskussionen über den Wahrheitsgehalt der kommunistischen Ideen waren in der stalinistischen Entwicklungsphase des Bolschewismus nicht mehr möglich. Nur als Diskussionen getarnte Rollenspiele waren jetzt zulässig.

Der bolschewistische Typ ändere sich, schrieb 1932 in diesem Zusammenhang Georgij Fedotov. Für die Parteiführung sei nunmehr die bedingungslose Erfüllung der „Generallinie" viel wichtiger geworden als freiwillige Anerkennung der bolschewistischen Ideen. Die Parteidisziplin werde höher eingestuft als der revolutionäre Idealismus.[14]

In seinem 1933 erschienenen Artikel (also drei Jahre vor dem Beginn des Großen Terrors) setzt Fedotov seine Charakterisierung des neuen bolschewistischen Typs fort. Der „neue Bolschewik" müsse jederzeit bereit sein, auch den ehrlichsten und standhaftesten Kameraden zu beseitigen, wenn er der „Generallinie der Partei" im

---

13 Nikolaevsky, Boris: *Power and the Soviet Elite*. New York 1965, S. 18 f.

14 Fedotov, Georgij: Pravda pobeždennych, in: *Sovremennye zapiski* LI, 1932, S. 360-385, hier S. 381 f.

Wege stehe. Der Parteiapparat nutze virtuos die niedrigsten Instinkte der Parteimitglieder aus. Das gegenseitige Misstrauen und die Angst stellten die wichtigste Grundlage des Systems dar. Schurken, die keine Meinung hätten bzw. nicht imstande seien, die eigenen Positionen zu verteidigen, ließen sich leichter als makellose Genossen kontrollieren: „Daher dieser andauernde Verrat an den eigenen Überzeugungen, Reuebekenntnisse, Denunziationen. Man muss so viele Parteimitglieder wie möglich erniedrigen und kompromittieren, damit sie nicht aufsässig werden“[15].

Auch der Fiktionalismus, der zum Wesen des stalinistischen Systems werden sollte, erhielt um 1933 seine ersten Konturen. Er wird von Fedotov folgendermaßen beschrieben:

> So wie früher die Kommunisten die Fähigkeit verloren haben, zwischen Gut und Böse zu unterscheiden, können sie heute nicht mehr die Wahrheit von der Lüge trennen. Die Wahrheit stellt jetzt lediglich noch ein Werkzeug in den (Händen der Parteiführung) dar. Die Geschichtswissenschaft kann bei den von oben angeordneten neuen Interpretationen der Vergangenheit, die sich täglich ändern, nicht mehr nachkommen. Die gestrigen Halbgötter werden heute in den Schmutz gezogen.[16]

Von einer eigenständigen Überzeugung über die „moralische Erlaubtheit des eigenen Tuns“ konnte, angesichts dieser Sprengung aller Grenzen zwischen Gut und Böse, zwischen Wahrheit und Lüge wohl kaum die Rede sein.

## II.

Und wie verhielt es sich mit den nationalsozialistischen Tätern? Waren sie davon überzeugt, dass „ihr Tun moralisch gerechtfertigt ist“?

Bei der Erörterung dieser Frage muss man zunächst darauf hinweisen, dass der nationalsozialistische Aufstand gegen das ur-

---

15 Fedotov, Georgij: *Sud'ba i grechi Rossii.* Band 1-2. Sankt Petersburg 1991, hier Band 2, S. 36.

16 Ebd., S. 36 f.

sprüngliche europäische Menschenbild und die mit ihm verbundene Moralvorstellungen noch grundlegender war als derjenige der Bolschewiki. So traten z. B. die Kommunisten mit dem Anspruch auf, solche Ideale wie soziale Gerechtigkeit und Gleichheit effektiver zu vertreten als dies ihre bürgerlichen Gegner taten. Demgegenüber verwarfen die Nationalsozialisten diese Ideale gänzlich. In ihrem biologistisch geprägten, rassenhierarchischen Weltbild gab es keinen Platz für universalistische Ideen oder für die Gleichheitsprinzipien. Sie hielten all das für ein Zeichen der Dekadenz. Ernst Nolte hat 1966 die nationalsozialistische Weltauffassung folgendermaßen charakterisiert:

> Das Bild der (nationalsozialistischen) „Neuen Ordnung" [...] ließ deutlich die Grundlinien eines deutschen oder großgermanischen Weltreiches hervortreten, [...] das [...] mit der vielfältigen Wirklichkeit der europäischen Moderne weniger Ähnlichkeit hatte als selbst etwa Lenins Traumbild der Vereinigten Sowjetrepubliken Europas.[17]

Nun aber zurück zur Frage, ob die Nationalsozialisten, ob Hitler von der „moralischen Erlaubtheit ihres Tuns" überzeugt waren. Fritze schreibt: „Hitler (glaubte) – und dies ist das Verstörende und scheinbar Unbegreifliche – mit dem was er tat, moralisch im Recht zu sein"[18]. Diesem Glauben lag aus der Sicht Fritzes nicht zuletzt Hitlers Überzeugung zugrunde, er sei dazu prädestiniert, Gefahren, die Deutschland bedrohten, zu bekämpfen. Eine besondere Rolle habe hier die „bolschewistische Gefahr" gespielt: „Die Möglichkeit, dass die Revolution auf Deutschland übergreifen oder ‚exportiert' werden könnte, betrachtete Hitler als die wohl am unmittelbarsten drohende Gefahr"[19].

Fritze geht davon aus, dass der Bolschewismus das damalige Deutschland in der Tat eminent bedrohte und Hitler sich um eine

---

17 Nolte, Ernst: *Die faschistischen Bewegungen. Die Krise des liberalen Systems und die Entwicklung des Faschismus.* München 1979, S. 187.

18 Fritze, *Autonomie*, S. 522.

19 Ebd., S. 90.

„realistische Abschätzung [...] zukünftiger Entwicklungen (bemühte) [...] Die immer wieder beteuerte Angst vor dem Bolschewismus wird man jedenfalls nicht als eine Selbststilisierung der nationalsozialistischer Ideologen begreifen können“[20].

Worin sollte aber diese eminente bolschewistische Gefahr nach 1918 in Deutschland bestanden haben?

Bekanntlich reduzierte sie sich auf einige schlecht vorbereitete Aufstandsversuche, die jeweils mit einem Debakel endeten (Januar 1919, März 1921, Oktober 1923). Im Gegensatz zu den Bolschewiki, die 1917 mit einem völlig zerrütteten Staatsapparat und mit weitgehend demoralisierten Gegnern zu tun hatten, standen den Umsturzversuchen der KPD der intakte Machtapparat des „bürgerlichen“ Staates und äußerst militante Kampfverbände der extremen Rechten im Wege. Den grundlegenden Unterschied zwischen der Ausgangslage der Bolschewiki und derjenigen der westlichen Kommunisten schilderte seinerzeit sehr anschaulich der deutsch-russische Sozialdemokrat Alexander Schifrin: „In Russland hat eine bewaffnete Minderheit den Sieg über einen wehrlosen Staat errungen, in Europa steht der wehrlosen kommunistischen Minderheit der bis an die Zähne bewaffnete bürgerliche Staat entgegen“[21].

Angesichts ihrer tatsächlichen Ohnmacht verblieb den westlichen Kommunisten, auch der KPD, im Wesentlichen nur der Verbalradikalismus, mit dem sie ihre Gegner einzuschüchtern versuchte. Ernst Nolte, der, ähnlich wie Fritze, die Angst vor dem Bolschewismus zu einer der wichtigsten Triebfeder des Handelns von Hitler erklärt, musste zugeben, dass es sich bei der Radikalität der KPD „mehr um eine Drohung als um eine Wirklichkeit“ handelte.[22]

Als geschickter Machtpolitiker war sich Hitler wohl darüber im Klaren, dass die in Deutschland weitgehend isolierte KPD so gut wie keine Chance hatte, einen Umsturz nach dem bolschewistischen

---

20 Ebd., S. 94.

21 Schifrin, Alexander: Staatsstreiche der Gegenrevolution, in: *Die Gesellschaft* 9/1932, S. 185-193, hier S. 189.

22 Nolte, Ernst: *Der europäische Bürgerkrieg 1917-1945. Nationalsozialismus und Bolschewismus.* Berlin 1987, S. 89.

Muster von 1917 durchzuführen. Allerdings stellte die Angst des konservativen Establishments der Weimarer Republik vor einem solchen Umsturz einen äußerst wichtigen Faktor im machtpolitischen Kalkül Hitlers dar. Deshalb malte er immer wieder die Gefahr einer kommunistischen Machtbernahme an die Wand, wie er dies z. B. im Januar 1932 vor dem Industrieklub in Düsseldorf tat.[23] Fritze geht übrigens auf diese Rede ein und hebt hervor, Hitlers Streben, die Unterstützung der Industriellen zu gewinnen, „könnte ihn dazu verleitet haben, seine Gefahrenanalyse zu dramatisieren". Aber bereits im nächsten Satz stellt er diese These in Frage und hebt erneut hervor, dass Hitlers Warnung vor der bolschewistischen Gefahr keine Propagandafloskel gewesen sei, und verweist dabei auf einige Hitler-Zitate.[24]

An dieser Stelle muss man darauf hinweisen, dass manche Beobachter der damaligen Ereignisse Hitlers antikommunistische Tiraden ganz anders bewerteten. So schrieb z. B. Theodor Heuss in seinem 1932 erschienenen Buch *Hitlers Weg* Folgendes: Das Anwachsen der KPD sei der NSDAP willkommen, und zwar deshalb weil die Nationalsozialisten die Angst breiter Bevölkerungsschichten brauchten. Sie schilderten sich selbst als die einzigen Verteidiger der bürgerlichen Kultur gegenüber dem Marxismus.[25]

Vielleicht war aber die revolutionäre Phraseologie der KPD ausreichend gewesen, um bei Hitler und der NSDAP das Gefühl einer tödlichen Bedrohung auszulösen? Aber sogar wenn dies der Fall gewesen sein sollte, konnten sich die Nationalsozialisten spätestens seit Frühjahr 1933 überzeugen, wie unbegründet diese Angst war. Die so „gefährliche" KPD als deren „potentielles Opfer" sie sich angeblich betrachtet hätten, ist von Hitler mit einem Federstrich aufgelöst worden. Gegenüber dem soeben geschlagenen Gegner hatte Hitler nichts als Verachtung übrig. Im Gespräch mit dem sowjeti-

---

23 Domarus, Max: *Hitler. Reden und Proklamationen 1932-1945*. Bd. I/1. Wiesbaden 1973, S. 87.

24 Fritze, *Autonomie*, S. 91.

25 Heuss, Theodor: *Hitlers Weg. Eine historisch-politische Studie über den Nationalsozialismus*. Stuttgart 1932, S. 150; siehe dazu auch Heiden, Konrad: *Adolf Hitler. Das Zeitalter der Verantwortungslosigkeit*. Zürich 1936, S. 236 f.

schen Botschafter in Berlin, Chinčuk, im April 1933 sagte er: Die KPD und die SPD hätten sich als außerordentlich schwach erwiesen. Sie hätten auch keine bedeutenden Führer in ihren Reihen gehabt. Wenn er, Hitler, an der Spitze der KPD oder der SPD gestanden hätte, wäre der Kampf ganz anders verlaufen.[26]

Der konservative Kritiker Hitlers, Hermann Rauschning, schrieb 1938 Folgendes in diesem Zusammenhang:

> Kein Schicksal ist dem Deutschen Reich 1932/33 ferner gewesen als eine bolschewistische Revolution, ja auch nur eine politische Revolte von links! Gerade die Kreise, die heute die Legende von dem unmittelbar bevorstehenden bolschewistischen Umsturz verbreiten, wissen es am besten [...], dass in Deutschland ein Putsch nur mit der legalen Macht als Rückhalt im Hintergrund möglich war.[27]

Wenn es nicht die deutschen Kommunisten waren, war es vielleicht die Sowjetunion, die bei den Nationalsozialisten derart panische Reaktionen hervorrief? Wurde vielleicht Auschwitz aus Angst vor dem sowjetischen Gulag, als Reaktion darauf errichtet? Auch das ist wenig wahrscheinlich. Verächtliche Bemerkungen Hitlers über die „slawischen Untermenschen", denen jeglicher staatsbildender Instinkt fehle, sind ausreichend bekannt. In der Zeit zwischen den beiden Weltkriegen galt die UdSSR in Europa keineswegs als Militärmacht ersten Ranges. Sie musste sich mit dem Wegfall einiger Gebiete des ehemaligen Zarenreiches abfinden und war nicht in der Lage ihre territorialen Ansprüche, auch gegenüber den Mächten mittlerer Größe wie z. B. Rumänien oder Polen durchzusetzen. Von dem soeben wiedererstandenen polnischen Staat wurde die Rote Armee 1920 empfindlich geschlagen. Auch nach der Verwirklichung des ehrgeizigen Stalinschen Industrialisierungsprogramms galt die Sowjetunion sowohl in den Augen der NS-Führung, aber auch in den Augen vieler deutscher Militärs weiterhin als „Koloss auf tönernen Füßen".

26 *Dokumenty vnešnej politiki SSSR.* Band 16, Moskau 1957, S. 271.
27 Rauschninng, Hermann: *Die Revolution des Nihilismus.* Zürich 1938, S. 271.

Warum wurde, ungeachtet all dieser Zeichen von Schwäche die Gefahr einer bolschewistischen Invasion von Hitler immer an die Wand gemalt? Eine einleuchtende Erklärung dafür lieferte Ernst Nolte in einer seiner früheren Arbeiten. Für ihn handelte Hitler

> im Bewusstsein einer einzigartigen weltgeschichtlichen Möglichkeit [...], der Möglichkeit, die Russische Revolution unter bürgerlicher und europäischer Sympathie auszumerzen und damit für [...] Deutschland eine völlig neue und seine Zukunft unbedingt sichernde raumpolitische Lage zu schaffen[28].

Dies war also eine sozialdarwinistische Weltsicht, in der die Fragen der Moral so gut wie keine Rolle spielten. Die nationalsozialistische Politik verkörperte demnach geradezu die reine, in der Regel unprovozierte Aggressivität. Dies betrifft wohl auch Hitlers Angriff auf die Sowjetunion im Jahre 1941, den Fritze als eine Art Reaktion auf die „Bedrohungswahrnehmung seitens Hitlers" betrachtet. Diese These wird allerdings von der Mehrheit der Militärhistoriker nicht geteilt.

## III.

Waren die nationalsozialistischen Täter auch bei ihrer Judenverfolgung davon überzeugt, „moralisch im Recht" zu sein? Fühlten sie sich von den Juden, ähnlich wie von den Bolschewiki, bedroht? Dieser Frage widmet Fritze in seiner Replik auf Baberowski, vor allem aber in seinem Buch *Anatomie des totalitären Denkens* viel Aufmerksamkeit.

Ähnlich wie im Fall der „bolschewistischen Bedrohung" meint Fritze, dass Hitler bei seiner Einstellung zur „jüdischen Bedrohung" nicht nur phantasierte, sondern auch an bestimmte in der Realität vorhandene Probleme dachte: „[Man] sollte vor dem Gedanken, auch Hitlers Denken könnte in *bestimmten Hinsichten* an realen Problemen angeknüpft haben, nicht zurückschrecken", meint der Autor. Ein solches „Problem", das aus der Sicht Fritzes an die Reali-

---

28 Nolte, *Die faschistischen Bewegungen*, S. 58.

tät anknüpfte, war die Beteiligung der Juden an der kommunistischen Bewegung: „Bolschewismus wurde als ‚Judenherrschaft‘ betrachtet und die Rede vom ‚jüdischen Bolschewismus‘ war international im Schwange“[29]. Auch Hitlers Judenhass wurde aus der Sicht Fritzes vor allem durch die Beteiligung der Juden am bolschewistischen System hervorgerufen: „(Im) Bolschewismus [...] erblickte (Hitler) ein vom ‚internationale(n) Jude(n)‘ beherrschtes tyrannisches Regime, das sich barbarischer Verbrechen an der eigenen Bevölkerung schuldig gemacht hatte“[30].

Fritzes Argumentation enthält allerdings einen inneren Widerspruch. Hitlers Judenhass war fanatisch und kompromisslos. Die von ihm oft an die Wand gemalte „bolschewistische Bedrohung“ diente ihm hingegen, wie bereits gesagt, oft als Instrument, das er machiavellistisch für seine Machtziele ausnutzte. So zu Beginn der 1930er Jahre, als er das konservative Establishment der Weimarer Republik zu einem Bündnis mit der NSDAP, und in den Jahren 1933-1938 als er die Westmächte zu einer Appeasementpolitik gegenüber dem Dritten Reich bewegen wollte. Hitler war durchaus imstande, seine antibolschewistischen Ressentiments einzudämmen, wenn dies machtpolitisch erforderlich war, so z. B. bei der Unterzeichnung des Nichtangriffspaktes mit der bis dahin derart dämonisierten UdSSR am 23. August 1939. Nichts dergleichen lässt sich in Bezug auf die Hitlersche Judenpolitik beobachten. Die nationalsozialistische Judenverfolgung hat sich unentwegt radikalisiert: „Die Nazipropaganda verwandelte die Fabel einer jüdischen Weltverschwörung aus einer objektiv debattierbaren Lüge in das zentrale Element einer totalitären Wirklichkeit“, schreibt Hannah Arendt.[31] Die Tatsa-

29 Ebd., S. 96.

30 Ebd., S. 110.

31 Arendt, Hannah: *Elemente und Ursprünge totaler Herrschaft. Antisemitismus, Imperialismus, totale Herrschaft.* Frankfurt/Main 2011, S. 764. Martin Broszat vertritt die Meinung, Hitler sei im Grunde ein Opportunist gewesen. Der Judenhass habe vielleicht seine einzige feste Überzeugung dargestellt (Broszat, Martin: *Der Nationalsozialismus. Weltanschauung, Programmatik und Wirklichkeit.* Stuttgart 1961, S. 35 ff.). Die Monomanie Hitlers wird durch diese Aussage unterschätzt. Hitler hat den Antisemitismus zu einem alles umgreifenden Welterklärungsmodell erhoben, der alle anderen weltanschaulichen Systeme relati-

che, dass die Juden nicht imstande waren, sich gegen ihre Entrechtung effizient zu verteidigen, ihre offenkundige Wehrlosigkeit, stachelte Hitlers Judenhass nur an. Gerade in der Zeit der deutsch-sowjetischen Entspannung nach 1939 als der propagandistische Feldzug des Nationalsozialismus gegen den Bolschewismus unterbrochen wurde, erreichte die Dämonisierung der Juden ihren neuen Höhepunkt. Versinnbildlicht wurde dieser Vorgang z. B. durch den 1940 gedrehten Film von Veit Harlan „Jüd Süss".

Dies zeigt, dass die Angst vor dem „jüdischen Bolschewismus" keineswegs die wichtigste Quelle für Hitlers Judenhass war. Wie Frank-Lothar Kroll, der Hitlers Geschichtsbild untersuchte, schreibt, schwebte Hitler eine Art Endkampf zwischen der jüdischen und der arischen Rasse vor, der bis zum bitteren Ende durchgeführt werden musste:

> So oder so war damit ein definitiver Abschluss der bisherigen Geschichte erreicht, der sich freilich nicht als vage Möglichkeit in nebulöser Zukunftsferne präsentierte. Abschluss und Ende standen vielmehr unmittelbar bevor und waren auf jeden Fall noch zu Hitlers Lebzeiten einzulösen[32].

Welche Ziele sollte diese wohl nie dagewesene Revolution verfolgen? In erster Linie die Abschaffung der mit dem Alten und dem Neuen Testament verbundenen Ethik. Dies sollte eine „antimoralische Revolution" par excellence werden. Die Ausschaltung der Juden sollte wohl die erste Stufe auf dem Weg zur Errichtung dieser neuen „antimoralischen" Ordnung darstellen. Der polnische Publizist und Soziologe Paweł Śpiewak schreibt in diesem Zusammenhang:

> Durch die Vernichtung der Juden, durch die Vernichtung der Urheber des Judaismus und des Christentums, wollten sich die Nationalsozialisten [...] von allen Geboten Gottes befreien. Sie verwarfen sowohl das Alte als auch das Neue Testament. [...] Das Schweigen Got-

---

vierte. Deshalb fiel es ihm so leicht, alle anderen Ideen und Ideologien opportunistisch zu missbrauchen.

32 Kroll, Frank-Lothar: Geschichte und Politik im Weltbild Hitlers, in: *Vierteljahrshefte für Zeitgeschichte* 44, 1996, S. 327-355, hier S. 337.

> tes [...] angesichts ihrer Verbrechen stellte für sie ein Zeichen seiner Schwäche, ja seiner Nichtexistenz dar. Seine Ohnmacht gab ihnen das Gefühl der Allmacht. [...] Sie fühlten sich nun als neue Götter – frei, unabhängig, unabhängig von der Stimme des Gewissens, unabhängig von denjenigen, die sie an die moralischen Gebote erinnert hatten. Mit dem Tod der Juden wurde stellvertretend Gott exekutiert.[33]

In ähnlichem Sinne äußert sich auch der von Fritze mehrmals zitierte Bremer Soziologe Gunnar Heinsohn, der die Meinung vertritt, dass die Verfolgung der Juden für Hitler den Zweck gehabt habe,

> mit den Juden auch die Ethik des Judentums, insbesondere die Idee eines universalen Rechts auf Leben, aus der Welt zu schaffen, [... ein] Moralverständnis, das dem Daseinskampf insbesondere der starken Völker Fesseln anlegt, ihnen Gewissensbisse bereitet und damit deren Lebensenergien zum Versiegen bringt.[34]

Hitler selbst hat immer wieder betont, dass der Sieg der von ihm angestrebten „neuen Ordnung", also einer gegen die bestehende Moral gerichteten Revolution, ohne die Beseitigung der Juden nicht möglich sei. Er warf den Juden immer wieder vor, sie hätten die „[natürliche Ordnung, in der] die Nationen sich so ineinander fügen, dass die Befähigteren führen", zerstört.[35] Was Hitler den Juden besonders übel nahm, war die Tatsache, dass sie an „das angeschlagene Gewissen unserer Mitwelt" appellierten. Hitlers Ziel war also die Wiedereinführung einer „natürlichen Ordnung", in der das „angeschlagene Gewissen", also auch die *Moral* in ihrem eigentlichen Sinne keine Rolle mehr spielen sollte.[36]

Für Hannah Arendt war dies eine Welt, die bewies, dass es ein „radikal Böses wirklich gibt".[37] Lothar Fritze ist allerdings der Meinung, dass eine „pauschale Darstellung Hitlers als Inkarnation des

33 Śpiewak, Paweł: Shoah, drugi upadek, in: *Więź* 8/ 1986, S. 3-13, hier S. 10 f., 13.

34 Fritze, *Autonomie,* S. 105, 357.

35 *Adolf Hitler. Monologe im Führerhauptquartier 1941-1944.* Aufgezeichnet von Heinrich Heim, hrsg. v. Werner Hoffmann. München 2000, S. 279 f.

36 Ebd.

37 Arendt, *Elemente und Ursprünge totaler Herrschaft,* S. 941.

Absolut-Bösen ohne Erkenntnisgewinn ist". Er hält es auch für falsch, „große Verbrechen pauschal als Auswuchs des Bösen zu erklären"[38]. Ob das von Fritze vorgeschlagene Erklärungsmodell für die Motive der totalitären Täter eine überzeugende Alternative zum Arendtsche Modell darstellt, ist fraglich.

## IV.

In der Auseinandersetzung zwischen Lothar Fritze und Jörg Baberowski geht es allerdings nicht nur um die Frage, ob die totalitären Täter von der „moralischen Erlaubtheit ihres Tuns überzeugt waren", sondern auch darum, ob sie an den Inhalt der von ihnen verkündeten Ideen glaubten.

In seinem Buch *Verbrannte Erde* spricht Baberowski von einem Paradigmenwechsel der sich in der bolschewistischen Partei zwischen der Lenin- und der Stalin-Epoche vollzog. Lenin sei zwar ein bösartiger Schreibtischtäter gewesen, so Baberowski,

> aber er war kein Zyniker, der sich nur für den Machterhalt interessierte [...] Im Verständnis Lenins befanden sich die Bolschewiki auf einem Kreuzzug, sie waren Glaubenskrieger, die eine heilige Mission zu erfüllen hatten. Die Bolschewiki vollstreckten den Willen der Geschichte, erbarmungs- und mitleidslos.[39]

Ganz andere Motive hätten aus der Sicht Baberowskis dem Stalinschen Terror zugrundegelegen:

> Nichts [...] deutet darauf hin, dass Stalin ein Täter war, der ideologischen Zwängen gehorchte, als er befahl Menschen zu foltern und zu töten. Stalin war vielmehr ein Mörder, dem es Freude bereitete, zu zerstören und zu verletzen, und der das ideologische Argumentationsgerüst, das ihm die kanonischen Texte zur Verfügung stellten, dafür verwendete, seine Untaten öffentlich zu rechtfertigen.[40]

---

38 Fritze, *Autonomie*, S. 522.

39 Baberowski, Jörg: *Verbrannte Erde. Stalins Herrschaft der Gewalt*. München 2012, S. 66.

40 Ebd., S. 315.

Eine ähnliche „Freude am Töten" konstatiert Baberowski auch bei Hitler.[41]

Fritze wendet sich vehement gegen dieses Interpretationsmuster und hebt hervor, dass man das Handeln der totalitären Täter ohne Bezugnahme der jeweiligen Ideologie nicht verstehen könne.[42]

In Bezug auf Lenin ist Baberowski mit diesem Erklärungsmodell, wie bereits gesagt, einverstanden, in Bezug auf Stalin lehnt er dies allerdings ab.

Und in der Tat äußerte sich Stalin wiederholt kritisch über die Klassiker des Marxismus. Dies betraf insbesondere Friedrich Engels.[43] Aber auch Marx wurde von Stalin kritisiert, und zwar wegen seiner allzu starken Abhängigkeit von der idealistischen deutschen Philosophie.[44] Was Lenin anbetrifft, so gab Stalin zwischen den Zeilen immer wieder zu verstehen, dass der Gründer der bolschewistischen Partei in erster Linie ein Visionär und Träumer gewesen sei. Erst ihm Stalin, sei es gelungen, Lenins Träume Wirklichkeit werden zu lassen, so Lenins Traum von der Abschaffung des Privateigentums oder von der Industrialisierung des Landes.[45]

Vieles spricht allerdings dafür, dass Stalin, trotz einiger Skepsis gegenüber den Klassikern des Marxismus-Leninismus, die wichtigsten Grundsätze der kommunistischen Ideologie nicht in Frage stellte. Dies hätte dem Regime, das er despotisch beherrschte, die legitimatorischen Grundlagen entziehen können. Er hielt sich allerdings für den wichtigsten Vollstrecker des Leninschen Vermächtnisses und ließ beinahe alle Rivalen, die einen ähnlichen Anspruch erhoben, umbringen, bzw. aus den sowjetischen Geschichtsbüchern verbannen.

---

41 Ebd., S. 403.

42 Fritze, *Autonomie,* S. 511.

43 Vgl. dazu u. a. Luks, Leonid: *Entstehung der kommunistischen Faschismustheorie. Die Auseinandersetzung der Komintern mit Faschismus und Nationalsozialismus 1921-1935.* Stuttgart 1985, S. 172 f.

44 Pyžikov, A.V.: Leninizm i stalinizm: ideologičeskie raznočtenija, in: *Voprosy filosofii* 6/2001, S. 42-52, hier S. 46.

45 Siehe dazu u. a. Volkogonov, Dmitrij: *Sem' voždej. Galereja liderov SSSR v dvuch knigach.* Moskau 1995, Band 1, S. 179, 181.

Man kann Fritze durchaus beipflichten, wenn er bei der Analyse der Untaten der totalitären Haupttäter, die Bedeutung der Ideologie hervorhebt. Dies widerspricht aber keineswegs der These Baberowskis von den sadistischen Neigungen, die sowohl Stalin als auch Hitlers auszeichneten, von ihrer „Lust an der Gewaltanwendung".

Andere Autoren bestätigen übrigens diese Sicht Baberowski. Beispielhaft hierfür sind die Aussagen Sebastian Haffners, die ich abschließend zitieren möchte. In seinen *Anmerkung zu Hitler* schreibt Haffner Folgendes über die Vorgehensweise Hitlers in den letzten Kriegsjahren:

> Erfolge, wie in den vergangenen [...] Jahren, hatte Hitler in diesen drei letzten Jahren nicht mehr zu genießen; aber darauf zu verzichten, fiel es ihm leicht, da er dafür mehr als je vorher die Lust des Killers genießen konnte, der die letzten Rücksichten abgeworfen hat [...] Für den Hitler der letzten dreieinhalb Kriegsjahre war der Krieg eine Art Wettlauf geworden, den er immer noch zu gewinnen hoffte. Wer würde früher am Ziel sein: Hitler mit seiner Judenausrottung, oder die Alliierten mit ihrer militärischen Niederwerfung Deutschlands? Die Alliierten brauchten dreieinhalb Jahre, bis sie am Ziel waren. Und inzwischen war auch Hitler seinem Ziel immerhin schrecklich nahegekommen.[46]

Veröffentlicht im *Forum für osteuropäische Ideen- und Zeitgeschichte*, 18, 2014, Heft 1 (geringfügig revidierte Fassung)

---

46 Haffner, Sebastian: *Anmerkungen zu Hitler*. München 1978, S. 181 f.

## Ist die „gelenkte Demokratie“ Vladimir Putins faschistisch? Anmerkungen zum Beitrag von Alexander J. Motyl[1]

Die ungefestigte russische Demokratie der 1990er Jahre wurde oft mit der krisengeschüttelten Weimarer Republik verglichen. Wie damals in Weimar assoziierte sich auch im postkommunistischen Russland die Demokratie mit dem Zusammenbruch der hegemonialen Stellung des Landes auf dem europäischen Kontinent, dem Verlust von Territorien, der Entstehung einer neuen Diaspora und wirtschaftlichen Erschütterungen. Sowohl in Weimar als auch im postsowjetischen Russland diffamierten militante Antidemokraten das demokratische System als eine Art westliches Besatzungsregiment auf deutschem bzw. russischem Boden.

So hat der Begriff „Weimarer Russland“, trotz mancher substantieller Unterschiede zwischen der „ersten“ deutschen und der „zweiten“ russischen Demokratie durchaus seine Berechtigung.[2] Lässt sich aber diese Analogie auch auf die Systeme übertragen, welche die beiden Demokratien ablösten – also auf das Dritte Reich und auf die „gelenkte Demokratie“ Putins?

Alexander J. Motyl scheint für eine solche Betrachtungsweise zu plädieren. Er schreibt:

> In beiden Ländern gaben die Menschen den Befürwortern der Demokratie [...] die Schuld an allen Übeln. Hypernationalismus und eine Fetischisierung des Staates kompensierten die Frustrationen. Starke Männer ergriffen – auf legalem Wege – die Macht und nutzten

1 Gekürzte Fassung eines Beitrags, der in der Zeitschrift *Osteuropa* (9/2009) erschienen ist.

2 Vgl. dazu u. a. Janov, Aleksandr: *Posle El'cina: „Vejmarskaja Rossija“.* Moskau 1995; Hanson, Stephen E. / Kopstein, Jeffrey S.: The Weimar/Russia Comparison, in: *Post Soviet Affairs* 13. Jg., 3, 1997.

> die Bereitschaft der Bevölkerung zur Unterwerfung, um ihre diktatorische Herrschaft zu errichten.[3]

Die Partei „Einiges Russland", auf die sich Putin stützt, ähnelt nach Ansicht Motyls zwar nicht den faschistischen Parteien vor ihrer jeweiligen Machtübernahme, als sie auf revolutionäre Veränderung des Systems setzten. Ähnlichkeiten bestünden aber zwischen dem „Einigen Russland" und den faschistischen Parteien in der jeweiligen Regime-Phase:

> Sehr wohl ähnelt *Edinaja Rossija* [...] den Nationalsozialisten oder den italienischen Faschisten nach der Machtergreifung. Denn dann füllten diese ihre Reihen mit Trittbrettfahrern und Karrieristen und glichen kaum noch den militanten Bewegungen, aus denen sie entstanden waren.[4]

Die Tatsache, dass die Partei „Einiges Russland" über keine kohärente Ideologie verfügt, dass das ideologische Rüstzeug der „gelenkten Demokratie" einem Flickenteppich ähnelt, in dem imperial-etatistische und marktwirtschaftliche Elemente unvermittelt nebeneinander existieren, stellt aus der Sicht Motyls die These von der Wesensverwandtschaft dieser Partei mit der NSDAP oder mit dem Partito Nazionale Fascista nach deren jeweiliger Machtübernahme nicht in Frage: „Faschistische Staaten vertreten keine allumfassende Ideologie, die auf alle Lebensfragen Antwort gibt. Sie wollen wie alle autoritären Staaten die Gesellschaft nur beeinflussen und kontrollieren".[5]

Vor allem der Charakter des NS-Regimes, wird durch solche Aussagen in einer derart eklatanten Weise verkannt, dass sie nicht unwidersprochen bleiben dürfen.

So verfügte der Nationalsozialismus, anders als Motyl meint, durchaus über eine allumfassende Ideologie, die nach einer noch gründlicheren Veränderung der bestehenden Verhältnisse strebte,

---

3 Motyl, Alexander J.: Russland: Volk, Staat und Führer. Elemente eines faschistischen Systems, in: *Osteuropa* 1/2009, S. 109-124, hier S. 122.

4 Ebenda, S. 117.

5 Ebenda, S. 112.

als dies bei den Kommunisten der Fall war. Die NSDAP wollte die von ihr beherrschte Gesellschaft nicht „nur beeinflussen und kontrollieren", sondern grundlegend verändern. Durch ihren Versuch, eine rassisch geprägte neue Weltordnung zu errichten, brachen die Nationalsozialisten noch radikaler als die Kommunisten mit den traditionellen Vorstellungen der Europäer, die Jahrhunderte lang durch das Christentum geprägt waren.

Anders als Motyl suggeriert, verlor die NSDAP nach der „Machtergreifung" keineswegs ihren früheren revolutionären Elan. Im Gegenteil: Erst der Machtbesitz verlieh ihr die Möglichkeit, ihr rassenpolitisches Programm mit voller Wucht zu verwirklichen. Es begann nun eine Reihe von Vernichtungsfeldzügen und „Endlösungen", zu deren Opfern im Laufe der Jahre immer größere Menschengruppen zählten – psychisch Kranke, polnische Intellektuelle, sowjetische Kriegsgefangene, Sinti und Roma, slavische Völker in den besetzten Gebieten, in erster Linie aber Juden, die für die nationalsozialistischen Ideologen das Böse an sich verkörperten und deshalb gänzlich eliminiert werden sollten.

Die Tatsache, dass das NS-Regime sich ununterbrochen radikalisierte, wird von Motyl verkannt. Er schreibt:

> Gewalt und Massenmobilisierung [sind] durchaus konstitutive Merkmale faschistischer Bewegungen, insbesondere revolutionärer. In etablierten politischen Ordnungen, und seien sie noch so repressiv, können Gewalt und Massenmobilisierung dagegen nur sporadisch eine Rolle spielen, denn sie gefährden die herrschende Ordnung.[6]

Diese These von einer „nur sporadischen" Anwendung von Gewalt in den „etablierten" faschistischen Staaten hat mit der Wirklichkeit des NS-Staates nichts gemein. Hier wurde der Terror im Laufe der Jahre immer systematischer und radikaler. Den Gipfel seiner Radikalität erreichte das Regime kurz vor seinem Zusammenbruch. Als Verehrer von Richard Wagner versuchte Hitler den Untergang des Dritten Reiches als eine Art Götterdämmerung zu inszenieren. Da er

6 Motyl, Russland, S. 112.

in seinem Erscheinen auf der politischen Bühne die Erfüllung der deutschen Geschichte sah, sollte nach seinem Ableben auch die deutsche Geschichte an ihr Ende gelangen.[7]

Da der Nationalsozialismus auf „Endlösungen" unterschiedlicher Art geradezu fixiert war, besteht für die überwiegende Mehrheit der Forscher kein Zweifel daran, dass es sich beim Dritten Reich um ein totalitäres Regime handelte. Motyl bestreitet dies. Er hält das Dritte Reich nicht für totalitär, weil dort das Privateigentum nicht verstaatlicht wurde. Damit konstruiert der Autor eine zusätzliche Parallele zur „gelenkten Demokratie" Putins. Auch hier werde das Privateigentum geduldet. Damit will Motyl wohl einen zusätzlichen Beweis dafür erbringen, dass die Regime, welche die „erste" deutsche und die „zweite" russische Demokratie ablösten, wesensverwandt seien. Dieses Argument ist aber genauso wenig überzeugend wie die bisher angeführten.

Wäre die Argumentation Motyls weniger anfechtbar gewesen, wenn er darauf verzichtet hätte, eine Wesensverwandtschaft der „gelenkten Demokratie" Putins mit dem NS-Regime zu betonen, und sich lediglich darauf beschränkt hätte, das „System Putin" mit der faschistischen Diktatur in Italien zu vergleichen, die sich vom NS-Regime wesentlich unterschied?[8]

Dem italienischen Faschismus fehlte, im Gegensatz zum Nationalsozialismus, das monokausale Welterklärungsmodell, das den apokalyptischen Verbrechen des NS-Regimes zugrunde lag.[9]

Mussolinis verbalradikale Tiraden stellten oft reine Rhetorik dar. Der rücksichtslose Fanatismus Hitlers war ihm, zumindest bis An-

7 Vgl. dazu Hitlers Gespräch mit dem Rüstungsminister Albert Speer am 19. März 1945. Zit. nach Thamer, Hans Ulrich: *Verführung und Gewalt. Deutschland 1933-1945.* Berlin 1986, S. 760.

8 Obwohl die italienischen Faschisten ihren Staat selbst als „totalitär" definierten, handelte es sich beim Italofaschismus nach Ansicht vieler Autoren um einen „unvollendeten Totalitarismus". Siehe dazu u. a. Aquarone, Alberto: *L'organizzazione dello stato totalitario.* Turin 1965; Payne, Stanley: *Geschichte des Faschismus: Aufstieg und Fall einer europäischen Bewegung,* Berlin-München 2001, S. 156, 161-164.

9 Vgl. dazu u. a. Neumann, Sigmund: *Permanent Revolution. Totalitarianism in the Age of International Civil War.* New York 1965, S. 111.

fang der 30er Jahre, fremd. Auschwitz und Treblinka kamen im italienischen Faschismus nicht vor.

Wäre Motyls These vom faschistischen Charakter der Putinschen „gelenkten Demokratie" also überzeugender gewesen, wenn er diese nicht mit dem NS-Regime, sondern lediglich mit dem Italofaschismus verglichen hätte? Auch eine solche Parallele wäre irreführend. Denn trotz seines Hangs zum Pragmatismus verlor der italienische Faschismus niemals seinen ursprünglichen revolutionären Charakter. Zwar vermochte er nicht die von ihm beherrschte Gesellschaft in einem solchen Ausmaß zu indoktrinieren und zu verändern, wie dies der Nationalsozialismus tat, diese Zielsetzungen verlor er aber niemals aus den Augen. Die für die Putin-Riege charakteristischen Law-and-Order-Prinzipien stellten im faschistischen Italien, anders als im Putinschen Russland, nicht das Wesen, sondern nur die äußere Hülle des Systems dar. Zwar versuchte Mussolini den radikal-terroristischen Flügel seiner Bewegung unter Roberto Farinacci vorübergehend zu zähmen, um sein Bündnis mit den konservativen Eliten nicht zu gefährden. Endgültig wurden aber die Radikalen niemals entmachtet. Mussolini brauchte sie als Gegengewicht, um nicht in eine völlige Abhängigkeit von seinen konservativen Verbündeten zu geraten. Wie der Kölner Faschismusforscher Wolfgang Schieder mit Recht schreibt, konservierte der Faschismus bis zuletzt seine ursprüngliche Radikalität, die vor allem die faschistische Miliz (MVSN) verkörperte:

> Für radikale Parteiführer wie Achile Starace, Roberto Farinacci, aber auch für Mussolini selbst war die faschistische Miliz noch in den 30er Jahren der eigentliche politische Hoffnungsträger des Regimes. [...] Auch wenn es dem faschistischen Regime [...] nicht gelang, die Miliz zu einer militärischen Elitetruppe nach Art der Waffen-SS herauszubilden, war doch von Bedeutung, dass dies zumindest angestrebt wurde.[10]

10 Schieder, Wolfgang: Kriegsorientierung im faschistischen Italien, in: Ders.: *Faschistische Diktaturen. Studien zu Italien und Deutschland*. Göttingen 2008, S. 99-110, hier S. 103.

Was den italienischen Faschismus zusätzlich von den bürokratisch-autoritären Regimen à la Putin unterschied, war die Tatsache, dass er niemals darauf verzichtete, einen „neuen Menschen" und eine neue, nie dagewesene Gesellschaft zu erschaffen. Dieses Streben fasst der italienische Faschismusforscher Emilio Gentile folgendermaßen zusammen:

> The fascists, just like the futurists, saw themselves as 'builders of the future'. The fascist myth of 'continuous revolution' was also modernist by pressing fascism not to rest on its successes and guarantee its hold on power by a cautious policy of conservation, but to feel obliged, almost condemned by the impulse of its original essence, to project itself into the future as a new reality to be built putting ist imprint on future civilization.[11]

Ganz anders verhalten sich die Dinge, und hier muss man Motyl beipflichten, im halb- bzw. nichtoffiziellen russischen Diskurs. Hier erreichten rechtsradikale Ideen schon vor Putins Machtantritt einen äußerst besorgniserregenden Verbreitungsgrad. Bereits in der Endphase der Gorbačevschen Perestrojka, vor allem aber nach der Auflösung der Sowjetunion, begann das in der Sowjetzeit verbotene rechtsextreme Gedankengut durch verschiedene Kanäle nach Russland zu fließen. So bildeten sich zum Erstaunen der russischen und der Weltöffentlichkeit ausgerechnet in einem Land, das bei der Bekämpfung des Dritten Reiches etwa 27 Millionen Menschen zu beklagen hatte, Organisationen, die sich an Postulate der NSADAP anlehnten. Der Leiter des Moskauer Antifaschistischen Zentrums, Evgenij Prošečkin, sprach bereits 1994 von einem plötzlichen erschreckenden Bewusstseinswandel, der sich in der russischen Gesellschaft vollzogen habe: Es gelte nicht mehr als anrüchig, faschistische Ideen zu verbreiten.[12] Der russische Publizist und Mitglied des Präsidialrats, Jurij Karjakin, sprach etwa zur gleichen Zeit von mehr

---

11 Gentile, Emilio: *The Origins of Fascist Ideology 1918-1925.* New York 2005, S. 399.

12 Respektabel'nost' fašizma, in: *Moskva-Ierusalim* Nr. 4, 1994.

als 150 faschistisch orientierten Periodika, die damals in Russland erschienen.[13]

Besonders viel trug zur Verbreitung des rechtsextremen Gedankenguts in Russland der Publizist Aleksandr Dugin bei[14], der u. a. in seiner Zeitschrift *Ėlementy* (1992-98) Texte zeitgenössischer westlicher Rechtsradikaler, vor allem aber der deutschen Verächter der Weimarer Demokratie, zu popularisieren suchte.

Eine Art Quintessenz der Duginschen Ideologie ist in seinem Buch *Die Grundlagen der Geopolitik* (1997) enthalten, das man als eine Art „Lehrbuch des Hasses“ bezeichnen kann. Er rief Russland hier zu einem letzten Gefecht gegen die Sieger im Kalten Krieg auf. Russlands Revanche habe aber nur dann eine Chance auf Erfolg, so Dugin, wenn es gelingen sollte, seine frühere Hegemonialposition in Europa und Asien wiederherzustellen. Sollte Russland auf seine imperiale Sendung verzichten, würden andere Staaten das nach dem Zusammenbruch der UdSSR entstandene Machtvakuum ausfüllen und Russland in eine Kolonie verwandeln. Ehrfurcht gegenüber dem anderen spiele im geopolitischen Kampf absolut keine Rolle, so Dugin. Hier zähle nur die Macht.[15]

Diese Worte weisen eine verblüffende Ähnlichkeit zu den Gedankengängen Hitlers auf, die dieser in seinem so genannten „Zwei-

---

13 Fašistam poka spat' spokojno, in: *Moskovskie novosti*, Nr .23, 1994, S. 7.

14 Zu Aleksandr Dugin siehe u. a. Mathyl, Markus: Der „unaufhaltsame Aufstieg“ des Aleksandr Dugin, in: *Osteuropa,* 52. Jg., 7, 2002, S. 885-900; Umland, Andreas: Postsowjetische Gegeneliten und ihr wachsender Einfluss auf Jugendkultur und Intellektuellendiskurs in Russland: Der Fall Aleksandr Dugin, in: *Forum für osteuropäische Ideen- und Zeitgeschichte,* Jg. 10, 1, 2006, S. 115-147; Ders.: Tri raznovidnosti postsovetskogo fašizma. Konceptual'nye i kontekstual'nye interpretacii sovremennogo ul'tranacionalizma, in: Verchovskij, Aleksandr (Hrsg.): *Russkij nacionalizm: ideologija i nastroenie.* Moskau 2006, S. 23-262, hier S. 252-262; Ders.: *Post-Soviet „Uncivil Society" and the Rise of Aleksandr Dugin. A Case Study of the Extraparliamentary Radical Right in Contemporary Russia,* Phil. Diss. University of Cambridge 2007; Luks, Leonid: Der „dritte Weg" der „Neo-eurasischen" Zeitschrift „Ėlementy" – zurück ins Dritte Reich?, in: *Studies in East European Thought* 52. Jg., 2000, S. 49-71; Ders.: Eurasien aus neototalitärer Sicht – Zur Renaissance einer Ideologie im heutigen Russland, in: *Totalitarismus und Demokratie* 1. Jg., 1, 2004, S. 63-76.

15 Dugin, Aleksandr: *Osnovy geopolitiki. Geopolitičeskoe buduščee Rossii.* Moskau 1997, S. 172.

ten Buch" von 1928 entwickelte. Hitler schrieb: Jedes vitale Volk müsse expandieren, und zwar auf Kosten anderer. Der Verzicht auf Expansion bedeute Stagnation. Das stagnierende Volk werde seinerseits von den vitaleren Nationen erobert. Alle Mittel seien in diesem Kampf erlaubt.[16]

Die Restauration der früheren Grenzen des russischen Imperiums stellt für Dugin, anders als für viele andere imperiale Nostalgiker in Russland, nur die erste Stufe seines strategischen Plans dar. Denn das eigentliche Ziel des wiederhergestellten Imperiums solle der Kampf um die Weltherrschaft, der „Endkampf" sein. In seinen *Grundlagen der Geopolitik* schreibt Dugin: „Das neue Imperium soll eurasisch, großkontinental und in weiterer Perspektive – Global [so im Text – L.L.] sein. Der Kampf der Russen um die Weltherrschaft ist noch nicht zu Ende".[17]

Dugins Endzeitdenken unterscheidet sich wesentlich vom etatistisch-bürokratischen und paternalistisch-nationalistischen Programm Putins. Allerdings versucht Dugin auf vielfältige Weise das russische Establishment mit seinem rechtsextremen Gedankengut zu infizieren, wobei er in manchen Fällen auch Erfolge zu verzeichnen hat. So wurde das bereits erwähnte pseudowissenschaftliche Pamphlet Dugins *Die Grundlagen der Geopolitik* vom Inhaber des Lehrstuhls für Strategie der Militärakademie des Generalstabes der Russischen Föderation, Generalleutnant N.P. Klokotov, wissenschaftlich betreut. Die Schrift wird sogar in den Rang eines Lehrbuchs erhoben, das „für all diejenigen, die in den wichtigsten Bereichen der russischen Politik Entscheidungen treffen, unentbehrlich ist". Eine Zeitlang fungierte Dugin als Berater des Sprechers der russischen Staatsduma, Gennadij Seleznev. Seine 2003 gegründete „Internationalen Eurasierbewegung" wird von einer Reihe prominenter russischer Politiker offiziell unterstützt.[18] Vor kurzem wurde

---

16 *Hitlers Zweites Buch. Ein Dokument aus dem Jahr 1928*, eingeleitet und kommentiert v. G.L. Weinberg. Stuttgart 1961.

17 Dugin, *Osnovy*, S. 213.

18 Vgl. dazu u. a. Wiederkehr, Stefan: *Die eurasische Bewegung. Wissenschaft und Politik in der russischen Emigration der Zwischenkriegszeit und im postsowjetischen Russland.* Köln 2007, S. 227-268; Laruelle, Marlène: *Russian Eurasianism.*

Dugin sogar zum Leiter des „Zentrums für die Erforschung des Konservatismus“ an der Soziologischen Fakultät der Moskauer Staatsuniversität (MGU) ernannt. Dadurch erhielt er die Möglichkeit, seine abstrusen Thesen als Professor der bedeutendsten russischen Hochschule zu verbreiten.[19] Man muss aber zugleich betonen, dass trotz all dieser äußerst besorgniserregenden Entwicklungen, Dugin bisher nicht imstande war, den von ihm angestrebten Rang eines Chefideologen des Putin-Regimes zu erreichen. Seine apokalyptisch anmutende Endkampf-Ideologie, die an frühere rechtsradikale Götterdämmerungsszenarien erinnert, stellt kein offizielles Regierungsprogramm dar.

*An Ideology of Empire.* Baltimore 2008, S. 107-114; Umland, Postsowjetische Gegeneliten, S. 131-143; Ders., Post-Soviet „Uncivil Society“.

19 Siehe dazu Umland, Andreas: Pravoradikal'nyj ideolog stanovitsja professorom veduščego VUZa Rossii, in: inoSMI. Ru, 20.11.2008. Mitte 2014 musste Dugin unter dem Druck der akademischen Öffentlichkeit auf diesen Posten verzichten.

## SOVIET AND POST-SOVIET POLITICS AND SOCIETY

Edited by Dr. Andreas Umland

ISSN 1614-3515

1 *Андреас Умланд (ред.)*
Воплощение Европейской конвенции по правам человека в России
Философские, юридические и эмпирические исследования
ISBN 3-89821-387-0

2 *Christian Wipperfürth*
Russland – ein vertrauenswürdiger Partner?
Grundlagen, Hintergründe und Praxis gegenwärtiger russischer Außenpolitik
Mit einem Vorwort von Heinz Timmermann
ISBN 3-89821-401-X

3 *Manja Hussner*
Die Übernahme internationalen Rechts in die russische und deutsche Rechtsordnung
Eine vergleichende Analyse zur Völkerrechtsfreundlichkeit der Verfassungen der Russländischen Föderation und der Bundesrepublik Deutschland
Mit einem Vorwort von Rainer Arnold
ISBN 3-89821-438-9

4 *Matthew Tejada*
Bulgaria's Democratic Consolidation and the Kozloduy Nuclear Power Plant (KNPP)
The Unattainability of Closure
With a foreword by Richard J. Crampton
ISBN 3-89821-439-7

5 *Марк Григорьевич Меерович*
Квадратные метры, определяющие сознание
Государственная жилищная политика в СССР. 1921 – 1941 гг
ISBN 3-89821-474-5

6 *Andrei P. Tsygankov, Pavel A.Tsygankov (Eds.)*
New Directions in Russian International Studies
ISBN 3-89821-422-2

7 *Марк Григорьевич Меерович*
Как власть народ к труду приучала
Жилище в СССР – средство управления людьми. 1917 – 1941 гг.
С предисловием Елены Осокиной
ISBN 3-89821-495-8

8 *David J. Galbreath*
Nation-Building and Minority Politics in Post-Socialist States
Interests, Influence and Identities in Estonia and Latvia
With a foreword by David J. Smith
ISBN 3-89821-467-2

9 *Алексей Юрьевич Безугольный*
Народы Кавказа в Вооруженных силах СССР в годы Великой Отечественной войны 1941-1945 гг.
С предисловием Николая Бугая
ISBN 3-89821-475-3

10 *Вячеслав Лихачев и Владимир Прибыловский (ред.)*
Русское Национальное Единство, 1990-2000. В 2-х томах
ISBN 3-89821-523-7

11 *Николай Бугай (ред.)*
Народы стран Балтии в условиях сталинизма (1940-е – 1950-е годы)
Документированная история
ISBN 3-89821-525-3

12 *Ingmar Bredies (Hrsg.)*
Zur Anatomie der Orange Revolution in der Ukraine
Wechsel des Elitenregimes oder Triumph des Parlamentarismus?
ISBN 3-89821-524-5

13 *Anastasia V. Mitrofanova*
The Politicization of Russian Orthodoxy
Actors and Ideas
With a foreword by William C. Gay
ISBN 3-89821-481-8

14 *Nathan D. Larson*
Alexander Solzhenitsyn and the Russo-Jewish Question
ISBN 3-89821-483-4

15 *Guido Houben*
Kulturpolitik und Ethnizität
Staatliche Kunstförderung im Russland der neunziger Jahre
Mit einem Vorwort von Gert Weisskirchen
ISBN 3-89821-542-3

16 *Leonid Luks*
Der russische „Sonderweg"?
Aufsätze zur neuesten Geschichte Russlands im europäischen Kontext
ISBN 3-89821-496-6

17 *Евгений Мороз*
История «Мёртвой воды» – от страшной сказки к большой политике
Политическое неоязычество в постсоветской России
ISBN 3-89821-551-2

18 *Александр Верховский и Галина Кожевникова (ред.)*
Этническая и религиозная интолерантность в российских СМИ
Результаты мониторинга 2001-2004 гг.
ISBN 3-89821-569-5

19 *Christian Ganzer*
Sowjetisches Erbe und ukrainische Nation
Das Museum der Geschichte des Zaporoger Kosakentums auf der Insel Chortycja
Mit einem Vorwort von Frank Golczewski
ISBN 3-89821-504-0

20 *Эльза-Баир Гучинова*
Помнить нельзя забыть
Антропология депортационной травмы калмыков
С предисловием Кэролайн Хамфри
ISBN 3-89821-506-7

21 *Юлия Лидерман*
Мотивы «проверки» и «испытания» в постсоветской культуре
Советское прошлое в российском кинематографе 1990-х годов
С предисловием Евгения Марголита
ISBN 3-89821-511-3

22 *Tanya Lokshina, Ray Thomas, Mary Mayer (Eds.)*
The Imposition of a Fake Political Settlement in the Northern Caucasus
The 2003 Chechen Presidential Election
ISBN 3-89821-436-2

23 *Timothy McCajor Hall, Rosie Read (Eds.)*
Changes in the Heart of Europe
Recent Ethnographies of Czechs, Slovaks, Roma, and Sorbs
With an afterword by Zdeněk Salzmann
ISBN 3-89821-606-3

24 *Christian Autengruber*
Die politischen Parteien in Bulgarien und Rumänien
Eine vergleichende Analyse seit Beginn der 90er Jahre
Mit einem Vorwort von Dorothée de Nève
ISBN 3-89821-476-1

25 *Annette Freyberg-Inan with Radu Cristescu*
The Ghosts in Our Classrooms, or: John Dewey Meets Ceauşescu
The Promise and the Failures of Civic Education in Romania
ISBN 3-89821-416-8

26 *John B. Dunlop*
The 2002 Dubrovka and 2004 Beslan Hostage Crises
A Critique of Russian Counter-Terrorism
With a foreword by Donald N. Jensen
ISBN 3-89821-608-X

27 *Peter Koller*
Das touristische Potenzial von Kam''janec'–Podil's'kyj
Eine fremdenverkehrsgeographische Untersuchung der Zukunftsperspektiven und Maßnahmenplanung zur Destinationsentwicklung des „ukrainischen Rothenburg"
Mit einem Vorwort von Kristiane Klemm
ISBN 3-89821-640-3

28 *Françoise Daucé, Elisabeth Sieca-Kozlowski (Eds.)*
*Dedovshchina* in the Post-Soviet Military
Hazing of Russian Army Conscripts in a Comparative Perspective
With a foreword by Dale Herspring
ISBN 3-89821-616-0

29 *Florian Strasser*
Zivilgesellschaftliche Einflüsse auf die Orange Revolution
Die gewaltlose Massenbewegung und die ukrainische Wahlkrise 2004
Mit einem Vorwort von Egbert Jahn
ISBN 3-89821-648-9

30 *Rebecca S. Katz*
The Georgian Regime Crisis of 2003-2004
A Case Study in Post-Soviet Media Representation of Politics, Crime and Corruption
ISBN 3-89821-413-3

31 *Vladimir Kantor*
Willkür oder Freiheit
Beiträge zur russischen Geschichtsphilosophie
Ediert von Dagmar Herrmann sowie mit einem Vorwort versehen von Leonid Luks
ISBN 3-89821-589-X

32 *Laura A. Victoir*
The Russian Land Estate Today
A Case Study of Cultural Politics in Post-Soviet Russia
With a foreword by Priscilla Roosevelt
ISBN 3-89821-426-5

33 *Ivan Katchanovski*
Cleft Countries
Regional Political Divisions and Cultures in Post-Soviet Ukraine and Moldova
With a foreword by Francis Fukuyama
ISBN 3-89821-558-X

34 *Florian Mühlfried*
Postsowjetische Feiern
Das Georgische Bankett im Wandel
Mit einem Vorwort von Kevin Tuite
ISBN 3-89821-601-2

35 *Roger Griffin, Werner Loh, Andreas Umland (Eds.)*
Fascism Past and Present, West and East
An International Debate on Concepts and Cases in the Comparative Study of the Extreme Right
With an afterword by Walter Laqueur
ISBN 3-89821-674-8

36 *Sebastian Schlegel*
Der „Weiße Archipel“
Sowjetische Atomstädte 1945-1991
Mit einem Geleitwort von Thomas Bohn
ISBN 3-89821-679-9

37 *Vyacheslav Likhachev*
Political Anti-Semitism in Post-Soviet Russia
Actors and Ideas in 1991-2003
Edited and translated from Russian by Eugene Veklerov
ISBN 3-89821-529-6

38 *Josette Baer (Ed.)*
Preparing Liberty in Central Europe
Political Texts from the Spring of Nations 1848 to the Spring of Prague 1968
With a foreword by Zdeněk V. David
ISBN 3-89821-546-6

39 *Михаил Лукьянов*
Российский консерватизм и реформа, 1907-1914
С предисловием Марка Д. Стейнберга
ISBN 3-89821-503-2

40 *Nicola Melloni*
Market Without Economy
The 1998 Russian Financial Crisis
With a foreword by Eiji Furukawa
ISBN 3-89821-407-9

41 *Dmitrij Chmelnizki*
Die Architektur Stalins
Bd. 1: Studien zu Ideologie und Stil
Bd. 2: Bilddokumentation
Mit einem Vorwort von Bruno Flierl
ISBN 3-89821-515-6

42 *Katja Yafimava*
Post-Soviet Russian-Belarussian Relationships
The Role of Gas Transit Pipelines
With a foreword by Jonathan P. Stern
ISBN 3-89821-655-1

43 *Boris Chavkin*
Verflechtungen der deutschen und russischen Zeitgeschichte
Aufsätze und Archivfunde zu den Beziehungen Deutschlands und der Sowjetunion von 1917 bis 1991
Ediert von Markus Edlinger sowie mit einem Vorwort versehen von Leonid Luks
ISBN 3-89821-756-6

44 *Anastasija Grynenko in Zusammenarbeit mit Claudia Dathe*
Die Terminologie des Gerichtswesens der Ukraine und Deutschlands im Vergleich
Eine übersetzungswissenschaftliche Analyse juristischer Fachbegriffe im Deutschen, Ukrainischen und Russischen
Mit einem Vorwort von Ulrich Hartmann
ISBN 3-89821-691-8

45 *Anton Burkov*
The Impact of the European Convention on Human Rights on Russian Law
Legislation and Application in 1996-2006
With a foreword by Françoise Hampson
ISBN 978-3-89821-639-5

46 *Stina Torjesen, Indra Overland (Eds.)*
International Election Observers in Post-Soviet Azerbaijan
Geopolitical Pawns or Agents of Change?
ISBN 978-3-89821-743-9

47 *Taras Kuzio*
Ukraine – Crimea – Russia
Triangle of Conflict
ISBN 978-3-89821-761-3

48 *Claudia Šabić*
"Ich erinnere mich nicht, aber L'viv!"
Zur Funktion kultureller Faktoren für die Institutionalisierung und Entwicklung einer ukrainischen Region
Mit einem Vorwort von Melanie Tatur
ISBN 978-3-89821-752-1

49 *Marlies Bilz*
Tatarstan in der Transformation
Nationaler Diskurs und Politische Praxis 1988-1994
Mit einem Vorwort von Frank Golczewski
ISBN 978-3-89821-722-4

50 *Марлен Ларюэль (ред.)*
Современные интерпретации русского национализма
ISBN 978-3-89821-795-8

51 *Sonja Schüler*
Die ethnische Dimension der Armut
Roma im postsozialistischen Rumänien
Mit einem Vorwort von Anton Sterbling
ISBN 978-3-89821-776-7

52 *Галина Кожевникова*
Радикальный национализм в России и противодействие ему
Сборник докладов Центра «Сова» за 2004-2007 гг.
С предисловием Александра Верховского
ISBN 978-3-89821-721-7

53 *Галина Кожевникова и Владимир Прибыловский*
Российская власть в биографиях I
Высшие должностные лица РФ в 2004 г.
ISBN 978-3-89821-796-5

54 *Галина Кожевникова и Владимир Прибыловский*
Российская власть в биографиях II
Члены Правительства РФ в 2004 г.
ISBN 978-3-89821-797-2

55 *Галина Кожевникова и Владимир Прибыловский*
Российская власть в биографиях III
Руководители федеральных служб и агентств РФ в 2004 г.
ISBN 978-3-89821-798-9

56 *Ileana Petroniu*
Privatisierung in Transformationsökonomien
Determinanten der Restrukturierungs-Bereitschaft am Beispiel Polens, Rumäniens und der Ukraine
Mit einem Vorwort von Rainer W. Schäfer
ISBN 978-3-89821-790-3

57 *Christian Wipperfürth*
Russland und seine GUS-Nachbarn
Hintergründe, aktuelle Entwicklungen und Konflikte in einer ressourcenreichen Region
ISBN 978-3-89821-801-6

58 *Togzhan Kassenova*
From Antagonism to Partnership
The Uneasy Path of the U.S.-Russian Cooperative Threat Reduction
With a foreword by Christoph Bluth
ISBN 978-3-89821-707-1

59 *Alexander Höllwerth*
Das sakrale eurasische Imperium des Aleksandr Dugin
Eine Diskursanalyse zum postsowjetischen russischen Rechtsextremismus
Mit einem Vorwort von Dirk Uffelmann
ISBN 978-3-89821-813-9

60 *Олег Рябов*
«Россия-Матушка»
Национализм, гендер и война в России XX века
С предисловием Елены Гощило
ISBN 978-3-89821-487-2

61 *Ivan Maistrenko*
Borot'bism
A Chapter in the History of the Ukrainian Revolution
With a new introduction by Chris Ford
Translated by George S. N. Luckyj with the assistance of Ivan L. Rudnytsky
ISBN 978-3-89821-697-5

62 *Maryna Romanets*
Anamorphosic Texts and Reconfigured Visions
Improvised Traditions in Contemporary Ukrainian and Irish Literature
ISBN 978-3-89821-576-3

63 *Paul D'Anieri and Taras Kuzio (Eds.)*
Aspects of the Orange Revolution I
Democratization and Elections in Post-Communist Ukraine
ISBN 978-3-89821-698-2

64 *Bohdan Harasymiw in collaboration with Oleh S. Ilnytzkyj (Eds.)*
Aspects of the Orange Revolution II
Information and Manipulation Strategies in the 2004 Ukrainian Presidential Elections
ISBN 978-3-89821-699-9

65 *Ingmar Bredies, Andreas Umland and Valentin Yakushik (Eds.)*
Aspects of the Orange Revolution III
The Context and Dynamics of the 2004 Ukrainian Presidential Elections
ISBN 978-3-89821-803-0

66 *Ingmar Bredies, Andreas Umland and Valentin Yakushik (Eds.)*
Aspects of the Orange Revolution IV
Foreign Assistance and Civic Action in the 2004 Ukrainian Presidential Elections
ISBN 978-3-89821-808-5

67 *Ingmar Bredies, Andreas Umland and Valentin Yakushik (Eds.)*
Aspects of the Orange Revolution V
Institutional Observation Reports on the 2004 Ukrainian Presidential Elections
ISBN 978-3-89821-809-2

68 *Taras Kuzio (Ed.)*
Aspects of the Orange Revolution VI
Post-Communist Democratic Revolutions in Comparative Perspective
ISBN 978-3-89821-820-7

69 *Tim Bohse*
Autoritarismus statt Selbstverwaltung
Die Transformation der kommunalen Politik in der Stadt Kaliningrad 1990-2005
Mit einem Geleitwort von Stefan Troebst
ISBN 978-3-89821-782-8

70 *David Rupp*
Die Rußländische Föderation und die russischsprachige Minderheit in Lettland
Eine Fallstudie zur Anwaltspolitik Moskaus gegenüber den russophonen Minderheiten im „Nahen Ausland" von 1991 bis 2002
Mit einem Vorwort von Helmut Wagner
ISBN 978-3-89821-778-1

71 *Taras Kuzio*
Theoretical and Comparative Perspectives on Nationalism
New Directions in Cross-Cultural and Post-Communist Studies
With a foreword by Paul Robert Magocsi
ISBN 978-3-89821-815-3

72 *Christine Teichmann*
Die Hochschultransformation im heutigen Osteuropa
Kontinuität und Wandel bei der Entwicklung des postkommunistischen Universitätswesens
Mit einem Vorwort von Oskar Anweiler
ISBN 978-3-89821-842-9

73 *Julia Kusznir*
Der politische Einfluss von Wirtschaftseliten in russischen Regionen
Eine Analyse am Beispiel der Erdöl- und Erdgasindustrie, 1992-2005
Mit einem Vorwort von Wolfgang Eichwede
ISBN 978-3-89821-821-4

74 *Alena Vysotskaya*
Russland, Belarus und die EU-Osterweiterung
Zur Minderheitenfrage und zum Problem der Freizügigkeit des Personenverkehrs
Mit einem Vorwort von Katlijn Malfliet
ISBN 978-3-89821-822-1

75 *Heiko Pleines (Hrsg.)*
Corporate Governance in post-sozialistischen Volkswirtschaften
ISBN 978-3-89821-766-8

76 *Stefan Ihrig*
Wer sind die Moldawier?
Rumänismus versus Moldowanismus in Historiographie und Schulbüchern der Republik Moldova, 1991-2006
Mit einem Vorwort von Holm Sundhaussen
ISBN 978-3-89821-466-7

77 *Galina Kozhevnikova in collaboration with Alexander Verkhovsky and Eugene Veklerov*
Ultra-Nationalism and Hate Crimes in Contemporary Russia
The 2004-2006 Annual Reports of Moscow's SOVA Center
With a foreword by Stephen D. Shenfield
ISBN 978-3-89821-868-9

78 *Florian Küchler*
The Role of the European Union in Moldova's Transnistria Conflict
With a foreword by Christopher Hill
ISBN 978-3-89821-850-4

79 *Bernd Rechel*
The Long Way Back to Europe
Minority Protection in Bulgaria
With a foreword by Richard Crampton
ISBN 978-3-89821-863-4

80 *Peter W. Rodgers*
Nation, Region and History in Post-Communist Transitions
Identity Politics in Ukraine, 1991-2006
With a foreword by Vera Tolz
ISBN 978-3-89821-903-7

81 *Stephanie Solywoda*
The Life and Work of Semen L. Frank
A Study of Russian Religious Philosophy
With a foreword by Philip Walters
ISBN 978-3-89821-457-5

82 *Vera Sokolova*
Cultural Politics of Ethnicity
Discourses on Roma in Communist Czechoslovakia
ISBN 978-3-89821-864-1

83 *Natalya Shevchik Ketenci*
Kazakhstani Enterprises in Transition
The Role of Historical Regional Development in Kazakhstan's Post-Soviet Economic Transformation
ISBN 978-3-89821-831-3

84 *Martin Malek, Anna Schor-Tschudnowskaja (Hrsg.)*
Europa im Tschetschenienkrieg
Zwischen politischer Ohnmacht und Gleichgültigkeit
Mit einem Vorwort von Lipchan Basajewa
ISBN 978-3-89821-676-0

85 *Stefan Meister*
Das postsowjetische Universitätswesen zwischen nationalem und internationalem Wandel
Die Entwicklung der regionalen Hochschule in Russland als Gradmesser der Systemtransformation
Mit einem Vorwort von Joan DeBardeleben
ISBN 978-3-89821-891-7

86 *Konstantin Sheiko in collaboration with Stephen Brown*
Nationalist Imaginings of the Russian Past
Anatolii Fomenko and the Rise of Alternative History in Post-Communist Russia
With a foreword by Donald Ostrowski
ISBN 978-3-89821-915-0

87 *Sabine Jenni*
Wie stark ist das „Einige Russland"?
Zur Parteibindung der Eliten und zum Wahlerfolg der Machtpartei im Dezember 2007
Mit einem Vorwort von Klaus Armingeon
ISBN 978-3-89821-961-7

88 *Thomas Borén*
Meeting-Places of Transformation
Urban Identity, Spatial Representations and Local Politics in Post-Soviet St Petersburg
ISBN 978-3-89821-739-2

89 *Aygul Ashirova*
Stalinismus und Stalin-Kult in Zentralasien
Turkmenistan 1924-1953
Mit einem Vorwort von Leonid Luks
ISBN 978-3-89821-987-7

90 *Leonid Luks*
Freiheit oder imperiale Größe?
Essays zu einem russischen Dilemma
ISBN 978-3-8382-0011-8

91 *Christopher Gilley*
The 'Change of Signposts' in the Ukrainian Emigration
A Contribution to the History of Sovietophilism in the 1920s
With a foreword by Frank Golczewski
ISBN 978-3-89821-965-5

92 *Philipp Casula, Jeronim Perovic (Eds.)*
Identities and Politics During the Putin Presidency
The Discursive Foundations of Russia's Stability
With a foreword by Heiko Haumann
ISBN 978-3-8382-0015-6

93 *Marcel Viëtor*
Europa und die Frage nach seinen Grenzen im Osten
Zur Konstruktion ‚europäischer Identität' in Geschichte und Gegenwart
Mit einem Vorwort von Albrecht Lehmann
ISBN 978-3-8382-0045-3

94 *Ben Hellman, Andrei Rogachevskii*
Filming the Unfilmable
Casper Wrede's 'One Day in the Life of Ivan Denisovich'
Second, Revised and Expanded Edition
ISBN 978-3-8382-0044-6

95 *Eva Fuchslocher*
Vaterland, Sprache, Glaube
Orthodoxie und Nationenbildung am Beispiel Georgiens
Mit einem Vorwort von Christina von Braun
ISBN 978-3-89821-884-9

96 *Vladimir Kantor*
Das Westlertum und der Weg Russlands
Zur Entwicklung der russischen Literatur und Philosophie
Ediert von Dagmar Herrmann
Mit einem Beitrag von Nikolaus Lobkowicz
ISBN 978-3-8382-0102-3

97 *Kamran Musayev*
Die postsowjetische Transformation im Baltikum und Südkaukasus
Eine vergleichende Untersuchung der politischen Entwicklung Lettlands und Aserbaidschans 1985-2009
Mit einem Vorwort von Leonid Luks
Ediert von Sandro Henschel
ISBN 978-3-8382-0103-0

98 *Tatiana Zhurzhenko*
Borderlands into Bordered Lands
Geopolitics of Identity in Post-Soviet Ukraine
With a foreword by Dieter Segert
ISBN 978-3-8382-0042-2

99 *Кирилл Галушко, Лидия Смола (ред.)*
Пределы падения – варианты украинского будущего
Аналитико-прогностические исследования
ISBN 978-3-8382-0148-1

100 *Michael Minkenberg (ed.)*
Historical Legacies and the Radical Right in Post-Cold War Central and Eastern Europe
With an afterword by Sabrina P. Ramet
ISBN 978-3-8382-0124-5

101 *David-Emil Wickström*
Rocking St. Petersburg
Transcultural Flows and Identity Politics in the St. Petersburg Popular Music Scene
With a foreword by Yngvar B. Steinholt
Second, Revised and Expanded Edition
ISBN 978-3-8382-0100-9

102 *Eva Zabka*
Eine neue „Zeit der Wirren"?
Der spät- und postsowjetische Systemwandel 1985-2000 im Spiegel russischer gesellschaftspolitischer Diskurse
Mit einem Vorwort von Margareta Mommsen
ISBN 978-3-8382-0161-0

103 *Ulrike Ziemer*
Ethnic Belonging, Gender and Cultural Practices
Youth Identitites in Contemporary Russia
With a foreword by Anoop Nayak
ISBN 978-3-8382-0152-8

104 *Ksenia Chepikova*
‚Einiges Russland' - eine zweite KPdSU?
Aspekte der Identitätskonstruktion einer postsowjetischen „Partei der Macht"
Mit einem Vorwort von Torsten Oppelland
ISBN 978-3-8382-0311-9

105 *Леонид Люкс*
Западничество или евразийство? Демократия или идеократия?
Сборник статей об исторических дилеммах России
С предисловием Владимира Кантора
ISBN 978-3-8382-0211-2

106 *Anna Dost*
Das russische Verfassungsrecht auf dem Weg zum Föderalismus und zurück
Zum Konflikt von Rechtsnormen und -wirklichkeit in der Russländischen Föderation von 1991 bis 2009
Mit einem Vorwort von Alexander Blankenagel
ISBN 978-3-8382-0292-1

107 *Philipp Herzog*
Sozialistische Völkerfreundschaft, nationaler Widerstand oder harmloser Zeitvertreib?
Zur politischen Funktion der Volkskunst im sowjetischen Estland
Mit einem Vorwort von Andreas Kappeler
ISBN 978-3-8382-0216-7

108 *Marlène Laruelle (ed.)*
Russian Nationalism, Foreign Policy, and Identity Debates in Putin's Russia
New Ideological Patterns after the Orange Revolution
ISBN 978-3-8382-0325-6

109 *Michail Logvinov*
Russlands Kampf gegen den internationalen Terrorismus
Eine kritische Bestandsaufnahme des Bekämpfungsansatzes
Mit einem Geleitwort von Hans-Henning Schröder und einem Vorwort von Eckhard Jesse
ISBN 978-3-8382-0329-4

110 *John B. Dunlop*
The Moscow Bombings of September 1999
Examinations of Russian Terrorist Attacks at the Onset of Vladimir Putin's Rule
Second, Revised and Expanded Edition
ISBN 978-3-8382-0388-1

111 *Андрей А. Ковалёв*
Свидетельство из-за кулис российской политики I
Можно ли делать добро из зла? (Воспоминания и размышления о последних советских и первых послесоветских годах)
With a foreword by Peter Reddaway
ISBN 978-3-8382-0302-7

112 *Андрей А. Ковалёв*
Свидетельство из-за кулис российской политики II
Угроза для себя и окружающих (Наблюдения и предостережения относительно происходящего после 2000 г.)
ISBN 978-3-8382-0303-4

113 *Bernd Kappenberg*
Zeichen setzen für Europa
Der Gebrauch europäischer lateinischer Sonderzeichen in der deutschen Öffentlichkeit
Mit einem Vorwort von Peter Schlobinski
ISBN 978-3-89821-749-1

114 *Ivo Mijnssen*
The Quest for an Ideal Youth in Putin's Russia I
Back to Our Future! History, Modernity, and Patriotism according to *Nashi*, 2005-2013
With a foreword by Jeronim Perović
Second, Revised and Expanded Edition
ISBN 978-3-8382-0368-3

115 *Jussi Lassila*
The Quest for an Ideal Youth in Putin's Russia II
The Search for Distinctive Conformism in the Political Communication of *Nashi*, 2005-2009
With a foreword by Kirill Postoutenko
Second, Revised and Expanded Edition
ISBN 978-3-8382-0415-4

116 *Valerio Trabandt*
Neue Nachbarn, gute Nachbarschaft?
Die EU als internationaler Akteur am Beispiel ihrer Demokratieförderung in Belarus und der Ukraine 2004-2009
Mit einem Vorwort von Jutta Joachim
ISBN 978-3-8382-0437-6

117 *Fabian Pfeiffer*
Estlands Außen- und Sicherheitspolitik I
Der estnische Atlantizismus nach der wiedererlangten Unabhängigkeit 1991-2004
Mit einem Vorwort von Helmut Hubel
ISBN 978-3-8382-0127-6

118 *Jana Podßuweit*
Estlands Außen- und Sicherheitspolitik II
Handlungsoptionen eines Kleinstaates im Rahmen seiner EU-Mitgliedschaft (2004-2008)
Mit einem Vorwort von Helmut Hubel
ISBN 978-3-8382-0440-6

119 *Karin Pointner*
Estlands Außen- und Sicherheitspolitik III
Eine gedächtnispolitische Analyse estnischer Entwicklungskooperation 2006-2010
Mit einem Vorwort von Karin Liebhart
ISBN 978-3-8382-0435-2

120 *Ruslana Vovk*
Die Offenheit der ukrainischen Verfassung für das Völkerrecht und die europäische Integration
Mit einem Vorwort von Alexander Blankenagel
ISBN 978-3-8382-0481-9

121 *Mykhaylo Banakh*
Die Relevanz der Zivilgesellschaft bei den postkommunistischen Transformationsprozessen in mittel- und osteuropäischen Ländern
Das Beispiel der spät- und postsowjetischen Ukraine 1986-2009
Mit einem Vorwort von Gerhard Simon
ISBN 978-3-8382-0499-4

122 *Michael Moser*
Language Policy and the Discourse on Languages in Ukraine under President Viktor Yanukovych (25 February 2010–28 October 2012)
ISBN 978-3-8382-0497-0 (Paperback edition)
ISBN 978-3-8382-0507-6 (Hardcover edition)

123 *Nicole Krome*
Russischer Netzwerkkapitalismus
Restrukturierungsprozesse in der Russischen Föderation am Beispiel des Luftfahrtunternehmens "Aviastar"
Mit einem Vorwort von Petra Stykow
ISBN 978-3-8382-0534-2

124 *David R. Marples*
'Our Glorious Past'
Lukashenka's Belarus and the Great Patriotic War
ISBN 978-3-8382-0574-8 (Paperback edition)
ISBN 978-3-8382-0675-2 (Hardcover edition)

125 *Ulf Walther*
Russlands "neuer Adel"
Die Macht des Geheimdienstes von Gorbatschow bis Putin
Mit einem Vorwort von Hans-Georg Wieck
ISBN 978-3-8382-0584-7

126 *Simon Geissbühler (Hrsg.)*
Kiew – Revolution 3.0
Der Euromaidan 2013/14 und die Zukunftsperspektiven der Ukraine
ISBN 978-3-8382-0581-6 (Paperback edition)
ISBN 978-3-8382-0681-3 (Hardcover edition)

127 *Andrey Makarychev*
Russia and the EU in a Multipolar World
Discourses, Identities, Norms
With a foreword by Klaus Segbers
ISBN 978-3-8382-0629-5

128 *Roland Scharff*
Kasachstan als postsowjetischer Wohlfahrtsstaat
Die Transformation des sozialen Schutzsystems
Mit einem Vorwort von Joachim Ahrens
ISBN 978-3-8382-0622-6

129 *Katja Grupp*
Bild Lücke Deutschland
Kaliningrader Studierende sprechen über Deutschland
Mit einem Vorwort von Martin Schulz
ISBN 978-3-8382-0552-6

130 *Konstantin Sheiko, Stephen Brown*
History as Therapy
Alternative History and Nationalist Imaginings in Russia, 1991-2014
ISBN 978-3-8382-0665-3

131 *Elisa Kriza*
Alexander Solzhenitsyn: Cold War Icon, Gulag Author, Russian Nationalist?
A Study of the Western Reception of his Literary Writings, Historical Interpretations, and Political Ideas
With a foreword by Andrei Rogatchevski
ISBN 978-3-8382-0589-2 (Paperback edition)
ISBN 978-3-8382-0690-5 (Hardcover edition)

132 *Serghei Golunov*
The Elephant in the Room
Corruption and Cheating in Russian Universities
ISBN 978-3-8382-0570-0

133 *Manja Hussner, Rainer Arnold (Hgg.)*
Verfassungsgerichtsbarkeit in Zentralasien I
Sammlung von Verfassungstexten
ISBN 978-3-8382-0595-3

134 *Nikolay Mitrokhin*
Die "Russische Partei"
Die Bewegung der russischen Nationalisten in der UdSSR 1953-1985
Aus dem Russischen übertragen von einem Übersetzerteam unter der Leitung von Larisa Schippel
ISBN 978-3-8382-0024-8

135 *Manja Hussner, Rainer Arnold (Hgg.)*
Verfassungsgerichtsbarkeit in Zentralasien II
Sammlung von Verfassungstexten
ISBN 978-3-8382-0597-7

136 *Manfred Zeller*
Das sowjetische Fieber
Fußballfans im poststalinistischen Vielvölkerreich
Mit einem Vorwort von Nikolaus Katzer
ISBN 978-3-8382-0757-5

137 *Kristin Schreiter*
Stellung und Entwicklungspotential zivilgesellschaftlicher Gruppen in Russland
Menschenrechtsorganisationen im Vergleich
ISBN 978-3-8382-0673-8

138 *David R. Marples, Frederick V. Mills (eds.)*
Ukraine's Euromaidan
Analyses of a Civil Revolution
ISBN 978-3-8382-0660-8

139 *Bernd Kappenberg*
Setting Signs for Europe
Why Diacritics Matter for European Integration
With a foreword by Peter Schlobinski
ISBN 978-3-8382-0663-9

140 *René Lenz*
Internationalisierung, Kooperation und Transfer
Externe bildungspolitische Akteure in der Russischen Föderation
Mit einem Vorwort von Frank Ettrich
ISBN 978-3-8382-0751-3

141 *Juri Plusnin, Yana Zausaeva, Natalia Zhidkevich, Artemy Pozanenko*
Wandering Workers
Mores, Behavior, Way of Life, and Political Status of Domestic Russian Labor Migrants
Translated by Julia Kazantseva
ISBN 978-3-8382-0653-0

142 *Matthew Kott, David J. Smith (eds.)*
Latvia – A Work in Progress?
100 Years of State- and Nation-building
ISBN 978-3-8382-0648-6

143 Инна Чувычкина (ред.)
Экспортные нефте- и газопроводы на постсоветском пространстве
Анализ трубопроводной политики в свете теории международных отношений
ISBN 978-3-8382-0822-0

144 *Johann Zajaczkowski*
Russland – eine pragmatische Großmacht?
Eine rollentheoretische Untersuchung russischer Außenpolitik am Beispiel der Zusammenarbeit mit den USA nach 9/11 und des Georgienkrieges von 2008
Mit einem Vorwort von Siegfried Schieder
ISBN 978-3-8382-0837-4

145 *Boris Popivanov*
Changing Images of the Left in Bulgaria
The Challenge of Post-Communism in the Early 21st Century
ISBN 978-3-8382-0667-7

146 *Lenka Krátká*
A History of the Czechoslovak Ocean Shipping Company 1948-1989
How a Small, Landlocked Country Ran Maritime Business During the Cold War
ISBN 978-3-8382-0666-0

147 *Alexander Sergunin*
Explaining Russian Foreign Policy Behavior
Theory and Practice
ISBN 978-3-8382-0752-0

148 *Darya Malyutina*
Migrant Friendships in a Super-Diverse City
Russian-Speakers and their Social Relationships in London in the 21st Century
With a foreword by Claire Dwyer
ISBN 978-3-8382-0652-3

149 *Alexander Sergunin, Valery Konyshev*
Russia in the Arctic
Hard or Soft Power?
ISBN 978-3-8382-0753-7

150 *John J. Maresca*
Helsinki Revisited
A Key U.S. Negotiator's Memoirs on the Development of the CSCE into the OSCE
With a foreword by Hafiz Pashayev
ISBN 978-3-8382-0852-7

151 *Jardar Østbø*
The New Third Rome
Readings of a Russian Nationalist Myth
With a foreword by Pål Kolstø
ISBN 978-3-8382-0870-1

152 *Simon Kordonsky*
Socio-Economic Foundations of the Russian Post-Soviet Regime
The Resource-Based Economy and Estate-Based Social Structure of Contemporary Russia
With a foreword by Svetlana Barsukova
ISBN 978-3-8382-0775-9

153 *Duncan Leitch*
Assisting Reform in Post-Communist Ukraine 2000–2012
The Illusions of Donors and the Disillusion of Beneficiaries
With a foreword by Kataryna Wolczuk
ISBN 978-3-8382-0844-2

154 *Abel Polese*
Limits of a Post-Soviet State
How Informality Replaces, Renegotiates, and Reshapes Governance in Contemporary Ukraine
With a foreword by Colin Williams
ISBN 978-3-8382-0845-9

155 *Mikhail Suslov (ed.)*
Digital Orthodoxy in the Post-Soviet World
The Russian Orthodox Church and Web 2.0
ISBN 978-3-8382-0871-8

156 *Leonid Luks*
Zwei „Sonderwege"? Russisch-deutsche Parallelen und Kontraste (1917-2014)
Vergleichende Essays
ISBN 978-3-8382-0823-7

157 *Vladimir V. Karacharovskiy, Ovsey I. Shkaratan, Gordey A. Yastrebov*
Towards a New Russian Work Culture
Can Western Companies and Expatriates Change Russian Society?
With a foreword by Elena N. Danilova
Translated by Julia Kazantseva
ISBN 978-3-8382-0902-9

*ibidem*-Verlag

Melchiorstr. 15

D-70439 Stuttgart

info@ibidem-verlag.de

www.ibidem-verlag.de
www.ibidem.eu
www.edition-noema.de
www.autorenbetreuung.de

www.ingramcontent.com/pod-product-compliance
Lightning Source LLC
Chambersburg PA
CBHW060150280326
41932CB00012B/1707